高水平制度型开放

标志性重大成果丛书

总主编——汪荣明

副总主编——闫海洲

新发展格局下我国
金融业制度型开放研究

鲁春义 初立苹 吴婷婷 陈晓静

姚 驰 刘 凌 苏立峰 —— 著

Institutional Opening-up of
China's Financial Sector under the
New Development Pattern

经济管理出版社

ECONOMY & MANAGEMENT PUBLISHING HOUSE

图书在版编目（CIP）数据

新发展格局下我国金融业制度型开放研究 / 鲁春义
等著. -- 北京 ：经济管理出版社，2025. 6. -- ISBN
978-7-5243-0114-1

Ⅰ. F832

中国国家版本馆 CIP 数据核字第 20252UY718 号

组稿编辑：张巧梅
责任编辑：张巧梅
责任印制：张莉琼
责任校对：陈　颖

出版发行：经济管理出版社
　　　　　（北京市海淀区北蜂窝 8 号中雅大厦 A 座 11 层　100038）
网　　址：www. E-mp. com. cn
电　　话：(010) 51915602
印　　刷：北京飞帆印刷有限公司
经　　销：新华书店
开　　本：720mm×1000mm/16
印　　张：16. 25
字　　数：305 千字
版　　次：2025 年 6 月第 1 版　　2025 年 6 月第 1 次印刷
书　　号：ISBN 978-7-5243-0114-1
定　　价：88. 00 元

前　言

　　在全球经济深刻变革和中国经济转型升级的背景下，金融业作为现代经济的核心环节，正成为推动构建新发展格局的重要力量。党的十八大以来，党中央立足国内国际双循环相互促进的战略布局，提出了全面深化改革开放的系统性要求，明确将金融改革与开放作为推动经济高质量发展的关键抓手。党的二十大报告进一步强调，"推动金融和实体经济良性循环"，而党的二十届三中全会则重申了"坚持对外开放基本国策，坚持以开放促改革"的重要方针。在这一战略指引下，金融业制度型开放成为深化改革、扩大开放的核心方向，其重要性正在被广泛认知并不断深化。

　　金融业制度型开放是对传统金融开放内涵的拓展与升华，超越了以市场准入为核心的要素流动型开放，强调通过规则、规制、标准和管理等制度层面的对接与完善，推动金融市场体系高质量运行。这不仅是提升中国金融市场国际竞争力的现实需求，更是构建国内国际双循环新发展格局的必然选择。从开放的历程来看，中国金融业已从以贸易和投资为主的初级开放，逐步迈向以制度型开放为核心的高级开放阶段。近年来，我国在银行业、证券业、保险业等领域的对外开放取得了显著进展，金融基础设施互联互通不断深化，监管合作日益加强，初步形成了具有中国特色的金融开放新格局。然而，与经济发展和国际规则接轨的要求相比，金融业的制度型开放水平仍有较大的提升空间，尤其是在制度设计、监管协调、风险防控等方面仍面临诸多挑战。

　　新发展格局下，推进金融业制度型开放不仅是深化金融改革的必然要求，也是提升金融服务实体经济能力、增强国际影响力和竞争力的重要途径。通过对接国际高标准规则、完善国内金融制度体系，可以在更高层次、更高水平上促进资本、技术、信息等要素的全球化配置，推动我国金融业实现更深层次的开放，服务经济高质量发展。同时，金融业制度型开放也是防范化解重大风险的重要手段，通过完善规则和机制设计，可以增强金融体系韧性，维护国家经济的金融安全。

本书围绕"新发展格局下我国金融业制度型开放"这一主题，系统梳理了金融业制度型开放的理论基础、发展历程、国际经验与实践路径，全面分析了我国金融业制度型开放的现状、问题及其对金融机构、金融市场和经济发展的深远影响。全书力图从理论与实践相结合的角度，为推动我国金融高水平开放提供系统性的对策建议，助力构建开放型经济新体制。

在研究框架方面，本书首先从理论层面探讨金融业制度型开放的内涵与逻辑，并通过对国际高标准金融规则的比较分析，揭示中国金融业制度型开放的方向与路径；其次从行业和领域的视角出发，分章节研究银行业、保险业、资本市场和离岸金融等领域的制度型开放实践；最后以案例和国别比较为基础，提出新发展格局下金融业制度型开放的政策建议与实施路径，力求为学术界、政策制定者及金融行业从业者提供多维度的视角和启发。

作为一本学术著作，本书的目标是在以下三个方面做出贡献：一是将制度型开放的概念与金融行业相结合，丰富金融开放的理论内涵。通过对比国际高标准金融规则以及我国金融开放的阶段性特征，构建金融业制度型开放的理论框架，分析其对金融行业以及市场的作用机制，为金融开放理论提供新的视角和启发。二是从国际离岸金融发展经验出发，系统分析我国离岸金融发展的现状与问题，提出构建中国特色离岸金融制度型开放体系的路径与方向。这一研究改变了国内关于离岸金融制度型开放研究不够系统的局面，也为我国在全球金融竞争中发挥制度优势提供了理论依据和实践指引。三是结合当前国际经济环境变化和中国金融业改革需求，深入探讨制度型开放面临的挑战与风险，提出完善金融开放体制机制的政策建议。重点分析了如何通过优化顶层设计、加强监管协调、完善法律法规等措施，推动金融业制度型开放向更高水平迈进。同时提出了降低开放风险的政策工具和实施路径，为政府部门和监管机构提供了前瞻性建议。

在全球正经历百年未有之大变局与国内经济转型升级交织的背景下，推进金融业高水平制度型开放是一项复杂而紧迫的任务。本书旨在通过系统研究，为实现这一目标提供理论支撑与实践启示，并为中国金融业在全球舞台上的高质量发展贡献智慧和力量。

全书内容撰写分工说明：

绪论：由鲁春义、连炜敏撰写；

第一章：由鲁春义、高月撰写；

第二章：由鲁春义、连炜敏撰写；

第三章：由鲁春义撰写；

第四章：由姚驰撰写；

第五章：由陈晓静、王浩阳撰写；

第六章：由苏立峰撰写；

第七章：由初立苹撰写；

第八章：由刘凌、李珈璇撰写；

第九章：由鲁春义、王均豪撰写；

第十章：第一节由苏立峰撰写；第二节由初立苹撰写；

第十一章：由吴婷婷撰写；

第十二章：第一节由陈晓静、于滢撰写；第二节由吴婷婷撰写；

全书由鲁春义统稿。

感谢经济管理出版社张巧梅老师在此书出版过程中的辛苦付出！

目　录

◆\目 录/◆

绪 论

一、研究背景

党的十八大以来，党中央着眼于国内国际两个大局，作出了全面深化改革开放的重大决策部署。其中高度重视金融业的改革开放，提出要加快金融体制改革，加强金融监管，防范化解重大风险，推进金融业全面对内对外开放。党的二十大报告进一步强调，要推动金融和实体经济良性循环；党的二十届三中全会继续指出必须坚持对外开放基本国策，坚持以开放促改革。

金融是现代经济的核心，是构建新发展格局的关键一环。当前，世界百年变局和中国新发展阶段叠加交织，国内经济发展进入新阶段，对金融业的支撑保障作用提出了更高要求。坚持扩大开放是当代中国的鲜明标志，推动金融业高水平制度型开放，有利于加快金融市场体系建设、提升金融业服务实体经济能力、增强国际影响力和竞争力，对于构筑国内国际双循环相互促进的新发展格局具有重要意义。

金融业对外开放经历了从贸易自由化到投资自由化，再到制度型开放的发展历程（聂新伟，2022）。进入 21 世纪以来，中国金融业对外开放取得了诸多重大进展，包括扩大银行业、证券业和保险业等领域开放，推动金融基础设施互联互通，深化监管合作等，初步形成了中国特色金融业对外开放新格局。但与经济社会发展需求相比，金融业开放水平仍需进一步提高。

推进金融业制度型开放是一项复杂的系统工程，需要从顶层设计、法律法规、监管体制、准入政策等层面系统谋划和布局。这对于增强金融业服务高质量发展能力、提高国际影响力和竞争力、维护金融安全等具有重要意义。因此，开展相关理论和实证研究，系统分析新形势下金融业制度型开放的现状、问题和挑战，为推进金融业高水平制度型开放提供理论支撑和政策建议十分有必要。

二、研究目的和意义

（一）研究目的

本书主要研究目的是系统梳理和总结中国金融业制度型开放的理论和实践；研究制度型开放对中国金融业发展和国际竞争力的影响路径和作用机制；分析和评估中国金融业各领域制度型开放的现状、问题和挑战；提出新发展格局下推进金融业制度型开放的对策建议。

（二）研究意义

本书研究主要有理论、实践与决策参考方面的重要意义。

从理论研究角度来看，本书系统总结和归纳新时代背景下中国金融业制度型开放的理论和实践经验，有助于丰富和发展金融开放理论，为进一步推进金融体制改革理论研究提供新的视角和新的启示；对于深化金融学科建设，推动相关理论创新也具有重要意义。

从实践研究角度来看，一方面，本书将评估中国金融业开放政策和实践与国际通行规则的契合度，对标发达国家和地区的先进做法，不断地完善开放举措，提升中国金融业全球化经营和服务能力，从而增强中国金融业的国际影响力和话语权；另一方面，通过研究开放过程中的潜在风险及其传导机制，将有助于提高金融监管和风险防控能力，避免系统性金融风险的发生，进而维护国家经济金融安全。

从决策参考角度来看，通过评估金融业开放的现状，分析其面临的主要问题和制约因素，将为政府主管部门和金融监管机构制定开放政策提供决策依据；研究成果可为未来金融业开放提供政策选择和实施路径，对优化金融业开放布局和提高开放质量具有重要指导作用；本书将为金融机构在开放格局下拓展国内外市场提供政策指引，有助于行业主体合理把握开放节奏，防范监管套利风险，提高经营管理和创新能力，提升核心竞争力；也将为人才培养、科技创新等提供参考依据。

三、研究方法和框架

（一）研究方法

1. 文献研究法

全面收集和梳理国内外学术期刊、会议论文、政府工作报告等各类型文献资料；深入分析国内外学者在金融业制度型开放理论、政策、实践等方面的研究成果；系统梳理文献内容，揭示学术界的主要观点、争议焦点和研究趋势；运用文献分析法，总结理论基础，提炼研究脉络，为后续实证分析提供理论支撑。

2. 实证分析法

收集和整理反映中国金融业开放现状的定量数据，如开放程度指标、对外投资规模等；采用计量经济学方法定量测度开放对金融发展的影响；设计访谈提纲，对金融机构、监管部门等进行深度访谈，获取一手定性信息；结合定量和定性数据，全面分析金融业开放的实际效果及其作用机制。

3. 案例研究法

选取银行业、证券业、保险业等金融子行业的典型开放案例，如跨国并购、机构准入等；深入剖析案例背景、推进过程、实施效果等，总结实践经验和面临的问题；结合理论分析，提炼案例的共性规律和行业特点，为未来政策制定提供参考。

4. 比较研究法

对标国际金融中心的开放政策和监管实践，识别差距；借鉴发达国家金融业开放的成功经验，如放松管制、优化监管等；结合国内实际，分析哪些措施可在中国复制推广，哪些措施需要因地制宜，为推进中国金融业高水平开放提供有益启示。

（二）研究框架与逻辑思路

1. 研究框架

（1）金融业制度型开放理论基础。

（2）新发展格局下中国金融业制度型开放理论阐释。

（3）国际金融业制度型开放经验研究。

（4）我国金融业制度型开放影响研究。

（5）新发展格局下金融业制度型开放行业层面研究。

（6）新发展格局下资本市场制度型开放研究。

（7）新发展格局下离岸金融制度型开放研究。

（8）新发展格局下金融业制度型开放案例研究。

（9）新发展格局下金融业制度型开放政策研究。

2. 逻辑思路

本书研究思路如图 0-1 所示。

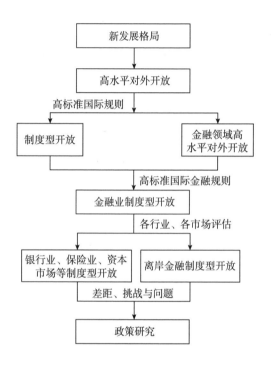

图 0-1 本书研究思路

结合图 0-1，本书设定的研究思路如下所示：

（1）金融业制度型开放的理论基础：从新发展格局、高水平对外开放以及国际高标准金融规则等角度分析金融业制度型开放的理论基础。

（2）开放程度与差距评估：对金融业各领域制度型开放水平进行评估。

（3）影响因素分析：宏观经济、政策导向、利益相关方诉求等内外部影响因素分析。

（4）效果评估与管理：对市场、流动性、货币政策自主性、金融风险等进行评估和管理。

（5）国际经验借鉴：以案例、实证等方式研究其他国家和地区金融业制度型开放的做法和经验。

（6）配套改革设计：顶层设计、监管现代化、营商环境优化等相关配套改革措施。

四、文献综述

根据我们的研究主题、思路和内容，从以下几个与主题密切相关的研究方向对主要文献进行梳理和评析：

（一）新发展格局与金融业发展关系研究

随着中国经济由高速发展阶段转向高质量发展阶段，加快构建新发展格局对于推动经济高质量发展具有关键作用（王一鸣，2020）。构建新发展格局的关键在于消除生产、分配、流通、消费环节的障碍，实现以国内大循环为主体、国内国际双循环相互促进的良性发展局面。在这个过程中，金融要素至关重要，金融市场能够通过促进生产要素自由流动和资源的高效配置，为经济发展提供动力支持，这是构建新发展格局过程中不可或缺的内在驱动力（丁一等，2024）。党的二十大报告指出，"坚持把发展经济的着力点放在实体经济上"，这进一步对新发展格局下的金融资源配置提出了更高的标准和要求。

在推动新发展格局发展的过程中，金融市场主要通过提高投资转化效率、促进技术创新、强化要素配置等方面助力经济实现协调发展。普遍认为，金融发展能够正向促进经济高质量发展（黄智淋和董志勇，2013）。金融发展通过优化资源配置机制，提高了经济中储蓄向投资转化的效率、缓解了信息不对称、大力发展直接融资市场并辅之以较完善的知识产权保护，以降低研发部门的外部融资成本，进而提高企业创新产出，为经济的高效增长提供了坚实基础（庄毓敏等，2020）。同时，金融发展还可以通过推动技术进步、扶持低污染企业的方式减少污染排放，助力经济实现绿色转型（顾雪松等，2023）。此外，金融市场通过优化经济要素的空间配置，加强产业间的分工协作，推动经济协调发展（王军和付莎，2020）。另外，金融市场还能通过 FDI 技术溢出和人力资本的积累，有效提升对外贸易的开放度和竞争力，为经济全球化注入新动力（刘威等，2018）。以上研究均表明，金融发展是推动经济高质量发展的重要驱动力。

（二）金融开放相关研究以及金融业开放相关研究

1. 金融开放的经济效应

整体而言，金融开放在促进我国金融市场发展方面发挥着关键作用，它不仅为外资参与国内市场提供了有效途径，还通过"资金供给"和"效率提升"两大功能，增强了国内金融市场的活力。在全球金融市场融合的大趋势下，国际资本的引入有助于在国内形成资金的集聚，不仅增加了国内市场的资金来源，也为企业提供了多样化的融资渠道，为企业获得外部融资提供了便利（Bruno & Hauswald，2014）。同时，随着外资机构的进入，它们所带来的先进技术和管理经验，将提升国内金融市场的竞争力和流动性，从而在客观上提高了金融体系的供给效率，为金融市场的健康发展和经济的持续增长提供了有力支撑（Larrain & Stumpner，2017）。

从微观视角来看，持续推进金融开放能够改善企业外部融资环境，促进企业创新发展。已有研究主要聚焦于特定事件，围绕债权融资或股权融资展开，探讨外资银行进入（盛斌和王浩，2021）、"陆港通"等跨境资本流动如何促进企业创新能力的提升（钟覃琳和陆正飞，2018；朱琳和伊志宏，2020）。此外，金融改革与开放有助于实现资源的优化配置，推动产业结构向更加科学和合理的方向发展，为经济的持续健康发展奠定基础（张海军和张志明，2020）。具言之，金融开放通过吸引和汇聚大量闲置资金，促进资本在不同行业、部门和地区之间的有效分配，为产业结构的优化提供了有利条件，从而增强了经济的整体竞争力和创新能力（邓宁，2018）。

国内金融市场的开放策略采取了总体上遵循渐进式、管道开放及额度管理机制，以实现市场交易效率提升与跨境资金风险控制的平衡（潘功胜，2019）。自改革开放以来，中国金融开放经历了显著的演变过程，从最初的单向开放到双向开放，最终迈向高水平双向开放。在资本流动管理方面，由最初鼓励资本流入、限制资本流出，发展到对资本流出流入进行均衡管理；在金融机构参与方面，从鼓励"引进来"境外金融机构，转变为强调"引进来"和"走出去"并重；在开放模式方面，也由注重要素流动型开放到稳步扩大制度型开放，这些转变标志着中国金融开放正朝着更高层次、更宽领域的方向发展，体现了中国金融市场日益成熟和国际化的重要趋势（王莹和韩明，2023）。

2. 金融双向开放对金融行业的影响

双向开放对金融行业的市场波动和金融风险的影响是学术界讨论的焦点，一些研究指出，双向开放可能会加剧证券业的波动性，提高金融风险。有研究表明，股票市场开放度与波动溢出呈正相关关系（Nishimura & Tsutsui，2018）。并且，金融开放程度越深越可能加剧汇率的不稳定性与短期资本对股市的负面影响（钱晓霞和王维安，2016）。此外，有研究认为，短期内实际金融开放度的提升可能会增加系统性金融风险（路妍和李爽，2021）。另一些学者则持相反观点，认为双向开放会降低证券业波动，提升市场的稳定性。有学者认为，沪港通互联互通机制的实施增强了沪股通和港股通市场网络的融合，提高了股票市场的稳定性（刘海飞等，2018），并扩大了股票投资者的规模，优化了投资者的结构，减少了股市整体波动（纪彰波和臧日宏，2019）。也有研究认为，资本市场开放有利于增加股票价格的信息含量，降低股价同步性，发挥价格对资源配置调节的正面作用，促进资本市场效率提升（钟覃琳和陆正飞，2018）。有学者从"引进来"和"走出去"两个维度分析金融开放对证券公司波动溢出风险的影响，发现"引进来"可以显著降低风险，而"走出去"则可能加剧风险（马小涵等，2023）。也有研究认为，金融双向开放会对商业银行盈利能力产生正向影响（沙文兵和王跃茗，2024）。但有学者持相反观点，认为银行利率灵活性可能会威胁银行的盈利能力（Burdekin & Tao，2014）。金融开放程度的提高使得银行的资产负债表对资本流动变化更加敏感，这可能加剧国内外风险冲击对投资和产出的负面影响（温兴春和龚六堂，2023）。也有学者基于宏观视角，对金融服务"走出去"的功能溢出效应及双循环协同效应对我国参与全球价值链重构的影响进行了实证分析，证实金融服务"走出去"对我国参与全球价值链重构的显著促进作用（刘源丹等，2023）。这些研究结果表明，金融双向开放对金融行业的影响是多方面的，既有正面效应也有潜在风险，需要综合考虑和审慎管理。

3. 金融业开放的经济效应

金融业开放的经济效应是一个复杂议题，涉及收益与风险两个主要方面。有关金融业开放收益的讨论更多集中于公司等微观层面，且大多为实证研究。大量实证研究指出金融业开放能够引入境外低成本资金，缓解企业的融资约束，进而推动资金更有效地服务于对外贸易和实体经济的发展（Lai et al.，2016；李青原和章尹赛楠，2021）。此外，金融业开放还通过外资机构和境外资金的参与，拓宽了企业的信贷渠道，提升了信贷资源配置的效率（李宏亮等，2021）。并且，金融开放还通过提高数字普惠金融水平，显著促进了家庭参与证券类风险资产市场（贾宪军，2023）。然而，金融业开放也伴随着银行业竞争的加剧，这不仅可能降低银行利润率，还可能增加其风险承担（程小庆等，2020）。

金融业开放水平的提高也带来了宏观经济和金融系统稳定性风险。随着跨境资本流动的增加，金融系统可能面临更大的波动和风险（王冠楠和项卫星，2017；Bruno & Hyun，2014）。研究发现，跨境资本流动规模的扩大可能导致银行存贷期限错配程度上升，进而产生系统性风险（顾海峰和卞雨晨，2021）。也有研究综合考虑了金融业开放的收益和风险，发现随着开放力度的增加，开放的社会福利净收益呈现出"倒 U 型"特征，提示我们在享受开放带来收益的同时，需要合理安排金融业开放的进度，并选择适当的调控政策，以防范外部风险的跨境传播（温兴春和闫歆玙，2023）。还有学者基于上海自由贸易试验区的金融改革开放进行研究，认为这些措施推进了银行、保险和证券业的开放试验，并可能对人民币国际化产生重要促进作用（徐明棋，2016）。以上研究结果表明，金融业开放是一把"双刃剑"，既有积极影响也有潜在风险，需要我们在推进开放的同时，审慎考虑和应对可能的风险。

（三）制度型开放与金融制度型开放研究

1. 制度型开放

学术界最先对"制度性开放"的概念进行了深入研究，这一概念最初用于概括中国加入世界贸易组织（WTO）之前政策性开放的不足，并认为加入 WTO 将推动中国的对外开放进入一个全新的"制度性开放"阶段，这不仅是开放程度的量变，更是开放性质的质变（张幼文，2000）。2018 年，中国官方首次明确提出制度型开放的概念。实际上，无论是加入 WTO 前的改革开放，还是加入 WTO 后对国际通行规则的引入、遵守和学习，都是中国制度型开放的早期探索与实践（魏浩等，2022）。制度性开放与后来的制度型开放基本相同，标志着中国对外开放从政策层面向制度层面的转变。自 2013 年上海自贸试验区成立以来，中国对外开放进入了制度型开放的新阶段（杨剑等，2021）。当前，学界对制度型开放的研究主要集中在"规则和标准的跨境融合"上。研究表明，制度型开放是实现"边境开放"和"境内开放"规制协调的重要途径，代表了一种更深层次的双向开放（关秀丽，2022）。更为具体地，有学者将制度型开放分为"对外开放"和"自我开放"两个层面。"对外开放"层面强调与国际通行规则、规制、管理和标准的对接，而"自我开放"层面则侧重于构建统一的国内大市场规则和政策（常娱和钱学锋，2022）。

目前，对制度型开放的研究主要集中在理论层面，学者们从规则、规制、标准和管理开放的角度出发，探讨了制度型开放如何推动中国经济的高质量发展（郭澄澄，2024）。有研究指出，制度型开放有助于提升中国的制度环境，增强国家制度的溢出效应，从而使中国在全球治理中获得更大的话语权（李平和高椰，2024）。此外，制度型开放通过优化资源配置和服务实体经济，为资本市场在制度型开放背景下的发展提供了有力的支撑（王婷和宁丹虹，2023）。在实证层面，有研究表明，制度环境的改善能够提升产业链供应链韧性，推进中国高水平对外开放（沈国兵和沈彬朝，2024）。同时，扩大制度型开放，能够构建高质量市场体系，进而实现经济行稳致远与高质量发展（聂正彦等，2023）。制度型开放是中国对外开放战略的重要组成部分，对于促进经济结构优化、提升国家竞争力和参与全球治理具有重要意义。

2. 金融制度型开放

金融市场因其规则性强和对经济安全的重要性，其开放策略必须建立在国内外制度有效衔接的基础之上。这种开放不仅包括边境措施，更关键的是实现"边境后"的国内外制度对接。根据制度型开放的深刻内涵、丰富的发展经验和对中国的深远意义，金融市场的双向开放被视为制度型开放理念的具体体现和实践（王婷和宁丹虹，2023）。有观点认为，金融制度型开放需要消除经济体间的各种壁垒，为跨境金融要素的自由流动提供必要的制度基础设施（曾祥金和位晓琳，2024）。此外，金融市场的制度型开放不应局限于单一市场或特定业务，而应涵盖境外主体投资中国金融市场的全过程，需要从国家层面进行整体性的制度构建（蒋一乐等，2023）。目前对金融制度型开放经济效应的实证研究还相对有限，大多数研究从实体经济和就业的角度出发，采用双重差分法探讨金融制度型开放对总体就业和就业结构优化的影响机制（曾祥金和位晓琳，2024）。

（四）金融业双向制度型开放研究

金融市场因其对规则的高依赖性和对国家安全的深远影响，其开放策略必须在确保国内外制度顺畅对接的前提下进行。这种开放不仅涉及边境的管制措施，更重要的是实现"边境后"的国内外制度的协调一致。金融市场的双向开放正是制度型开放理念的具体体现，是其在实践中的直接应用。一些学者从规则的对接、规制的协调、管理的优化以及标准的制定四个维度出发，强调制度型开放理念在资本市场的双向开放中发挥着核心作用，认为这是双向对外开放的必然要求（王婷和宁丹虹，2023）。目前，关于金融业双向制度型开放的研究文献相对匮乏，因此，本书将重点梳理金融业双向开放与制度型开放之间的关系。

金融业作为国民经济的枢纽，对其他各行业起着至关重要的服务作用。扩大金融领域的制度型开放，一方面可以促进我国金融业与国际标准接轨，对外吸引外资以支持国内实体经济，对内则助力国内金融机构拓展国际市场，实现更深层次的全球金融体系融合。另一方面通过完善基础金融制度，可以加强金融风险的防范和应对能力，为金融系统的稳定和经济的高质量发展提供坚实的基础（倪红福和张志达，2023）。因此，在当前我国金融业追求高质量双向开放的背景下，金融开放应与国内金融改革相互促进，共同推动国内金融市场的完善与发展（谭小芬和张怡宁，2023）。然而，随着境内外金融市场的互联互通，我们也面临着全球经济波动、国际金融机构竞争加剧以及金融服务尚存薄弱环节等挑战（谢心荻，2024）。因此，制度型开放在金融业高水平双向开放中扮演着至关重要的角色。在这种双向开放的经济模式下，通过制度型开放，对标发达经济体的标准，打造自由开放的营商环境，不仅能够构建更高水平的开放型经济新体制，还能促进境内外金融市场的良性互动，推动经济的高质量增长（全毅，2023）。

尽管在实证研究方面尚存在空白，但现有文献大多从制度环境的角度进行了探讨。一些研究已经证实了制度环境改善对促进国内金融机构"走出去"的积极作用，并指出，这种改善能够调节"引进来"与"走出去"之间的关系。此外，还有研究发现，制度环境的优化是自贸试验区建设对双循环新发展格局构建的中介机制，为实现更畅通、更便利的内外双向开放，以及国内循环与国际循环的协同发展提供了良好的营商环境（赵曜和黄小迪，2023）。这些研究成果为理解制度型开放在金融业双向开放中的重要作用提供了新的视角和理论支持。

第一章

新发展格局下金融业制度型开放的
内涵及其发展概况

第一节 新发展格局下金融业制度型开放的概念

一、新发展格局理念与金融业制度型开放的概念

（一）新发展格局理念的内涵

新发展格局是党的十九届五中全会提出的重大理念，主要是指以国内大循环为主体、国内国际双循环相互促进的新发展格局①。其核心是扭住供给侧结构性改革这条主线，打通国内大循环增强国内经济循环的活力和可持续发展能力，并以此为基础促进国内国际双循环更加畅通。其包含的主要内容有：一是以国内大循环为主体，以强大国内市场为主导，更好利用国内资源禀赋优势，发挥投资和消费等国内需求的基础性作用，增强国内经济的独立性和自主性；二是双循环相互促进，以国内大循环为主体，同时通过互利共赢实现国内国际双循环良性互动，发挥内外资源优势互补，打造新时期开放格局；三是坚持深化改革，通过深化供给侧结构性改革，加强科技创新和体制机制创新，提高资源配置效率，增强

---

① http：//www.xinhuanet.com/politics/2020-10-29/c_1126674147.htm.

供给体系适配性和竞争力；四是持续扩大开放，坚持对外开放基本国策，积极营造有利外资环境，逐步实现高水平双向开放，畅通国内国际双循环；五是推动高质量发展，立足新发展阶段，坚持新发展理念，着力推进高质量发展，统筹扩大内需和外需，增强可持续发展动力①。总之，新发展格局理念是根植我国国情提出的重大发展战略，彰显了在新时代条件下谋求经济高质量发展的重大部署。

（二）金融业制度型开放的定义与内涵

金融业制度型开放是指在金融业领域按照统一的制度、规则和标准实现对内外资金融机构、金融产品和服务的有序开放。具体来看，是通过建立统一的制度框架，使境内外金融机构、机构投资者、产品和服务在市场准入、经营许可、监管标准等方面享有国民待遇，实现双向自由流动。

其内容主要包括：一是制度统一，对内外资金融机构准入、监管等制度实行统一标准，消除歧视性规定。二是市场准入，逐步扩大外资金融机构业务范围，取消股比限制；支持内资机构"走出去"。三是监管协调，建立协调一致的监管框架，加强跨境监管合作，实现监管对等和等效。四是法治环境，完善相关法律法规，建立公平竞争秩序，健全投资者权益保护机制。五是基础设施，推进交易、支付、结算等基础设施统一对内对外开放和互联互通。六是人力资源，培养通晓国内外两种法律监管体系的复合型金融人才。七是金融服务贸易，促进金融咨询、审计、评估等中介服务业开放。八是区域合作，加强区域金融监管协作，推动人民币区域化和离岸市场发展。因此，金融业制度型开放是一个全面系统的过程，需要从制度层面实现对内对外统一开放，为金融市场健康发展和提升竞争力奠定基础。

二、金融业制度型开放在新发展格局中的地位和作用

在新发展格局背景下，我们要坚定不移地推进中国式现代化，这个过程中，金融业制度型开放发挥了重要的作用：

1. 对扩大国内市场循环具有基础性作用

金融是现代经济的核心，其实现制度型开放之后，一是可提高资金配置效率，更好服务实体经济；二是培育多层次资本市场，拓宽直接融资渠道；三是推动金融科技创新，优化金融服务供给；四是满足居民多元化的投资理财需求，从

---

① 把握重点任务　加快构建新发展格局［N］. 人民日报，2020-12-24（001）.

而为畅通国内大循环、形成强大国内市场奠定金融基础。

2. 对促进内外资源优势互补具有重要意义

金融业开放是实现内外双循环的关键，不仅能吸引优质外资金融机构和产品进入境内市场，为中资金融机构和资本"走出去"创造条件，而且可以增进监管、人才、基础设施等领域交流合作，同时推动金融规则等制度型开放先行先试，进而有利于促进国内国际双循环良性互动，实现优势资源有机循环。

3. 对提升我国经济全球资源配置能力至关重要

国际影响力是大国重要标志，可以推动金融业对外开放和国际化进程。在提升资本项目可兑换水平，增强人民币国际地位的同时，不断融入全球经济金融体系，发挥在全球配置资源的作用；在此基础上深度参与全球经济治理，推动建立新型金融秩序，从而有助于提升我国经济在全球资源配置中的影响力。因此，金融业制度型开放是推进新发展格局的重要支撑，是推动我国经济高质量发展的重要一环。

第二节　金融业改革与开放的历程、现状与趋势

一、国内金融业制度改革与开放的发展历程

中国金融业制度改革与开放是一个持续推进的过程，大致可分为以下几个阶段：

（一）中国金融业制度改革与开放初期（1978~1992 年）

1. 1978~1984 年：探索起步阶段

1978 年党的十一届三中全会拉开了改革开放的大幕；而一年后的农村信用社改革成为金融体制改革的开始；1984 年中国人民银行被确立为中央银行。同期成立了四大专业银行，初步确立了中央银行和商业银行分离的格局。这一阶段的开放注重引进外资，标志性事件是 1979 年发布《中外合资经营企业法》，允许外商在中国设立合资企业。

2. 1984~1992 年：金融体制改革推进阶段

1984 年中国人民银行成为中央银行后，逐步剥离其经营性业务职能；

1986 年开始推行全国统一的贷款利率管理制度和存款利率商业化改革；1987 年开始放松利率管理，扩大银行自主权；1992 年中国确立了社会主义市场经济体制，推动了金融体制改革进一步深化。

在开放方面，这一阶段主要集中在银行业领域。1986 年，准许外资银行在华代理业务、外汇贷款等；1992 年颁布《中外合资银行条例》，首次允许外资银行与中资银行设立合资银行。

可见，20 世纪 80 年代主要是探索新金融体制，90 年代伊始逐步推进金融体制改革，同时在银行业领域先行先试开放政策，为后续更大范围的金融业开放奠定了初步基础。

（二）金融体制转轨时期（1993～2001 年）

1993～2001 年是中国金融业体制转轨和对外开放的关键时期，主要情况如下：

1. 进一步深化金融体制改革

1995 年，明确了中国人民银行为中央银行。银行业监督管理委员会、证券监督管理委员会和保险监督管理委员会分别对银行、证券和保险业实施监管。此外，开始利率市场化改革，中央银行不再直接确定存贷款利率，由市场供求关系决定；1998 年取消指令性信贷额度管理，放松对商业银行的信贷控制。

2. 金融业对外开放持续推进

1994 年开始允许外资银行在华设立营运性机构，结束了单一代表处的局面；1998 年规范外资参股、收购中资金融机构的政策；2001 年加入 WTO 后，中国承诺在 5 年过渡期后允许外资银行在华设立营运性机构，逐步实现内外资银行经营同等准入；证券业从 1995 年至 1998 年陆续开放基金托管、交易所会员资格、子公司等业务。

3. 金融市场和产品创新不断

1990 年上海证券交易所开业，标志着股票市场正式运作；1996 年成立全国银行间同业拆借市场，推动货币市场发展；1992 年国债期货首次在上海证券交易所挂牌交易；此外，托管业务、外汇买卖、租赁、保理等金融产品和服务不断推出和创新。这一时期金融业转轨基本完成，市场化取向日趋明确，同时对外开放稳步推进，为下一阶段全面深化改革开放打下基础。

（三）中国金融业全面深化改革开放时期（2001～2017 年）

2001～2017 年是中国金融业全面深化改革开放的重要阶段，主要情况如下：

1. 全面履行 WTO 加入承诺

2006 年中国完全履行加入 WTO 的过渡期承诺，全面取消银行业对外资准入的限制，外资银行实现与内资银行经营范围和地域准入的国民待遇；证券业、保险业等其他金融领域开放力度也持续加大。

2. 推进国有商业银行股份制改革

2003 年开启国有商业银行股份制改革，通过增资扩股、设立控股集团公司、上市等方式，引入境内外战略投资者，提高资本充足率和抗风险能力；到 2010 年，五大国有银行全部成功实现股份制改革。

3. 资本市场持续开放

2003 年正式启动合格境外机构投资者（QFII）制度，2011 年启动人民币合格境外机构投资者（RQFII）制度试点，允许境外机构投资者投资境内资本市场产品；2014 年沪港通开始，2015 年基金互认、2016 年深港通、2017 年债券通等实现"资本市场互联互通"机制。

4. 金融业监管体系不断完善

2003 年成立中国银行业监督管理委员会，2018 年重新组建为中国银行保险监督管理委员会；逐步建立符合国际标准和中国国情的现代金融监管框架体系。

5. 金融业对外开放稳步推进

2010 年外资银行在中国境内发行人民币债券融资；2012 年开始试点外资银行本外币一体化经营；2017 年宣布取消外资对中资银行持股比例限制（2018 年正式实施）；2019 年颁布新版《外资银行管理条例》，金融业开放政策进一步优化。

6. 防范化解金融风险

2017 年金融风险形势持续加大，全面开展金融领域风险专项整治，维护金融体系稳定运行；针对影子银行、互联网金融等领域风险加强监管。

这一阶段中国金融业改革开放步伐持续加快，金融业整体发展环境和外部竞争力得到显著提升，符合国际惯例和标准的金融体系日趋健全和成熟。

（四）中国金融制度型开放时期（2018 年至今）

1. 推进金融业高水平制度型开放

2018 年 4 月，习近平主席在博鳌亚洲论坛年会上阐述了推动形成全面开放新局面的重大举措，确立了将金融业的对外开放列为扩大开放首位的策略；2018 年 12 月，中央经济工作会议首次提出"制度型开放"，会议指出"要适应新形势、把握新特点，推动由商品和要素流动型开放向规则等制度型开放转变"；2023 年 10 月，中央金融工作会议首次提出要"稳步扩大金融领域制度型开放"，进一步明确了我国金融制度型开放的战略。

2. 优化金融业领域外资准入政策

2019 年新修订《外商投资法》规定，任何外商投资领域开放前，要有过渡时间和特殊条款；2019 年颁布新版《外资银行管理条例》，在市场准入、子行数量、业务范围、治理结构等方面给予更大开放力度；2018～2020 年取消银行、证券、基金管理等金融领域外资准入许可。

3. 持续推动金融市场双向开放互联互通

资本市场双向开放方面，2022 年底中国资本市场"入门"通道全部打开，QFII/RQFII、沪深港通、债券通等制度不断优化；同年 7 月启动 ETF 联通机制，允许内地与香港基金互销；货币市场开放方面，也是同年取消人民币跨境使用的清算行服务资格限制，并取消部分金融服务机构人民币业务经营许可。

4. 提高金融业监管开放水平

2018 年，我国配合国际货币基金组织和世界银行对上海清算所等金融市场基础设施实施金融部门评估规划（FSAP）专项国际评估，评估结果良好。2022 年，中国担任金砖国家主席国期间召开的金砖国家财长和央行行长会议，提出加强金融监管合作以及政策协调，约定按时完成 IMF 第 16 次份额总检查，坚持以开放的视角提升金融业监管水平。

5. 支持金融机构"走出去"水平持续提升

我国鼓励符合条件的金融机构有序拓展境外业务。2021 年，积极参与亚太地区金融基础设施互联互通；2022 年底，中资银行境外机构超过 2000 家，分布 76 个国家和地区。据悉，2024 年末中国人民银行与 32 个国家签订双边本币互换协议。

总的来看，中国金融业经历了从单一银行体制到现代金融体系建立、从内资机构开放到对内对外双向开放的转型历程，未来将继续推进制度型开放进程。

二、国际金融业制度改革与开放的现状与趋势

从国际监管、金融市场化、数字金融、金融科技角度分析国际金融业制度改革与开放的现状和趋势：

从国际监管层面来看，当前各国普遍加强审慎监管，如实施更严格的资本充足率、流动性覆盖率等要求，而且监管范围逐步从传统金融机构扩展到影子银行等新兴领域，同时跨境监管合作不断深化，防范跨境传染风险。比如，2017 年全面实施《巴塞尔协议Ⅲ》后，全球大型银行核心一级资本充足率平均上升至12.9%，较危机前高出 7 个百分点。2019 年法国对科技巨头谷歌、亚马逊等征收"数字税"，引发国际税收规则改革讨论。监管层面对未来应统一跨境监管标准，推动以实质重于形式的综合审慎监管；必须加强金融科技创新监管，制定适当的监管技术创新；而且加大反洗钱等非传统金融风险的国际合作力度。比如，国际层面围绕完善虚拟银行、数字货币监管框架深化监管合作，2020 年七国集团（G7）成员就制定全球数字货币监管规则达成共识，2024 年欧盟通过反洗钱法案，成立新的反洗钱机构。

从金融市场化进程来看，当前金融产品和服务创新层出不穷，衍生工具、结构性产品等层出不穷；金融市场一体化趋势明显，跨境资本流动更加顺畅；利率市场化改革持续推进，央行逐步放松利率管制。比如，中国取消银行间同业拆借利率报价的上限管制，推进利率市场化；截至 2022 年，全球外汇市场日均交易量达到 7.5 万亿美元，较 10 年前增长约 1.6 倍。未来金融市场的利率和汇率市场化将不断深化，各类市场主体都将加大对新兴金融产品和模式的创新力度，这样区域性金融市场一体化进程加快，资本流动将更加自由。比如 2022 年东盟+3 金融合作中的银行间本币借贷便利化机制运行，2024 年印度政府债券被纳入摩根大通的新兴市场政府债券指数，显示出区域货币依靠金融创新走向国际市场的趋势。

从数字金融发展角度来看，当前移动支付、网上银行、直销银行等创新业务模式快速兴起，数字货币、加密资产等新型支付工具持续探索和发展，金融科技公司的影响力与监管压力同步增大。比如，移动支付用户数激增。2022 年中国移动支付用户超 16 亿元，渗透率约 86%。主权数字货币试点加速。2022 年105 个国家探索数字货币发行，占全球经济总量的 95%。未来数字普惠金融将成为主流，金融服务更加智能化和普及化，加密货币发展的同时，政府推动的主权数字货币有望在更多国家和地区推广使用，这使得金融科技与传统金融机构更加深度融合。以数字普惠金融为例，据世界银行估计，普惠金融可帮助近 20 亿没有银行账户的人获得金融服务，人民币等主权数字货币将面临多边合作推广；2022 年新加坡和印度尼西亚开启双边数字货币试点。

从金融科技创新角度来看，当前人工智能、大数据、云计算等科技与金融深度融合；智能投顾、智能风控等新型金融科技产品和服务快速发展；供应链金融、绿色金融等金融科技创新模式逐步成熟。比如，人工智能赋能金融服务的智能化，2022年美国资产管理公司贝莱德利用AI优化了超2万亿美元资产的风险管理和交易执行；云计算推动金融服务去中心化，2022年美国18%的银行业务在公有云上运行。未来趋势上，一是金融科技创新与金融开放的协同效应将更加显著；二是监管科技将成为监管方式创新的重点领域；三是金融科技人才储备和培养将成为各国重点工作。比如，分布式账本技术或颠覆传统金融体系，预计2027年区块链在贸易融资等领域的应用价值可达3万亿美元；监管科技有望实现更精准监管，2022年新加坡金管局探索AI在反洗钱和风险监测方面的应用。

国际金融业正处于全方位深化改革和制度型开放的进程中。审慎监管、金融市场化、数字普惠金融以及金融科技创新将是未来金融业发展的主要方向。各国在推动金融业制度改革的同时，也将加大开放力度，加强跨境合作，推动形成更加开放、包容、普惠、平衡、共赢的全球金融新格局。

第二章

国际高标准金融规则与
金融业制度型开放

第一节　金融业高水平对外开放与金融业制度型开放

新发展格局对推进金融业制度型开放提出了新的更高要求，这些要求体现了系统性和战略性的特征，需要全面推进顶层设计和制度供给。这些要求包括：完善与国内大循环相适应的金融体系，通过发展多层次资本市场，健全普惠金融服务体系、优化金融机构和产品结构、加强金融科技应用等；建立与双循环良性互动的金融开放格局，统一金融机构准入标准、扩大对外开放程度、支持金融机构"走出去"、推动金融基础设施开放；构建与全球资源配置相衔接的金融制度，推进资本项目开放和人民币国际化、参与国际金融监管合作、发展离岸金融市场等。可见，实现高水平对外开放是新发展格局对金融业制度型开放的重大要求（胡晓炼，2024）。

一、高水平对外开放与新发展格局关系

（一）新发展格局的主要特征

从第一章新发展格局主要任务中总结出以下特点：首先是开放性，新发展格局强调"国内国际双循环相互促进"，强调我国经济发展要坚持对外开放；其次

是平衡性，新发展格局强调国内大循环和国内国际双循环相互协调发展，强调供给侧和需求侧、经济与金融的全方位统筹；再次是创新性，新发展格局要求充分发挥创新驱动作用，提高自主创新能力，为构建新发展格局提供动力；最后是可持续性，新发展格局要求注重质量效益，追求高质量发展，促进经济社会的可持续发展（宋伟，2021）。总之，新发展格局体现了新时期我国经济社会发展的新特点，为今后一个时期我国经济发展指明了方向。

（二）高水平对外开放含义与特征

高水平对外开放是指推动更高标准、更深层次的对外开放，而不是简单的对外开放程度的提高，体现在开放领域、开放水平、开放质量等方面的大幅提升上，达到更高的开放标准和水平①。其内容体现了贸易领域的高水平开放，包括扩大进口、优化进出口结构、推进自由贸易区建设等；投资领域的高水平开放，包括放宽外资准入、优化投资环境、鼓励"走出去"等；金融领域的高水平开放，包括进一步开放金融市场、提高金融业的国际竞争力等；在科技创新方面，高水平开放强调加强国际科技合作与交流，共同推动科技进步和创新发展。

（三）高水平对外开放与新发展格局构建的内在联系

1. 高水平对外开放有助于完善国内国际双循环

新发展格局的核心在于构建以国内大循环为主体、国内国际双循环相互促进的新格局。而高水平对外开放正是实现这一目标的关键。一方面，高水平对外开放有利于畅通国内国际双循环；另一方面，高水平对外开放也有利于优化国内生产要素配置，提高资源配置效率，为国内大循环发展创造有利条件（吴唱唱和张辉，2023）。近年来，贸易结构不断优化，高技术产品和装备制造业比重持续提升，2022 年，中国货物进出口总额达到 42.1 万亿元，比上年增长7.7%，在高基数上实现新突破。进口的机械设备、IC 等资本品和中间品有利于畅通国内产业链循环；自 2013 年启动共建"一带一路"倡议以来，中国累计签署 200 多份双边合作协议，与 150 多个国家和 30 个国际组织开展合作，加强了国内市场与国际市场的联系。2022 年，中国服务贸易进出口总额达到5.98 万亿元，比上年增长 12.1%，服务业在双循环中发挥着越来越重要的作用。

---

① http://www.qstheory.cn/qshyjx/2022-04/25/c_1128598868.htm.

2. 高水平对外开放能促进资源要素有效配置

高水平对外开放能够打破国内外资源要素配置上的壁垒，促进要素在全球范围内的自由流动和优化配置，提高全要素生产率，为新发展格局构建注入动力。这不仅有利于提高资源利用效率，也可以增强企业的市场竞争力和创新动力，进一步深化供给侧结构性改革，优化产业结构，从而提升国家整体的竞争实力。近年来，中国大幅放宽外资准入，外资企业在汽车、金融等领域发挥着重要作用，提升了产业配置效率。中国企业"走出去"步伐加快，在全球范围内优化资源配置，增强了国际竞争力，华为、海尔等企业成为"国家名片"。2022 年，外商直接投资流入中国超过 1800 亿美元，比 2012 年增长 85%。外资在推动产业升级、技术创新等方面发挥着重要作用。2022 年，中国对外直接投资流量超过 1600 亿美元，居世界第二位，可见"走出去"企业成为国际市场的重要力量。

3. 高水平对外开放为新发展格局提供重要动力

无论是构建国内大循环，还是推动国内国际双循环，高水平对外开放都是关键支撑。一方面，高水平开放有助于优化国内产业结构，提升技术创新能力；另一方面，高水平开放也有助于拓展国际市场，增强我国在全球产业链、供应链中的地位和话语权。因此，高水平对外开放为新发展格局的构建提供了关键动力。中国与 14 个国家和地区签署 RCEP 协定，构建了世界最大自贸区。这有利于优化产业结构，增强全球价值链地位。2022 年，中国数字经济规模达到 50 万亿元，占 GDP 比重 42%。数字化转型成为新发展格局的重要支撑。

4. 高水平对外开放有助于构建更高水平的开放型经济体系

高水平对外开放是构建新发展格局所需的重要支撑，二者目标和方向高度契合。新发展格局要求建立更加完善的开放型经济体系，这需要进一步推进高水平对外开放。因此，新发展格局的不断健全，为高水平开放注入新动力，促进两者共同发展；高水平开放的持续推进，反过来为新发展格局的深化完善提供重要保障。2019 年，中国推出《外商投资法实施条例》，进一步扩大开放领域，保护外资合法权益，营造更加公平竞争的市场环境。2021 年，中国正式申请加入《全面与进步跨太平洋伙伴关系协定》（CPTPP），这是继 WTO 以来中国参与的最高标准的自贸协定。总之，高水平对外开放与新发展格局之间存在着深层次的内在联系，两者相互支撑、相互促进，共同构建了我国经济社会发展的新格局。

二、高水平对外开放与金融制度型开放

高水平对外开放的关键是对标高标准国际经贸规则的制度型开放，因此金融业高水平对外开放的关键是金融业制度型开放。

（一）高水平对外开放的内容

高水平对外开放的主要内容包括一是积极参与高标准自贸协定，如《全面与进步跨太平洋伙伴关系协定》（CPTPP），进一步扩大市场准入；二是不断扩大重点领域的对外开放，如农业、制造业、服务业等；三是持续优化国内营商环境，提高市场化、法治化、国际化水平；四是加快培育新型开放型经济体系，如海南自由贸易港等；五是大力发展服务贸易，拓展优质服务贸易供给[①]。

高水平对外开放的主要方向有：一是由规模型向质量型开放转变，注重提升开放的标准和水平；二是由边境型向制度型开放转变，注重构建高标准的开放型经济体系；三是由贸易型向投资贸易并重的开放转变，注重吸引和保护外资；四是由单一开放向更加多元化的开放转变，注重服务贸易等新领域开放（王文涛，2023）。

（二）高水平对外开放与制度型开放的关系

从规则、规制、管理和标准四个层面分析高水平对外开放与制度型开放之间的关系（赵蓓文，2023）：

从规则层面来看，高水平对外开放要求对标国际高标准经贸规则，如 RCEP、CPTPP 等，制度型开放则是通过完善相关法律法规，构建与国际接轨的规则体系，通过规则对接推动开放水平提升。

从规制层面来看，高水平对外开放需要优化监管方式，制度型开放则通过建立新型监管机制来实现，两者共同推动监管效能提升，比如"建立境内企业境外发行上市监管协调机制，完善跨境证券监管合作安排"。

从管理层面来看，高水平对外开放要求提高管理效率，制度型开放则通过优化管理流程、简化手续等方式实现，比如"建立备案沟通机制，提高备案效率"体现了管理层面的创新。

从标准层面来看，制度型开放强调建立与国际接轨的标准体系是实现高水平对外开放的基础，高水平对外开放推动国内标准不断提升，向国际最高标准看齐；高水平对外开放需要与国际标准接轨，制度型开放则通过制定新标准、提升

---

① https：//www.gov.cn/xinwen/2023-01/16/content_5737251.htm.

现有标准来实现。

总的来说，高水平对外开放与制度型开放在这四个层面上都密切相关。高水平对外开放为制度型开放提供方向和目标（高洁超和李磊磊，2022），而制度型开放则为实现高水平对外开放提供具体路径和保障。两者相互促进，共同推动中国融入全球经济体系，提升国际竞争力（倪红福和张志达，2023）。

（三）从国际规则角度看金融业制度型

同样地，金融制度型开放，也是从规则、规制、管理和标准四个层面来看。

规则层面主要是对接国际高标准经贸规则，如 CPTPP、RCEP 等协定中的金融服务规则，推动形成与国际接轨的"金融清单"，包括负面清单和正面清单相结合的方式；而且可以在试点区域制定金融服务负面清单，纳入商业存在和跨境交付等领域的限制措施。

规制层面关键是完善金融监管体系，创新金融监管模式，引入"监管沙盒"等创新监管理念；比如先在自贸区部分金融服务领域放宽监管标准，允许金融创新企业在一定时间内试营业。

管理层面需要优化金融市场管理，提升金融服务便利化水平；借鉴国际先进经验，如新加坡的有限牌照模式，另外可以对扩大开放的金融领域发放有限牌照，既丰富金融业态又控制风险。

标准层面逐渐对接国际金融标准，提升金融服务国际化水平，比如推动跨境金融数据流动，完善数据安全管理；建立金融数据跨境流动机制，包括数据获取、共享和分析处理等标准。

金融制度型开放的目标是对标国际高水平规则，在规则、规制、管理和标准等方面全方位推进金融开放，打造具有国际竞争力的金融环境（刘凌等，2024）。

第二节　从国际规则角度看金融业制度型开放的生成逻辑

高水平对外开放的特征是对标高标准国际经贸规则的制度型开放，基于此，我们可以从制度演变、全球治理、规则趋同与变革等层面来分析金融业制度型开放的生成逻辑。

一、国际规则以多层次演化的方式形成金融业制度型开放的标准

国际规则主要以四种演化方式为经济主体提供制度型开放的对接标准，这四种方式体现在四个层面：制度本身的变化、国际国内制度互相转化、不同经济体之间转化、经济体内部主动变革；同样地，国际金融规则以这些方式为各经济主体提供金融制度型开放对接标准。但是这种演化是缓慢而持久的，在金融制度型开放领域，主要表现在如下方面：

（一）从旧国际规则上演变的新规则成为经济体金融制度型开放的新标准

从制度变迁角度来看，历史制度的路径依赖、制度创新、制度均衡生成了当今世界不同国家的金融制度型开放。一是现有的国际金融规则体系（如布雷顿森林体系的遗产）为金融开放提供了初始框架，其变化呈现出强烈的路径依赖特征，如美元作为主要国际储备货币的地位，源于"二战"后布雷顿森林体系的制度安排，至今仍然影响全球金融格局（Seddon J，2021）。二是面对全球化挑战，各国需要创新性地调整本国制度，以适应开放环境，比如中国设立自由贸易试验区，在特定区域内先行先试金融开放政策，为全国性开放积累经验（罗月领，2013）。三是金融开放是各国在国际规则与国内制度之间寻求新均衡的过程（Hindriks & Guala，2015），各国需要在开放程度、监管严格性和本国金融体系稳定性之间寻求平衡，比如2015年中国股市波动后，监管机构调整了金融开放的步伐，体现了这种动态均衡的过程。

（二）国际国内以制度互补方式形成的新规则成为经济体金融制度型开放的新标准

从制度互补型角度来看，根据国际经验对法律体系、市场机制以及信息披露机制的修补完善是金融业制度型开放的重要方式（Markus & Mendelski，2015）。一是通过法律体系完善，健全的产权保护、合同执行机制成为金融开放的制度基础。中国加入WTO后，大幅修订了证券法、银行法等金融法规，为金融开放奠定了法律基础（Levine et al.，2023）。二是通过市场机制建设，完善价格发现机制、风险管理工具是金融市场开放的前提（Levine et al.，2023）。比如，中国沪深港通的推出不仅需要跨境交易系统的技术支持，还需要完善的跨境清算、存管和风险管理机制。三是通过信息披露制度形成的透明度是金融开放的关键，这就要建立完善的信息披露和公司治理制度。美国的萨班斯—奥克斯利法案（SOX法案）强化了上市公司的信息披露要求（Andrade et al.，2014），提高了市场透明度，为金融开放创造了有利条件。

（三）不同区域间制度竞争与选择而成的新规则成为经济体金融制度型开放的新标准

各经济主体追逐监管套利、成功实践、创新激励的行为，造成了对金融业制度的竞争与选择，进而形成了现有金融制度型开放的格局。一是监管套利，各国金融机构倾向于选择监管较为宽松的地区，推动各国调整规则；离岸金融中心如开曼群岛的兴起，主要源于其较为宽松的金融监管环境，吸引了大量国际资本（Minto et al.，2021）。二是实践经验，成功的金融开放经验（如新加坡、中国香港）被其他国家学习和采纳；新加坡建立国际金融中心的经验，如完善的法律体系、高效的监管等（王强等，2024），被很多新兴市场国家借鉴。三是制度创新激励，为吸引国际资本，各国不断创新金融制度和产品。英国推出的"监管沙盒"机制，为金融科技创新提供了试验场，被多个国家效仿。

（四）以主动移植或嫁接方式形成本土化规则后可能成为经济体金融制度型开放的新标准

一些经济主体通过移植、嫁接或渐进调整的方式实现制度嵌入与本土化，形成金融制度型开放格局。一是直接移植，将国际规则移植到本国法律体系，如将《巴塞尔协议》转化为国内银行监管规定（Rubio & Carraso-Gallego，2016）；中国国际规则本土化的典型案例是将《巴塞尔协议Ⅲ》的要求转化为银保监会的资本管理办法。二是制度嫁接，根据本国特点对国际规则进行嫁接转化，如沙特阿拉伯在发展资本市场时，结合伊斯兰金融原则，创新了符合本国文化的金融产品和监管制度（Daly & Frikha，2016）。三是渐进调整，通过试点、分阶段实施等方式，逐步调整本国制度以适应开放要求，比如印度逐步放宽外资持股比例限制的做法，体现了金融开放的渐进性特征。

二、国际规则的软化与趋同扩大了金融制度型开放范围

（一）国际规则的软化扩大了制度的接受面

众所周知的国际性规则、自律机制或国际共识以软化的方式，形成了新的国际通用规则成为其他经济主体的国内金融制度。一是原则导向，从严格的硬法规则向更灵活的原则性指导转变，如G20金融监管改革。英国金融行为监管局（FCA）采用的"原则导向"监管方法，强调金融机构的行为结果而非具体规则（张兴旺，2024）。二是自律机制方面，行业协会和自律组织在制定和执行规则中

发挥越来越重要的作用（张漪，2023）；国际掉期与衍生品协会（ISDA）制定的主协议，在场外衍生品交易中广泛采用，体现了行业自律的作用。三是国际共识方面，通过国际论坛达成的共识经常转化为各国的具体规则；二十国集团（G20）峰会公报中的金融监管改革共识，经常成为各国后续政策制定的指导原则。

（二）国际规则协调与趋同拓展制度的适用范围

在金融全球化进程中，规则协调与趋同已成为国际金融监管的重要趋势。这一趋势主要通过国际标准制定、跨境监管协调和规则外溢效应三个维度展现。首先，国际标准制定机构在推动全球金融规则统一方面发挥了关键作用。以巴塞尔银行监管委员会为例，其制定的《巴塞尔协议Ⅲ》成为全球银行业监管的标杆，统一了资本充足率、杠杆率和流动性等核心指标，有效促进了全球银行监管标准的趋同；同样，国际会计准则理事会等机构也在各自领域推动了规则的协调与统一。其次，跨境监管协调日益加强。金融稳定理事会（FSB）作为国际金融监管协调的重要平台，通过促进各国监管机构间的信息共享和政策协调，增强了全球金融体系的稳定性（边鹏等，2023）。FSB定期发布全球系统重要性金融机构（G-SIFIs）名单并协调相关监管措施的做法，体现了跨境监管协调的具体实践。最后，规则外溢效应进一步推动了全球金融规则的趋同。发达经济体的金融规则往往成为其他国家效仿的模板，其中美国的《海外账户税收合规法案》（FATCA）就是一个典型案例，虽然该法案本质上是美国的国内法律，但其影响已远远超出美国境内，促使众多国家签署相关协议，从而在全球范围内形成了新的金融监管规范（崔晓静，2013）。

三、国际规则的治理结构形成金融制度型开放新需求

从治理结构角度来看，全球公共产品理论和多层次治理结构现象成为金融制度型开放的重要原因。

（一）全球公共产品理论创造对国际规则的新需求

全球金融稳定性已成为一项关键的全球公共产品。金融危机的跨境传染效应清晰地展示了金融不稳定所带来的负外部性，这种外部性的存在使得单个国家难以独立提供充分的金融稳定性。金融稳定作为一种非竞争性和非排他性的全球公共产品（Montani，2011），其有效供给需要国际社会的协调与合作，这种需求具体表现为建立全球系统性风险监测机制和协调各国宏观审慎政策的努力。比如，

金融稳定理事会（FSB）的成立和运作就是这种需求的直接体现，国际货币基金组织（IMF）的贷款机制，在金融危机中为各国提供流动性支持，维护了全球金融稳定这一公共产品（边鹏等，2023）；金融行动特别工作组（FATF）制定的反洗钱标准，通过全球合作打击金融犯罪，维护了金融体系的完整性（刘宏松等，2019）。随着跨境金融活动的日益频繁，规则协调与标准化的需求也愈发突出，比如国际支付系统（如SWIFT）的运作需要全球协作，促进了相关规则的统一，降低了跨境交易的结算风险，提高了全球金融市场的效率。

（二）多层次治理结构创造对不同类型和层次的制度需求

全球金融治理呈现出多层次的结构特征，涵盖全球、区域和国家三个层面。在全球层面，国际货币基金组织（IMF）和世界银行等超国家机构扮演着制定宏观政策框架的关键角色（周帅等，2022）。有一点值得关注，IMF特别提款权（SDR）将人民币纳入货币篮子，体现了全球金融治理架构的一种动态演变过程。区域层面的金融治理主要通过诸如欧盟和东盟等区域性组织来推进，其核心目标是促进区域金融一体化，比如欧元区的建立堪称区域金融一体化的典范，其制度设计包括统一的货币政策和银行业联盟等创新性安排，为区域金融治理提供了重要参考（刘翔峰，2022）。在国家层面，各国根据其特定的经济社会条件，制定相应的金融开放政策和规则，比如放宽外国投资限制等，充分体现了国家层面政策制定的自主性和针对性（Hausman et al.，2021）。

四、国际规则的变化与革新形成金融制度型开放新内容

危机与技术催生新的国际金融规则，为各经济体主体金融制度型开放提供了新的内容。

（一）金融危机迫使制度变革新的制度供给

亚洲金融危机后，促进了新兴市场国家金融监管制度的完善，比如韩国大幅改革了公司治理制度，加强了对财阀的监管，提高了金融体系的稳健性（汤志贤，2022）。同样，2008年全球金融危机后，推动了全球金融监管框架的重大改革，美国通过多德—弗兰克法案，设立金融稳定监督委员会，强化了系统性重要金融机构的监管。而后的欧债危机促使欧盟建立了银行业联盟，加强了对欧元区银行的统一监管。

（二）技术驱动规则革新催生新的制度体系

金融科技发展要求制定新的监管规则，比如针对加密货币，日本金融厅制定了虚拟货币交易所的监管框架,为加密资产交易提供了制度保障。欧盟的《通用数据保护条例》(GDPR)对金融科技公司的数据处理提出了严格要求,影响了全球数据治理规则(韩天竹,2024)。大数据、人工智能等技术的应用推动了监管科技的发展,改变了金融监管方式。新加坡金融管理局利用人工智能技术开发监管科技工具,提高了金融监管的效率和精准度。

表 2-1　金融业制度型开放的生成逻辑

生成逻辑	理论基础	作用机制	形成过程及结果
制度演变形成金融制度型开放	制度变迁理论	路径依赖 制度创新 制度均衡	现有国际金融规则体系为初始框架 各国创新调整本国制度以适应开放环境 在国际规则与国内制度间寻求新均衡
	制度互补性	法律体系完善 市场机制建设 信息披露制度	健全产权保护和合同执行机制 完善价格发现和风险管理工具 建立完善的信息披露和公司治理制度
	制度嵌入与本土化	规则移植 制度嫁接 渐进调整	国际规则移植到本国法律体系 创新性转化国际规则 通过试点等方式逐步调整本国制度
	制度竞争与选择	监管套利 最优实践 制度创新激励	金融机构选择监管宽松地区,推动规则调整 成功经验被学习和采纳 各国创新金融制度和产品以吸引资本
规则趋同形成金融制度型开放	规则的软法化趋势	原则导向 自律机制 国际共识	向更灵活的原则性指导转变 行业协会和自律组织作用增强 国际论坛共识转化为具体规则
	规则协调与趋同	国际标准制定 监管协调 规则外溢	国际机构推动全球金融规则统一 FSB 促进各国监管机构间协调 发达经济体规则成为其他国家模板
社会新需求形成金融制度型开放	全球公共产品理论	全球金融稳定 国际支付系统	各国共同维护金融稳定,推动国际规则制定 全球协作促进相关规则统一
	多层次治理结构	全球层面 区域层面 国家层面	国际组织制定宏观政策框架 区域组织推动区域金融一体化规则 各国根据国情制定具体政策和规则

续表

生成逻辑	理论基础	作用机制	形成过程及结果
变革引致的制度供给形成金融制度型开放	危机驱动的制度变革	亚洲金融危机 2008 年全球金融危机	促进新兴市场国家金融监管制度完善 推动全球金融监管框架重大改革
	技术驱动的规则革新	金融科技监管 监管科技	制定针对新金融形式的监管规则 新技术应用改变金融监管方式

资料来源：笔者整理。

通过如表 2-1 的分析，可以看到金融业制度型开放是一个缓慢的制度变迁过程。它涉及国际规则的制定、国内制度的调整以及两者之间的动态互动。这个过程既受到全球化、技术进步等外部因素的推动，也受到各国内部制度环境和发展需求的影响。

第三章

我国金融业制度型开放与国际
高标准金融规则的比较

第一节　我国金融业制度型开放情况

一、我国金融业制度型开放进展

（一）从服务贸易限制看总体发展情况

总体来看，2014~2023 年，中国的银行业和保险业的服务贸易限制均呈现出逐步减少的趋势。特别是在 2020 年，两行业的 STRI 都有显著下降，显示出中国在这两个领域的服务贸易限制政策上有明显放松。至 2023 年，银行业的服务贸易限制性指数（STRI）降至 0.317，保险业的 STRI 降至 0.320，均为十年内的最低值（见图 3-1）。

（二）从规则、规制、管理、标准四个层面看金融业制度型开放的进展

在规则层面，中国采取了双向并进的策略。一方面，通过加入 RCEP 等高标准自由贸易协定，中国积极参与国际金融规则的制定，展现了对接国际金融规则的决心。另一方面，中国也在不断优化国内金融规则，如放宽外资银行市场准入规则，允许外资银行拓展业务范围。2018 年银保监会发布的《关于进一步放宽外资银行市场准入相关事项的通知》就是这一趋势的具体体现。同时，中国持续

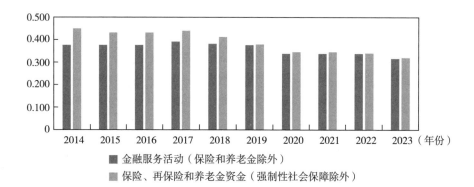

图 3-1 2014~2023 年中国 STRI 指数变化

完善人民币汇率形成机制，实施有管理的浮动汇率制度，这不仅提高了汇率的市场化程度，也增强了中国金融体系应对国际金融波动的能力。

在规制方面，中国通过推出一系列创新机制，如合格境外机构投资者（QFII）、合格境内机构投资者（QDII）、沪深港通等，促进了跨境资本流动，提高了资本市场的开放度和国际化水平。同时，中国正在逐步整合金融业务开放、牌照管理等的管理措施，推动各部门各地区金融监管趋于一致化，这有助于建立更加统一、透明的金融监管体系。2018 年发布的《关于规范金融机构资产管理业务的指导意见》，体现了中国在规范资产托管业务方面的努力，旨在提高金融市场的规范性和稳定性。

在管理层面，中国采取了更加开放和包容的态度。放宽外资持股比例限制，如 2018 年允许外资银行入股境内银行业金融机构，体现了中国金融业向外资进一步开放的趋势。同时，中国加强了国际金融监管合作，实施外资负面清单和准入前国民待遇管理，这些措施不仅提高了中国金融市场的开放度，也增强了外资进入中国市场的信心。

在标准层面，中国致力于提升金融基础设施的国际化水平。通过完善支付系统、征信系统和金融交易系统等金融基础设施标准，中国正在构建与国际接轨的金融市场环境。同时，中国也在不断提高金融透明度标准，通过高标准贸易协定设置金融机构设立规则，提高金融机构运行透明度。此外，中国还在提升金融便利化标准，如设置支付和清算系统、快速提供保险服务等便利化规则，这些措施有助于提高中国金融市场的国际竞争力和吸引力。

这些进展表明，中国正在积极推进金融业制度型开放，努力对接国际高标准金融规则，同时也在不断完善自身的金融制度体系。从总量型制度来看，已基本实现资本账户可兑换，在 7 大类 40 个细项中，已经有 36 个细项实现了可兑换或基本可兑换；形成了"收盘价"+"篮子货币"的汇率市场化形成机制。从结构型制度来看，遵循了部分高标准经贸规则协定，比如 RECP，加大了在新金融服务、金融业数据专业和处理的义务等方面的开放力度。

二、我国金融业制度型开放存在的问题

（一）金融业制度型开放总体水平不高

从银行业来看，中国的银行业服务贸易限制指数（0.317）显著高于 OECD 平均水平（0.18866），表明中国在银行业的服务贸易中限制更多；中国的银行业服务贸易限制指数高于法国、德国、日本、韩国、英国、美国和南非，略高于巴西，但低于印度和俄罗斯。这表明，中国在银行业的服务贸易限制程度介于这些国家之间（见图 3-2）。

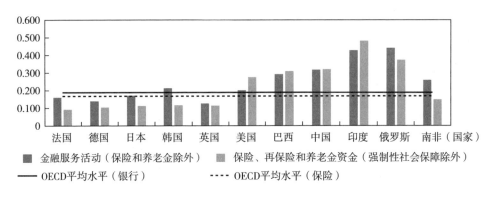

图 3-2　2023 年代表性国家金融业 STRI 指数

从保险业来看，中国的保险业服务贸易限制指数（0.320）也显著高于 OECD 平均水平（0.167552），表明中国在保险业的服务贸易中限制更多；中国的保险业服务贸易限制指数高于法国、德国、日本、韩国、英国、美国、南非和巴西，但低于印度和俄罗斯。这显示出中国在保险业的服务贸易限制程度也介于这些国家之间。

综合来看，中国在银行业和保险业的总体限制水平较高，分别高于大多数 OECD 国家和巴西，但低于印度和俄罗斯；中国在银行业和保险业的服务贸易限制指数都高于 OECD 平均水平，反映出在金融服务领域的整体开放度相对较低，但比印度和俄罗斯稍微开放。从区域上来看，相较于其他发展中国家，特别是巴西，中国在金融服务贸易限制上更为严格；而与主要 OECD 国家相比，中国的限制则显得更加显著。这可能反映出中国在金融服务领域的政策及市场结构特点。

因此，中国在 2023 年的金融服务贸易限制指数显示出在银行业和保险业的限制较为严格，尤其是与 OECD 国家相比。尽管如此，与其他金砖国家（印度、俄罗斯）相比，中国的限制程度相对较低，但仍高于南非和巴西。这反映出中国在金融服务贸易中的某种保守策略，可能是为了保护国内市场或维持金融稳定。

（二）金融业外资准入和竞争壁垒限制较多

1. 中国金融业外资准入和竞争壁垒限制情况

从银行业角度来看，银行业外资准入限制较高，银行业对外资准入的限制（0.212）是一个主要的限制因素，表明中国在金融服务贸易中对外资的进入有较严格的规定；银行业对自然人流动的限制较低（0.019），表明在人才流动方面较为开放；其他歧视性措施（0.010）较少，显示出银行业在此方面的公平性；银行业存在一定的竞争壁垒（0.077），可能影响市场的自由竞争；银行业的监管透明度（0.000）较高，表明监管过程透明和明确（见图 3-3）。

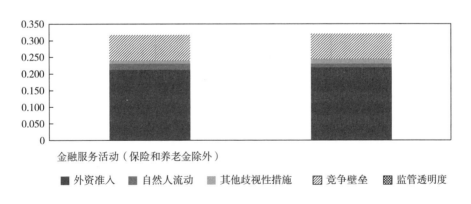

图 3-3　2023 年中国 STRI 指数

从保险业角度来看，保险业对外资准入的限制（0.219）也较高，与银行业类似，表明外资进入保险市场同样面临较多限制；自然人流动更为开放，保险业对自然人流动的限制更低（0.011），比银行业还要开放；其他歧视性措施（0.014）较少，显示出保险业在此方面的公平性；保险业同样存在一定的竞争壁垒（0.076），但略低于银行业；保险业的监管透明度（0.000）较高，表明监管过程透明和明确。

总体来看，银行业和保险业在外资准入方面的限制都较高，这是两者在金融服务贸易中主要的限制因素；两个行业对自然人流动的限制都较低，尤其是保险业，显示出在人才流动方面的较高开放度；两个行业的其他歧视性措施都较少，显示出在这方面的公平性；两个行业都存在一定的竞争壁垒，这可能影响市场的自由竞争，但整体差异不大；两个行业的监管透明度都很高，表明监管过程透明和明确。

可见，中国在银行业和保险业的服务贸易限制主要集中在外资准入方面，而在自然人流动、其他歧视性措施和监管透明度方面则相对开放且透明度高。尽管存在一定的竞争壁垒，但总体来看，中国在这两个金融服务领域的市场环境相对公平。

2. 外资准入情况与其他国家比较

从银行业角度来看，中国的银行业外资准入限制（0.212）明显高于 OECD 平均水平（0.099），表明中国对银行业外资的准入限制更为严格；相比其他国家，中国在银行业外资准入方面的限制低于印度（0.287）和俄罗斯（0.302），但高于法国、德国、日本、英国和韩国。从保险业角度来看，中国的保险业外资准入限制（0.219）也高于 OECD 平均水平（0.116），表明中国在保险业方面对外资的准入限制也是较为严格的；相比其他国家，中国在保险业外资准入方面的限制低于印度（0.347）和俄罗斯（0.265），但高于法国、德国、日本、韩国和英国（见图 3-4）。

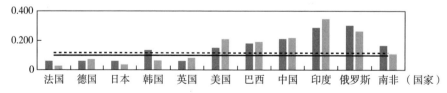

图 3-4 2023 年代表性国家金融业 STRI 指数外资准入限制评分

银行业和保险业的外资准入限制，中国在银行业和保险业的外资准入限制均高于 OECD 平均水平，这表明中国在金融行业对外资的准入限制相对严格；与主要国家对比，中国在银行业和保险业外资准入限制方面的水平介于中等偏高，与一些新兴市场国家（如印度、俄罗斯）相比稍低，但与发达国家（如法国、德国、日本、英国）相比则较高。

3. 竞争壁垒情况与其他国家比较

从银行业角度来看，中国的银行业竞争壁垒评分为 0.077，明显高于 OECD 平均水平（0.035），表明中国在银行业方面存在较高的竞争壁垒；相比其他国家，中国在银行业竞争壁垒方面的评分高于大多数国家，仅次于日本（0.087）（见图 3-5）。

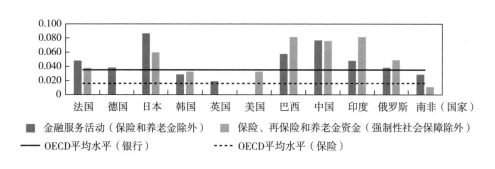

图 3-5 2023 年代表性国家金融业 STRI 指数竞争壁垒评分

从保险业角度来看，中国的保险业竞争壁垒评分为 0.082，也明显高于 OECD 平均水平（0.016），表明中国在保险业方面的竞争壁垒也较高；相比其他国家，中国在保险业竞争壁垒方面的评分较高，显示出在该领域存在较大的竞争壁垒。

上述表明，中国在银行业和保险业的竞争壁垒评分均高于 OECD 的平均水平，这表明中国在金融服务贸易领域存在较大的竞争壁垒。中国的银行业竞争壁垒评分高于大部分国家，仅次于日本（0.087），中国的保险业竞争壁垒评分较高，表明中国在保险业方面的竞争壁垒最为显著。

这样看来，中国在银行业和保险业的竞争壁垒评分均高于 OECD 的平均水平，显示出在这些领域存在较高的竞争壁垒。与主要国家相比，中国在银行业和保险业的竞争壁垒均处于较高水平。这表明中国在金融服务领域仍有较大的开放空间，若能适当降低这些竞争壁垒，将有助于提升金融服务行业的竞争力和吸引力。

（三）从服务贸易限制指数看我国金融业制度型开放的主要问题

根据前面的分析，我国金融业制度型开放问题主要体现在以下几方面：

1. 法律法规调整不及时

尽管部分金融产品创新已由审批制改为备案制，并且备案产品范围在逐步扩大，但这一改革内容尚未在现行的《银行业监督管理法》中体现，导致国际社会对中国银行业开放水平的认知滞后，STRI 指数对中国该项评价仍为"限制"。新实施的《外商投资法》严格限制政府采购中的不公平竞争行为，但《政府采购法》中相关表述未及时修订，导致外资产生误解和困惑，中国政府采购仍被认为限制金融服务贸易。

2. 政策的针对性和可操作性不足

许多开放措施仍停留在原则性、鼓励性政策阶段，缺乏具体的可操作性。这主要体现在各类开放平台的金融业开放上，许多举措仍在国家政策法规体系范围内推动，还停留在指导意见层面，对改革需求最迫切、最关键领域的创新突破不足。

3. 改革措施与国际标准的实际差距

中国在银行业和保险业的竞争壁垒评分均高于 OECD 的平均水平，显示出在这些领域存在较高的竞争壁垒。这表明中国在这些方面的开放程度与国际通行的低壁垒标准之间仍有差距。

4. 政策实施效果滞后

虽然中国在银行业和保险业采取了一些开放措施，但由于相关法律法规的调整和国际宣传的滞后，导致这些措施的实施效果未能及时反映在国际评估中，影响了国际社会对中国开放水平的认知。

5. 对外宣传解读和国际交流不足

比如，虽然国家会计准则已与国际会计准则（IFRS）进行了实质性融合，并且正在加快推进形式融合，但 STRI 指数依然显示中国会计规则"偏离国际标准"。[1]

---

① https：//www.thepaper.cn/newsDetail_forward_13377020.

第二节　与国际高标准金融规则的比较

一、国际高标准金融规则发展情况

通过对现有金融领域国际层面制度进行梳理，我们发现 IMF、WB、G20 等国际组织以及 WTO、RCEP、CPTPP、USMCA、CAI 和 DEPA 等国际经贸协定都对金融领域有一定描述。这些与金融领域制度型开放相关的制度安排，可以分为两大类：直接制度（对标协定文本，规定是否开放或开放的范围）、间接制度（加入国际共识等非协定组织，为金融开放做准备），其中直接制度安排，分为总量型（金融开放）制度和结构型（金融开放）制度。因此，我们研究的金融领域制度型开放主要包括以下两方面：一是总量型制度，即与资本流动、货币政策等宏观层面相关的制度，体现为国际经贸协定或国际金融规则文本中对资本账户开放、汇率形成机制等方面有规定的制度。二是结构型制度，仅涉及金融市场或其他市场、金融业或其他行业等中观或微观层面的制度，体现为国际经贸协定或国际金融规则文本中的负面清单、行业规制等制度，具体如表3-1所示。

表3-1　主要国际高标准金融规则情况

规则	来源	主要条款	具体内容	制度型类别
国际金融领域规则	IMF（国际货币基金组织）	促进国际货币合作 维护汇率稳定 协助建立多边支付系统 向成员国提供临时性金融援助	协调成员国间货币政策，减少汇率波动 监督汇率政策，防止竞争性贬值 推动特别提款权（SDR）使用 提供各种贷款工具应对国际收支困难	总量型开放制度
国际金融领域规则	WB（世界银行）	促进发展中国家经济发展 支持减贫和可持续发展项目	提供低息或无息贷款支持基础设施等项目 资助环保、气候变化应对等项目	总量型开放制度

续表

规则	来源	主要条款	具体内容	制度型类别
国际金融领域规则	G20/FSB（金融稳定理事会）	协调国际金融监管政策 识别和应对系统性风险	制定全球金融监管框架 定期评估全球金融稳定状况	总量型开放制度
国际金融领域规则	G20/FTF（金融科技工作组）	研究金融科技影响 促进创新与监管平衡	分析新技术对传统金融体系的影响 提出科技监管应用建议	总量型开放制度
国际金融领域规则	G20/PDFI（数字金融普惠全球伙伴关系）	推动数字金融服务普及 促进金融包容性	支持移动支付、数字银行等普惠金融创新 制定数字身份识别标准，扩大服务覆盖面	总量型开放制度
国际金融领域规则	BCBS（巴塞尔银行监管委员会）	制定全球银行监管标准 加强银行风险管理	发布《巴塞尔协议》，规定资本充足率等指标 要求提高资本质量，改善风险管理体系	结构型开放制度
国际金融领域规则	IOSCO（国际证券监管委员会组织）	制定证券市场监管标准 促进跨境合作	发布证券监管目标与原则 建立多边谅解备忘录机制	结构型开放制度
国际金融领域规则	IAIS（国际保险监督官协会）	制定保险业监管标准 促进市场稳定和公平竞争	发布保险核心原则（ICPs） 制定G-SIIs监管框架，防范系统性风险	结构型开放制度
国际经贸协定中的金融条款	CPTPP（全面与进步跨太平洋伙伴关系协定）	金融服务贸易自由化 跨境数据流动 金融监管透明度 投资者—国家争端解决机制	允许外国金融机构进入本国市场 允许金融数据跨境传输，保留监管权力 要求公开金融法规制定过程 为金融服务投资者提供争端解决渠道	结构型开放制度
国际经贸协定中的金融条款	RCEP（区域全面经济伙伴关系协定）	金融服务市场准入 国民待遇和最惠国待遇 金融监管合作 保留本国金融监管权	逐步开放银行、证券、保险等领域 给予非歧视性待遇 加强监管信息交流和政策协调 允许采取审慎措施维护金融稳定	结构型开放制度
国际经贸协定中的金融条款	DEPA（数字经济伙伴关系协定）	促进数字金融创新 跨境数据流动 金融科技合作 网络安全和数据保护	支持金融科技发展，鼓励新型金融服务 允许金融数据跨境自由流动 加强区块链、人工智能等领域合作 要求采取措施保护客户数据和防范风险	结构型开放制度

资料来源：作者整理。

二、我国金融业制度型开放与国际高标准金融规则差距

从我国制度型金融开放程度来看，与高水平国际制度还存在差距，一是总量型制度的差距，虽然资本账户基本实现可兑换，但总的资本金融账户开放程度仍低于印度尼西亚、越南、马来西亚等国家（邱劲，2023），离高水平开放差距较大。二是结构型开放制度的差距，比如我国金融服务条款作为独立专门章节在全球自贸协定体系中的比重较低，有研究表明中国金融业开放程度远低于CPTPP协议国家平均水平（焦玉雪和叶骏骅，2021）。从国际金融规则和国际经贸协定金融条款的细分内容来看，中国在金融制度型开放与这些规则和条款之间的差距如表3-2所示。

表3-2　我国金融业制度型开放的差别及其来源

主题	条款来源	差别或差距
货币政策和汇率管理	IMF	人民币汇率形成机制仍不完全市场化，存在一定程度的管理 资本账户开放程度有限，跨境资本流动仍受较严格管控
金融监管和风险管理	FSB、BCBS	金融机构公司治理水平与国际最佳实践还有一定差距 风险管理能力和工具需要进一步提升 监管透明度和一致性有待加强
金融科技和数字金融	G20/FTF、PDFI	在监管科技和监管机构使用科技方面还需加强 数字金融服务的跨境互通性有待提高
证券市场监管	IOSCO	信息披露质量及及时性还需提高 跨境监管合作机制需要进一步完善
保险业监管	IAIS	保险公司风险导向的偿付能力监管体系（类似于国际的 Solvency II）还在完善中 保险市场对外开放程度仍有提升空间
金融服务贸易自由化	CPTPP、RCEP	金融服务业对外开放程度虽有提高，但在某些领域仍存在准入限制 外资金融机构在华经营范围和业务种类仍有一定限制
跨境数据流动	CPTPP、DEPA	对金融数据跨境流动的管理较为严格，存在本地化存储要求 跨境数据流动的监管框架需要进一步明确和完善
投资者保护和争端解决机制	CPTPP	金融服务投资者与国家间争端解决机制尚未完全建立 对外国投资者的保护措施需要进一步加强
金融监管透明度	CPTPP	金融法规制定过程的公开性和透明度有待提高 监管决策的解释和沟通机制需要完善

续表

主题	条款来源	差别或差距
数字金融创新	DEPA	在跨境金融科技合作方面，尤其是区块链、人工智能等新兴领域，与国际接轨程度还需提高 数字金融创新的监管框架需要进一步完善，以平衡创新和风险
审慎监管权力	RCEP	虽然中国保留了采取审慎措施的权力，但在国际协调和沟通方面还需加强 需要在维护金融稳定和促进开放之间取得更好的平衡

注：上表中的部分内容存在差距，部分内容是因为国情而产生的差别。

资料来源：笔者整理。

我国金融制度型开放与国际高水平规则区别可以总结为以下几方面：

第一，总体开放程度还不高。中国的金融开放相对较为谨慎和渐进，与一些发达国家相比，中国在某些领域的开放程度仍然较低。例如：资本账户开放程度方面，个人每年境外汇款限额为 5 万美元，企业对外投资需要审批；而且，尽管中国已取消了许多外资持股限制，但外资金融机构的市场份额仍然较小。

第二，规则对接进展缓慢。虽然中国在利率市场化等方面取得了进展，但与国际高标准金融规则相比，资本或数据流动等关键性条款方面存在差距，比如在跨境资本流动限制等方面，我国有较为严格的管制；金融数据流动等敏感性条款与国际标准有所不同，我国对金融数据的跨境流动管理更为严格。

第三，新兴金融领域发展不够快。该领域与国际规则的差距主要体现在：首先是数字货币方面，虽然央行数字货币（DCEP）发展处于前沿行列，但是禁止了去中心化数字货币的流通（不过，中国香港地区近期发行了港元稳定币）；其次是对于金融科技监管，我国早期采取了较为宽松的态度，近年来监管趋严，如对蚂蚁集团等大型科技金融公司的监管收紧；英国等国家采用"监管沙盒"等创新监管方式；最后是关于绿色金融标准，中国正在积极构建绿色金融标准体系，但与欧盟等地区相比，在标准的严格程度和国际认可度方面还有差距。

第四，监管方式与市场准入比较严。一是监管模式方面，中国采用分业监管模式，由银保监会和证监会分别负责；而许多国家采用功能监管（如美国等）或双峰监管（如英国等）模式；二是政府角色方面，中国的金融监管更强调政府的主导作用，如通过窗口指导等非正式手段进行监管；高标准国际经贸规则更强调市场自律和法治化监管，这种差异反映了中国特色社会主义市场经济的特点；三是我国近年来不断放宽市场准入，但与高标准国际经贸规则相比仍有差距，主要关注国家安全，比如中国已取消了证券公司、基金管理公司等领域的外资持股限制，但在某些领域如支付机构仍存在限制。

第五，开放策略比较稳。中国采取国际上不常见的"试点先行，逐步推广"的策略，一是设立自贸试验区，中国设立多个自贸试验区，在其中试行金融开放政策，如跨境人民币使用、利率市场化等；二是开通互通互联机制，比如沪港通、债券通等，这些创新机制允许在特定范围内进行跨境投资，为进一步开放积累经验。这种策略允许中国在控制风险的同时推进开放，体现了中国特色的改革方法。

可见，中国在金融制度型开放方面已经取得了显著进展，但与国际最高标准相比仍存在一些差距。这些差距主要体现在市场准入、监管透明度、跨境数据流动、风险管理能力以及金融创新等方面。中国的金融开放呈现出独特的特点，反映了其在融入全球金融体系的同时，努力维护本国金融安全和经济稳定的战略考量。这种渐进式和有管理的开放策略，虽然在某些方面与国际高标准存在差距，但也为中国应对金融风险、维护经济稳定提供了重要保障。未来，中国可能会继续在开放与管控之间寻求平衡，逐步推进金融市场的国际化进程。

然而，作为以服务实体经济为宗旨的金融业，其制度型开放水平与国际高水平的差距，将给宏观经济以及产业、贸易、创新等方面的制度型开放带来挑战。

一是金融制度型开放差距不利于形成国内国际双循环相互促进的新发展格局，给我国实现宏观经济目标带来巨大挑战。总量型制度差距带来的资本流动溢出效应，影响货币供应量与汇率政策，从而影响物价稳定，同时导致国际收支平衡表中资本与金融账户的波动；结构型制度差距带来的各生产要素市场隔离效应，影响我国市场吸引全球资源要素，从而带来经济增长，并导致国际收支平衡表中经常账户的波动。上述后果，最终为我国实现充分就业带来巨大挑战。

二是金融制度型开放差距给我国大力推进产业链供应链深度融入国际市场带来挑战。总量型制度中的资本金融账户开放与稳定汇率机制改革，是支持维护我国产业链供应链安全稳定畅通的关键，总量型制度差距将阻碍该目标的实现；在结构型制度中，我国金融业或金融市场相关制度还没有达到国际经贸协定（如CPTTP等）金融条款的要求，因此处于在同一链条中的国内外产业或企业，将享受不同的金融服务，可能削弱本国企业或产业的竞争力。

三是金融制度型开放差距将阻碍高水平贸易开放。从总量型制度差距来看，现有资本流动渠道和方式，强化了汇率变动的不确定性，不利于进一步提高我国贸易自由化程度；从结构型制度差距来看，高标准的经贸协定内容都包含有高标准的金融条款，如果没有达到这些金融条款的标准，就会影响高标准经贸协定的签订，从而影响协定内的贸易条款，难以与协定内国家开展正常贸易。

四是金融制度型开放差距主要特征为国内外资本市场联系制度的碎片化，国内资本市场制度与高水平国家相差较大，而国内以银行为主导的金融体系风险承受力低，难以实现对科创产业有效支持，不利于我国技术创新。

第三节　我国金融业制度型开放的方向

从上述比较中可以看到，我国金融业制度型开放的方向，要对标国际高水平规则，主要体现在新领域和新内容两个方面：

一、我国金融业制度型开放的新领域

稳步推进我国金融领域制度型开放，从总量型制度开放来看，主要包括以下三个领域：

第一，资本账户的新开放方面，CPTPP 有更高的资本账户开放要求，其约定不得设立以下市场准入限制措施，包括金融机构的数量、金融服务交易或资产总值、服务业务总数或服务产出总量、雇用自然人总数、特定类型法律实体等。资本账户开放作为金融制度型开放的基础，将解决我国高水平开放中存在的经济发展和国际收支平衡问题。

第二，汇率形成机制改革方面，"三元悖论"意味着非弹性的汇率制度主要是为了维持资本管制，但是资本账户开放是制度型开放的必然之路，因此市场化的汇率制度须跟进，从而保持我国货币政策的自主性。汇率市场化有助于经济内外均衡协调发展，从而为提升产业链供应链韧性和安全水平创造了条件。

第三，G20 国际金融规则对接方面，在 G20 主导的新国际金融协调机制中发挥作用，比如金融稳定理事会，提高我国在国际金融规则协调与制定的话语权；对接《G20 转型金融框架》，开拓可持续金融发展领域的制度型开放，将有利于实现双碳目标下经济增长、扩大就业，有利于实现双碳目标下的贸易制度型开放以及碳产业、碳科技创新。

从结构型制度开放来看，主要对接关于金融市场和金融行业等方面的规则：

第一，在负面清单方面，CPTPP 采用"正面清单+负面清单"的模式对金融服务贸易作出承诺。如在跨境贸易方面，CPTPP 要求，针对成员在附件 11-A 中以正面清单列明的跨境金融服务，各成员应给予其他成员的跨境金融服务提供者国民待遇。在附件 Ⅲ 中，则以金融服务不符措施减让表的形式列出了金融服务的现行不符措施和未来不符措施。USMCA 也是负面清单制表。

第二，在国民待遇方面，CPTPP 有专门针对金融机构和投资者的国民待遇条款，要求在成员领土内的金融机构和投资者方面给予其他成员的待遇，不得低于其给予本国同类金融机构和投资者的待遇；DEPA 则是针对数字产品规定了非歧视待遇。USMCA 除了负面清单，并辅之以全环节国民待遇。

第三，在监管中的例外方面，主要包括：一是审慎例外，为维护金融系统稳定、保护金融机构或金融消费者可采取相应的审慎措施；二是政策例外，为推行相关政策采取的普遍适用的非歧视措施，可不适用主体相关章节的规定；三是机构安全例外，明确可出于维护安全等原因采取措施阻止或限制金融机构或跨境金融服务提供者向其附属机构或关联人转移资金；四是执法例外，明确可采取必要措施打击违法、欺诈，或对金融合同违约进行处理。

二、我国金融业制度型开放的新内容

从总量上看，金融制度开放的新内容包括以下内容：

第一，跨境资金转移和支付方面，CPTPP 第 9 章和第 10 章中，允许与涵盖投资相关的所有转移/与跨境服务提供相关的转移和支付可自由进出其领土且无迟延，并且允许以按转移之时市场汇率换算的可自由使用货币进行。虽然缔约方可在"为协助执法或金融监管机关所必要时对转移进行财务报告或记录"等若干例外情况下，按照缔约方的法律阻止或延迟资金的跨境转移或支付，但总体上要求跨境服务贸易和与投资相关的资金可实时地跨境自由便利流动。

第二，汇率政策透明度要求方面，RCEP、CPTPP 和 DEPA 中均有列述透明度条款，要求各成员认识到金融服务领域的监管透明度重要性并努力提升金融监管透明度，CPTPP 对金融服务透明度的要求更为明确。在新的规则中，要求政府注重汇率政策的透明度，向市场提供关于汇率政策和市场干预的信息，以增加市场的可预测性和稳定性。这也是我国努力的方向。

第三，《G20 转型金融框架》方面，该框架指出，确定转型活动的界定标准和披露要求、丰富转型金融工具、维护公正转型等问题是实现转型金融发展的关键，其 22 条高级别原则将成为未来缔约国金融发展统一规则，对相关国家社会，尤其是宏观经济产生重大影响。

从结构上看，金融制度型开放的新内容，主要是各类市场以及各行各业积极对接各国际经贸协定的规则、规制、管理与标准，主要包括以下内容：

第一，新金融服务方面，RCEP 和 CPTPP 均有列述新金融条款，要求各成员允许提供已在另一成员提供的新金融服务。但该条款并非强制性措施，金融监管部门可基于审慎理由拒绝开展。

第二，跨境金融数据流动方面，RCEP、CPTPP、DEPA 均有要求不得阻止金融机构为日常经营所需跨境传输数据信息，这与我国《网络安全法》强调"必须将个人信息和其他重要数据存储在中国大陆境内服务器上"的本地化原则相悖。

第三，争端解决机制方面，CPTPP 针对金融服务的特殊性采取了投资者与国家间争端解决机制（ISDS）和国家—国家争端解决机制的双重措施，并通过金融服务具体规则对这两类争端解决机制做出特殊调整，以强化争诉方国家政府在仲裁中的参与权、决定权和金融服务投资争端解决机制的灵活性。

第四，创新金融监管模式方面，对接 CAI 等金融创新规则，引入"监管沙盒"模式，即允许金融创新企业，在向监管机构提出申请的前提下，在一个安全空间内，在一定的时间范围内试营业。期间，监管力度较轻，金融创新企业可以测试各种金融产品和商业模式等。

第四章

全球视角下金融制度型开放对
金融机构和金融市场影响的研究

第一节　金融制度型开放对金融机构的影响

一、金融制度型开放对金融机构的影响

党的二十大报告指出，要"坚持高水平对外开放，加快构建以国内大循环为主体、国内国际双循环相互促进的新发展格局"，并且将"更高水平开放型经济新体制基本形成"作为未来 5 年的主要目标任务。在我国近 20 年来贸易开放取得飞速发展的同时，对外开放从贸易领域向金融领域不断深化，金融开放意味着逐步并最终全面融入国际金融体系，其影响的深度和广度更大，因此高水平对外开放的推进也对我国的金融稳定带来了新的挑战。

在此背景下，银行作为我国金融体系的重要组成部分，分析制度型开放对银行系统的影响是十分必要的，这既有利于理解银行在制度型开放下的决策行为变化，又能够为推进金融制度型开放过程中的金融稳定提供一定的现实指导意义。因此，本章着眼于银行风险和盈利能力两个角度，对金融制度型开放对银行的影响展开研究。

（一）金融制度型开放对银行风险的影响

现有关于金融制度型开放影响银行风险的研究尚未得到一致的结论。部分研

究认为金融开放能够降低金融风险，起到增强金融稳定性的作用（Fan et al.，2020；Mendonca，2020）。部分研究则认为金融开放会加剧金融风险，对金融稳定产生不利影响，特别是对发展中国家而言（Reinhart，2015；Fendoglu et al.，2019；马勇和王芳，2018）。

1. 金融制度型开放对银行风险的正向影响机制

金融制度型开放对银行风险的正向影响机制主要体现在以下几个方面：

（1）风险管理技术提升。外资银行通常拥有更为先进的风险管理技术和经验，本地银行通过与其合作或竞争，可以学习和采纳这些先进的风险管理方法，提高风险控制能力。金融制度型开放通过引入外资金融机构，不仅增加了市场的深度和广度，也为本地银行带来了挑战与机遇。外国银行通常拥有更为成熟的风险管理技术和更为丰富的国际市场经验，在市场竞争中常常占据有利地位。对本土银行而言，外国竞争者的进入会对其市场份额和盈利模式构成显著威胁。然而，这种竞争压力也促使了本地银行积极学习和采纳这些先进的风险管理方法，寻求提升自身风险管理能力的机会（张秀青，2020）。例如，在共建"一带一路"倡议的推动下，中资金融机构与共建国家加强了金融合作，通过本币互换协议和人民币清算机制的建立（宋科等，2022），不仅拓展了海外业务，也为本地银行提供了宝贵的学习和实践机会，提升了金融机构的风险管理能力，增强了金融市场的稳定性。金融制度型开放为商业银行接触和学习国际先进的银行管理技术提供了平台，使得商业银行能够更有效地应对市场变化，从而提高对风险的识别和管理能力（黄新飞和李嘉杰，2024）。

（2）风险分散。金融开放允许银行进行跨国投资和融资，银行通过国际市场进行资产配置，能够减少对单一市场的依赖，有助于分散国内经济波动带来的风险。Schmuckler（2004）的研究表明，全球金融一体化使得银行能够通过国际业务分散国内经济波动带来的风险，并强调了国际合作的重要性。Laeven 和 Levine（2007）也指出，金融市场的开放使商业银行能够通过更广泛的渠道筹集资金和多元化资产配置来减少对单一市场的依赖，从而实现国际资产组合的多样化并降低风险。此外，我国在改善营商环境和提升金融市场资源配置能力方面采取了一系列措施。自党的十八大以来，通过实施"负面清单管理制度"和制定外商投资法，加大了银行间债券市场的开放，推动了人民币利率互换的交易和集中清算，这些举措通过"沪港通"和"深港通"等资本流动机制进一步推进了资本市场的开放（王晨，2020）。同时，共建"一带一路"倡议的推进扩大了人民币在国际贸易和金融活动中的使用范围，为跨境人民币业务提供了发展空间，进一步丰富了支付和结算的选择（倪红福和张志达，2023）。并且，随着金融市场的不断深化，风险分散和对冲的机会也随之增多。谭小芬和张怡宁（2023）指出，有序地推进金融市场开放，平衡资本的流入和流出，可以有效避免过快开放可能带来的市场冲击，从而为国内外银行提供了更为均衡和安全的投资环境。

（3）监管标准提高。随着国际金融机构的进入，为满足更高的国际监管标准和最佳实践的要求，中国的金融监管体系面临着必要的调整与升级，这会带来更高的监管标准和最佳实践，促使本地银行加强内部控制和风险管理。金融危机暴露了国际监管合作体系的短板，催生了金融稳定论坛（FSF）等机构为大型国际金融机构制定更加严格的联合监管机制，这些措施增强了跨国监管的有效性（夸尔斯和夏颖，2019）。例如，巴塞尔银行监管委员会（BCBS）在其2023年修订的《有效银行监管核心原则》中明确了提升监管标准，涵盖了金融风险管理、运营稳健性及宏观审慎监管等多个方面。我国通过调整监管权力和明确监管职责，构建了更适应本国国情的监管体系，不仅增强了金融市场的稳定性，也有效降低了系统性风险（廖凡，2018）。同时，中国政府也在不断推动金融监管体制改革，积极与国际标准接轨，加强监管机制，提高监管效能，防范和化解金融风险，促进金融业的健康发展。此外，赵静和许海萍（2021）指出，稳健的宏观经济政策和有效的宏观审慎监管对维持金融市场稳定、降低系统性风险至关重要。在此背景下，合规管理也成为银行机构必须重视的领域。本地银行应积极在实践中搭建和完善合规管理体系，以更好地履行对监管方、客户、员工和社会的责任，并将法律法规转化为操作要求，提高企业的业务效率和可持续发展能力。

（4）市场纪律增强。金融开放增加了市场参与者的数量和多样性，增强了市场纪律，有助于识别和控制风险。国家金融监督管理总局推进了银行业和保险业的高水平对外开放，并实施了外商投资准入前国民待遇加负面清单管理制度，以营造一个公平、透明和开放的政策环境（马相东和杨丽花，2021），为外资银行等金融机构提供了优化的参与渠道，也进一步增强了市场纪律。同时，金融开放通过增强市场纪律，为金融市场带来了更高的效率和更佳的风险管理能力，进而促进了金融市场的整体稳定和发展。徐贝贝（2024）指出，监管总局重视金融市场的制度型开放，积极优化外资金融机构的准入门槛，提供有利于外资机构发展的条件，使得本地银行更好地与国际规则接轨。马勇和姚驰（2021）强调了宏观审慎政策框架的重要性，以及系统性金融风险的监测、评估及预警机制对于维护金融市场稳定的作用。这些市场纪律有助于及时发现和控制风险，确保金融市场的健康发展，为金融开放提供坚实的基础。

（5）市场竞争激励。金融开放增加了市场竞争，激励银行提高效率和风险管理能力，以维持竞争力。张国栋和方万政（2023）的研究证实了金融开放与商业银行风险管理能力之间的密切联系，得到了金融开放水平的提高使银行面临的竞争更加激烈的结论。王璐（2021）指出，长期受利率管制保护的中资金融机构，与在开放市场条件下成熟的外国金融机构相比，面临更大的竞争压力和风险。这种竞争环境迫使本土银行采取行动，以提升其竞争力。李成明和王月含（2023）也提出，通过制度型开放推进金融的高水平对外开放，可以提升中国金融资源的配置效率和能力，既有效推动了技术和管理创新，也拓展了业务范围和渠道，从而提高了商业银行的国际化水平和整体竞争力。金融开放背景下，我国商业银行面临着来自国内外市场的激烈竞争。为了提升竞争力，商业银行需要深入分析市场需求，优化产品设计，加强风险管理，并提高服务水平来维持和增强市场竞争力。

（6）资本充足率提高。金融开放对提高本地银行的资本充足率和风险管理能力产生了重要影响。外资银行的加入不仅为本地银行带来了竞争压力，也促使它们提高资本充足率以增强抵御风险的能力。同时，金融开放吸引了更多的外国直接投资，为商业银行增加了资本基础，进一步提升了其抵御风险的能力。国际法规和金融监管标准的变化提高了资本充足率和流动性标准，促使银行加强了运营和市场风险管理（王兆星，2016）。此外，人民币的国际化和金融市场的进一步开放为商业银行提供了更多跨境投融资的机会，支持它们通过多元化的资产配置降低对单一市场的依赖，实现国际资产组合的多样化，从而降低风险（Laeven & Levine，2007）。根据中国政府网的数据，随着资本监管的改革，2023 年第四季度末，商业银行（不含外国银行分行）的资本充足率有显著提高。金融开放既通过资本流入有效激励了银行增强"造血"能力，也确保了银行具备充足的资本数量并保持合理的资本质量结构，使其与所承担的风险水平相匹配，维持自身稳健运营和可持续发展。

2. 金融制度型开放对银行风险的负面影响机制

金融制度型开放对银行风险的负面影响主要体现在以下几方面：

（1）竞争加剧导致风险承担。金融开放通过引入外资银行和金融机构，极大地加剧了国内市场的竞争压力。为了与外资银行竞争，本地银行可能承担更高风险的资产，以追求更高的收益。这种策略虽然能够短期内提升银行的盈利能力，但同时也增加了银行的脆弱性和系统性风险。刘功润（2020）指出，这种高收益策略长期来看可能会对银行的稳定性构成威胁。此外，随着金融科技的快速发展，传统银行面临着来自金融科技公司的激烈竞争。为了在竞争中保持市场份额，一些银行可能会采取更高风险的投资策略来吸引客户。然而，IMF 报告指出，如果没有适当的风险管理和监管措施，这种策略可能会使银行承担更大的风险。为了有效应对金融开放带来的竞争和风险承担压力，商业银行需要加强对金融资产风险的分类管理。国家金融监督管理总局信用风险课题组强调，对重组资产和信用风险状况恶化的前瞻性判断，可以使银行更科学合理地管理风险。

（2）外部冲击传导。金融开放增加了国际金融市场波动对国内银行体系的影响，从而使外部冲击更容易传导至国内。金融开放通过资产价格渠道促进了跨境资本流动，引发了金融市场资产价格的波动，进而对银行的资产端造成冲击，并导致系统性风险的上升。张礼卿（2023）指出，国际金融市场的波动性可以通过资本流动、信贷市场、汇率机制等多种渠道影响国内银行体系。此外，金融开放还可能增加国内金融市场对外部冲击的敏感性，使得外部冲击更容易传导至国内。随着国际金融市场波动性的增加，商业银行与国际市场的联动性有所增强，国际市场的波动直接影响国内银行的资产质量和外汇风险。例如，Yang 等（2020）的研究显示，美国的货币紧缩政策可能会加剧全球系统性金融风险。在金融制度型开放水平不断提高的背景下，金融风险传染的路径变得更加广泛，"三跨"传染的可能性显著上升。为应对外部冲击传导带来的风险，国内银行需要加强风险管理能力，提高对国际金融市场波动的监测和预警能力。同时，监管机构也需要完善宏观审慎政策框架，加强对跨境资本流动的监管，以防范外部冲击对国内银行体系的不利影响（刘功润，2020）。

（3）监管挑战。金融开放可能带来监管上的挑战，如监管套利、监管空白等，这可能增加系统性风险。金融机构利用国际间不同的监管体系差异进行监管套利，可能会削弱监管措施的有效性，还可能使风险转移到监管盲区。例如，金融开放后，监管体系未能及时适应新的金融产品和服务，导致出现监管空白。这种滞后可能使得新兴金融活动缺乏必要的监管措施，增加金融系统的不确定性和潜在风险。此外，国际监管标准与国内法规之间的不一致性也可能会给本地银行带来合规风险。尤其是在跨国经营时，这种风险会显著提高。由于不同国家和地区的监管差异及合规成本的增加，会使得我国商业银行面临更复杂的环境和风险。为应对监管方面的挑战，监管机构需加强国内监管措施，并在国际层面上增强协调与合作，有效应对金融开放带来的一系列监管问题。

（4）资本流动波动性。金融开放可能导致资本流动的波动性增加，短期内大规模资本流入流出可能对银行稳定性构成威胁。制度性金融开放通常带来更为复杂和动荡的资本流动模式，例如大规模的短期资本流入和流出。这种不稳定的资本流动可能会导致汇率波动性增加，对商业银行的外汇交易和跨境贷款业务带来更高的风险压力。例如，陈若晴（2023）指出，跨境资本流动通过资产负债表渠道、汇率渠道和资产价格渠道对银行风险产生显著影响。资本流动的不确定性和汇率波动不仅影响单个银行的稳定性，还可能通过银行间市场和信贷市场传播，从而影响整个金融系统的稳定。此外，资本流入增加时，银行可能会增加对风险较高资产的投资，以追求更高的回报。这种策略在资本流动逆转时尤其危险，可能会显著增加银行的风险承担，并对银行体系的整体稳定性构成威胁。

（5）文化和运营差异。外资银行与本地银行在文化和运营模式上的差异可能导致合作和整合上的困难，从而增加操作风险。外资银行通常采用国际化的运营模式和企业文化，而本地银行则更加重视本土文化和市场特性。这种差异可能会使得决策流程、风险管理和客户服务等方面引发分歧，进而提高操作风险。外资银行倾向于采用全球统一的业务流程和管理模式，相对于本地银行的熟悉和适应本地市场的特殊需求和运营环境，这种方式可能会导致合作过程中的效率低下和沟通不畅。在中国，由于外资银行对本地客户需求和沟通服务方式的不熟悉，外资银行在与中资银行争夺客户时，其信任度和认可度较低，限制了客户范围并增加了操作风险。此外，外资银行面临严重的人才流失问题，部分原因是其较小的业务规模和缺乏发展空间，以及严格的考核机制，导致许多中高层人才转投中资银行。当前的监管政策和市场环境也为外资银行的业务拓展带来制约。外资银行在适应中国的监管环境和市场特性方面面临挑战，这可能导致业务拓展受阻，进一步增加操作风险。

（6）依赖外资。过度依赖外资可能使本地银行面临外资撤出时的流动性风险。不稳定的全球宏观经济政策环境，如经济增速减缓、贸易摩擦及疫情冲击等，直接影响了跨国银行业务及其信用状况，进一步提高了金融机构在制度型开放中的风险水平（岳文，2022）。虽然外资的引入通过资金、治理、知识和技术渠道有助于提升银行的内部管理和金融创新，但同时也可能降低银行的流动性创造，特别是在资产端和负债权益端上（李振和宋科，2023）。因此，中国银保监会加强了《商业银行流动性风险管理办法》，旨在保障银行的安全稳健运行。商业银行的流动性风险管理应持续有效，考虑到外部环境与经营风险的交织复杂性，构建完善的风险管理体系显得尤为重要。

（7）技术和系统风险。随着金融服务的国际化，技术和系统风险可能会增加，如网络安全问题等。随着金融服务的国际化，技术和系统风险有所增加。IMF 报告指出，日益严重的网络攻击对全球金融稳定构成了严重威胁。据统计，网络事件的直接损失已达近 280 亿美元，而其直接成本和间接成本可能占全球GDP 的 1% 至 10%。此外，以银行为代表的金融行业，因其在全球金融系统中的核心地位，成为网络攻击的主要目标，自 2004 年以来的总损失近 120 亿美元。刘功润（2020）的研究进一步强调，金融业的对外开放加速了风险的全球传播，各类风险如不妥善处理，可能通过跨境联通机制迅速形成系统性金融风险。

（8）市场纪律不足。金融开放可能引发的市场纪律不足和增加道德风险是国际金融体系中的重要问题。如果市场参与者未能充分理解和评估风险，可能导致道德风险上升和市场纪律机制缺失。张亦春和雷连鸣（2000）进一步阐述，信息披露不充分的金融市场中，仅靠资本充足率监管是不足以有效控制银行的道德风险的，有效的监管制度还需依赖于市场纪律的约束力。刘军（2023）的研究显示，近年来我国金融市场的道德风险问题较为突出，违规案件较多，危害了金融市场的稳定性。这表明市场纪律不足可能导致监管机构难以及时识别和预防风险，增加了整个金融系统的脆弱性。

（二）金融制度型开放对银行盈利能力的影响

现有文献也从多个角度对金融开放如何影响银行盈利能力进行了研究。

1. 金融制度型开放对银行盈利能力的正向影响机制体现

（1）技术转移和效率提高。金融开放通过引入外资银行，能够带来先进的管理经验和风险控制技术，本地银行通过学习和应用这些技术，可以提高其运营效率和风险管理能力。金融服务业的开放是实现技术转移和知识共享的重要途径（徐忠和徐昕，2019）。根据孙会国和李泽广（2008）的研究，外资银行的加入显著提高了我国商业银行的盈利能力。张召龙（2013）也指出，外资银行对中国商业银行效率有明显的正向影响，有效激发了国内银行提升服务质量和运营效率的动力。银行开放合作有助于促进人才流动和信息共享，使银行获得更多的资本金、先进技术和管理经验，从而改善经营并适应国际市场的变化，增强自身的竞争力（刘莉亚和李涛，2023）。张礼卿（2020）的研究指出，金融开放可以带来先进的管理经验和风险控制技术，提高银行的经营效率，促进技术和知识的广泛共享。

（2）产品和服务创新。金融开放促进了产品和服务的创新，银行可以通过提供多样化的金融产品和服务来增加盈利能力。已有研究发现，金融开放显著促进了银行产品和服务的创新，增强了银行的盈利能力，有效激发了金融机构的创新活力和推动了金融业务的多元化，进一步完善了金融市场，降低了融资成本（李成明和王月含，2023）。大数据、区块链、云计算、人工智能等前沿技术的运用，为金融服务行业带来了技术变革，提高了服务效率，改善了客户体验和满意度，扩展了银行的业务范围和收入来源。通过数据共享和技术整合，银行已经能够开发出更具创新性的金融产品，例如智能理财和移动支付，为客户提供更个性化和便捷的服务（FinClip，2023）。此外，近年来银行、证券、保险和基金等外资金融机构加速进入中国市场，促进了开放型经济体制的建设，增强了金融市场的活力和竞争力。多样化的金融创新促进了银行与国际市场的更深入接触，推动了新金融产品和服务的开发，提升了银行的盈利能力。

（3）市场扩展。金融开放有助于银行拓展市场范围，进入新的市场和客户群体，吸引更多的客户群体，增加业务量和盈利。我国持续扩大金融业对内对外开放，形成了双向开放的金融体系，为经济的高质量发展提供了有力支持。通过跨市场、跨地域和跨国界的开放政策进行多维度的金融开放，银行能够进入新的市场和客户群体，从而增加业务量和盈利。刘功润（2020）强调，这种开放不仅使银行能够扩大其客户基础和业务范围，而且促进了金融体系的深度融合，提升了商业银行的国际竞争力。金融开放通过制度支持，有效促进了银行业的市场扩展，增强了其业务多样性和国际竞争力，为银行提供了稳健的增长和盈利机会。

（4）竞争激励。金融开放引入外资银行，增加竞争，促使本地银行提高服务质量和效率，从而提高盈利能力。殷孟波和石琴（2009）的研究表明，外资银行的加入直接提高了市场的竞争程度，迫使本地银行优化服务并提高经营效率。陈旺等（2020）也强调，在金融业全面开放后，中国银行业的竞争显著增强，促进了国内银行提升其经营绩效的动力。此外，Schaeck 和 Cihak（2010）以及孙浦阳等（2010）发现，增强的竞争能够提升银行的经营效率。Zarutskie（2011）与 Dick 和 Lehnert（2010）的研究论证了这一观点，表明通过提高银行的专业化程度、筛选和监控贷款以及贷款能力，竞争可以显著提高银行的效率。在金融稳定性方面，竞争被证实能降低银行的破产概率和不良贷款比率，从而提高盈利能力。Goetz（2018）的研究明确指出，激烈的竞争有助于降低银行的财务风险。此外，Andries 和 Capraru（2014）的研究也证实了竞争提高了银行的利润效率。

（5）资本流动和融资成本。金融开放能够促进资本流动，降低银行的融资成本，提高其盈利能力。自 2005 年以来，中国金融的双向开放水平显著提高，促进了外国直接投资（FDI）流入和资本市场投资流出的开放，不仅为经济增长提供了便利条件，还通过提高资源配置效率，降低了企业的融资成本，并推动了企业创新能力和市场竞争力的提升。García-Herrero 和 Santabárbara（2008）基于82 家中资银行数据的研究发现，商业银行引入外资可以提高税前资产利润率，改善银行业的盈利能力和系统效率。国家外汇管理局在 2024 年发布的《资本项目外汇业务指引（2024 年版）》进一步规范了金融开放下的金融机构业务。田利辉（2024）和王有鑫（2024）分别强调了新规的实施不仅提高了跨境资本流动的效率和透明度，吸引了更多的外资进入中国市场，还提升了金融市场的国际化程度，并通过不断增多的股票、债券、资管、衍生品等领域的双向互联互通机制，降低了办理资本项目外汇业务的难度，从而为金融机构提供了更多的融资渠道和较低的融资成本。

（6）风险分散。开放金融市场允许银行通过多元化投资来分散风险，这有助于稳定银行的收益。同时，银行可以通过国际化的资产配置来分散风险，减少对单一市场或经济周期的依赖。毕明强（2016）指出，全球资产配置能有效规避周期性与区域性风险。商业银行进行境外投资拓展了投资渠道，增加了投资多样性，从而有助于分散投资风险。中资银行应采取国际化战略，积极在国际市场筹资、拓客及扩业，优化资源配置，降低资产组合风险。银行若能合理调整利润的国际化分布，降低境外利润相关性，将大幅减少系统性风险的影响。张昌林（2020）强调，未来国内商业银行跨境资产配置的需求巨大，有利于通过国际化资产配置分散风险。多元化经营不仅降低单一业务风险，还提升了银行的综合竞争力和资金利用效率，增加了盈利来源。

2. 金融制度型开放对银行盈利能力的负面影响机制体现

（1）竞争加剧。外资银行的进入增加了市场竞争，可能会压缩本地银行的利润空间。Claessens 等（2001）在对 80 个国家的银行业数据分析后发现，外资银行股权的增加显著降低了本地银行的盈利。加入世界贸易组织和随后的金融业全面开放后，中国银行业全面融入了国际体系，面对日益增强的国际竞争。截至2023 年，我国银行业机构数量已达到 4490 家，5 家大型商业银行、多家股份制商业银行以及众多城市和农村商业银行，共同竞争国内庞大的银行市场份额。此外，金融服务业的竞争导致银行降低了特许权价值，可能会形成系统性风险。竞争过度可能导致国内银行贷款减少，破坏信息资本，产生信息不对称，从而直接降低银行的利润率，并间接增加银行风险。金融开放通过竞争渠道放宽了外资银行的进入限制，扩大了银行间竞争，迫使银行采取更激进的投资策略，进一步削弱了银行体系的稳定性。

（2）监管成本上升。金融开放可能伴随着更严格的监管要求，这迫使银行投入更多资源以满足更高的监管要求，从而增加了银行的运营成本和合规成本。2016年以来，中国银行业进入去杠杆和强监管阶段，监管机构特别关注银行的同业、理财及表外业务，推动金融机构减少风险敞口，对银行业的传统运营模式产生了深刻影响（许立成，2019）。随着资本市场的进一步开放，中国经济更易受到外部冲击，需要银行为了满足更高的监管要求而投入更多资源，从而提升运营成本。金融开放加强了国际金融系统间的联系，一国的金融风险可能通过多种渠道向其他国家传播，这要求金融机构加强合规经营与风险控制能力，从而可能进一步增加合规成本。

（3）风险管理挑战。开放的金融市场带来了更复杂的风险类型和更高的风险管理要求，如果管理不善，可能会影响银行的盈利能力。随着我国金融市场的双向开放和全球经济金融环境的快速变化，为了有效防范和化解金融风险，确保金融开放与安全的平衡，构建一个与金融开放创新相适应的风险管理体系变得尤为重要。过去10年里，银行风险管理经历了重大变革，涉及资本、杠杆、流动性和融资的具体严苛要求。合规和行为标准的提高强化了非金融风险的管理重要性，而对银行风险偏好的期望提升导致压力测试成为主要的监管工具。这些变化要求银行不断调整风险管理职能，以应对日益增加的监管要求。同时，随着"互换通"的上线，标志着中国金融市场高水平对外开放的进一步推进。然而，这种开放也带来了更复杂的风险类型和更高的风险管理要求。如果这些风险管理不善，可能会严重影响银行的盈利能力。

（4）资本流动的不稳定性。资本的快速流动可能会带来市场的波动性，对银行的资产质量和盈利能力构成威胁。刘功润（2020）以亚洲金融危机为例，指出金融开放虽促进了资本的自由流动，却可能会导致资本流动的不稳定性。尤其在金融体系尚未完善的情况下，短期资金的快速流入和流出可能给金融市场带来显著的波动性，并为外资炒作提供了机会。李伟（2012）则从宏观角度分析了国际资本流动对中国经济的影响，强调了随着全球经济一体化的加速，国际资本流动的规模和结构可能导致金融市场的波动，进而影响到国家的经济稳定和银行的盈利能力。此外，新兴市场的经济发展依赖于外部资本流入。资本流动的不稳定性不仅可能导致金融市场的波动，而且可能会削弱国内投资者的信心，引发资本外流，加剧市场的不稳定性。

（5）市场波动性增加。随着金融市场渐进全面开放，外资持股比例增加，国际金融市场的波动性、海外资产的流动性以及外资母公司的风险传导将对我国银行业造成一定的负面冲击，增加市场不稳定性，最终影响银行盈利。外资进入本地市场后，境内外市场的联动性显著增强。由于对境外市场的控制力较弱，境外市场的剧烈波动容易传染到境内市场（张秀青，2020）。此外，跨境资本投资的顺周期特性——在经济好转时迅速流入，经济不景气时快速流出，这进一步扩大了市场的波动性。金融市场全面开放通过资产价格渠道扩大了银行的关联度和系统性风险，导致金融市场资产价格的波动，最终冲击银行资产端，提高了银行系统性风险（戴淑庚和林滨钊，2022）。跨境资本流动还导致市场均衡利率下降，降低了银行通过贷款获得的收益。于士超（2020）的研究表明，尽管金融市场开放为银行业发展提供了重要的机遇，但同时也带来了挑战。全面开放增加了国际投资和他国金融波动对中国的影响，加剧了经济对资本市场的依赖和系统性金融动荡，对银行的盈利能力构成负面影响。陈嘉乐和杨栋旭（2024）强调，全面开放的金融市场一方面吸引了大量外资，推动了人民币的国际化，另一方面也加剧了国内市场的波动性和系统性金融风险，这对银行盈利构成挑战。国际市场中的不稳定因素，如美欧金融机构的危机和经济衰退，可能对国内金融市场主体、金融资产价格及经济基本面形成冲击，从而增加市场不稳定性，影响银行盈利。

（6）利率市场化压力。金融开放可能加速利率市场化进程，压缩银行的净利差，对银行的盈利模式构成挑战。利率市场化是市场经济和金融发展的核心，它直接影响到国家的货币市场和资本市场。随着利率政策的放宽，市场力量在金融产品定价中的作用日益增强。例如，贷款市场报价利率（LPR）机制的改革不仅提高了商业银行的风险承担能力，也试图通过增加信贷和竞争来提升银行的盈利水平。然而，利率市场化同时意味着银行间的竞争加剧，导致传统的利差收入减少。利率市场化改革的加速推进已经使银行业实质上进入了完全市场化的时代。这不仅导致了存贷利差收窄，还增加了银行面临的风险，尤其是利率风险和流动性风险，对银行的盈利模式构成了显著的挑战。李成明和王月含（2023）的研究强调，金融市场化改革是推进金融高水平对外开放的关键环节。利率市场化改革让利率更加灵活地满足市场需求，但也可能会带来市场不稳定性，增加银行的经营风险，从而影响银行的盈利能力。

二、实证研究设计

（一）模型设定

为了考察金融制度型开放对银行风险的影响，本书构建如下形式的动态面板模型：

$$ZSCORE_{i,t} = \alpha_0 + \alpha_1 ZSCORE_{i,t-1} + \alpha_2 kaopen_{it} + \alpha_3 controls_{it} + \varepsilon_{it} \tag{4-1}$$

其中，下标 i 表示国家，t 表示年份。$ZSCORE_{i,t}$ 为银行风险的代理变量，$ZSCORE_{i,t-1}$ 为其滞后项，$kaopen_{it}$ 表示金融制度型开放的代理变量，$controls_{it}$ 表示其他可能影响银行风险的控制变量的集合，ε_{it} 为误差项。

同时，为了考察金融制度型开放对银行盈利能力的影响，本书构建如下形式的动态面板模型：

$$ROE_{it} = \beta_0 + \beta_1 ROE_{it-1} + \beta_2 kaopen_{it} + \beta_3 controls_{it} + \varepsilon_{it} \tag{4-2}$$

其中，下标 i 表示国家，t 表示年份。ROE_{it} 为银行盈利能力的代理变量，$kaopen_{it}$ 表示金融制度型开放的代理变量，$controls_{it}$ 表示其他可能影响银行盈利能力的控制变量的集合，ε_{it} 为误差项。

（二）变量选取

1. 被解释变量

为了考察金融制度型开放对银行风险的影响，参考已有文献（Luo et al., 2016；Ma & Yao，2022），本书选取 Z-score 作为银行风险的代理变量。Z-score 反映了银行的破产风险，其具体计算方式如下：

$$Z\text{-score} = \frac{ROA + E/A}{sd(ROA)} \tag{4-3}$$

其中，ROA 为银行的资产收益率，E/A 为银行的权益与资产之比，$sd(ROA)$ 为银行 ROA 的标准差。本书所采用的一个国家或地区层面银行业加总的 Z-score（$ZSCORE$）作为银行风险的代理变量，其值能够反映银行系统的破产风险。$ZSCORE$ 越大，银行风险越小。同时，为了考察金融制度型开放对银行盈利能力的影响，选取银行净资产收益率（ROE）作为银行盈利能力的代理变量。

2. 解释变量

本书的核心解释变量为金融制度型开放，选取 Chinn 和 Ito（2006）构建的

Chinn-Ito 指数（kaopen）作为金融制度型开放的代理变量。该指数衡量各国资本账户的开放程度，数值越大，表明金融开放程度越高。

3. 控制变量

参考已有文献，选取宏观层面的实际 GDP 增速（GDPR）、通货膨胀率（CPI）、贸易开放度（TRADE）作为控制变量。

（三）研究样本

基于数据的可获得性和样本的完整性，本部分选取 146 个国家和地区 2001~2021 年的面板数据进行回归分析。本部分所使用变量的数据主要来源于世界银行（World Bank）的 Global Financial Development Database 数据库。

三、实证结果与分析

本部分就金融制度型开放对银行的影响进行实证考察。首先，基于回归方程（4-1）的实证模型进行回归分析，以考察金融制度型开放对银行风险的影响。其次，基于回归方程（4-2）的实证模型进行回归分析，以考察金融制度型开放对银行盈利能力的影响。

（一）金融制度型开放对银行风险的影响

表 4-1 给出了金融制度型开放对银行风险影响的回归结果。其中，回归列（1）是以银行风险（ZSCORE）作为被解释变量，以金融制度型开放（kaopen）作为解释变量的回归；回归列（2）~列（4）是在回归列（1）的基础上，依次增加实际 GDP 增速（GDPR）、通货膨胀率（CPI）和贸易开放度（TRADE）作为控制变量的回归。从表 4-1 的回归结果来看，ZSCORE 的一阶滞后项显著为正，表明银行风险存在显著的动态效应，支持了本书动态模型设定的合理性。对于本书关注的金融制度型开放变量，kaopen 的系数在所有回归中均为正，且在 1% 的水平上显著。这一结果意味着，金融制度型开放与银行 ZSCORE 之间存在显著的正相关关系，随着金融制度型开放程度的提升，银行风险倾向于下降，说明了金融制度型开放有利于降低银行系统的风险，增强金融稳定性。在控制变量方面，GDP 增速的系数显著为正，表明经济增长有利于增强银行的稳定性。从模型检验来看，表 4-1 中的所有回归均通过了 Hansen 检验和 AR（2）检验，表明回归估计中所选取的工具变量有效，且不存在二阶序列相关问题，因而回归结果是可靠的。

表4-1 金融制度型开放对银行风险的影响

变量	（1）ZSCORE	（2）ZSCORE	（3）ZSCORE	（4）ZSCORE
L. ZSCORE	0.738*** (0.066)	0.727*** (0.067)	0.726*** (0.067)	0.706*** (0.084)
kaopen	1.456** (0.612)	2.282*** (0.826)	2.158*** (0.806)	2.603** (1.058)
GDPR		0.055** (0.025)	0.059** (0.026)	0.102* (0.056)
CPI			−0.033 (0.032)	−0.036 (0.035)
TRADE				−0.046 (0.041)
_cons	3.442*** (1.155)	2.905*** (1.080)	3.170*** (1.126)	7.124* (3.996)
AR（1）	−4.998	−4.657	−4.647	−4.277
p-value	0.000	0.000	0.000	0.000
AR（2）	−0.232	−0.029	−0.066	0.112
p-value	0.817	0.977	0.947	0.911
Hansen	142.295	84.711	78.359	74.875
p-value	1.000	0.208	0.342	0.417
N	2588	2588	2588	2588

注：括号内为回归系数的标准误；*、**、***分别表示在10%、5%、1%的水平上显著。

（二）金融制度型开放对银行盈利的影响

表4-2给出了金融制度型开放对银行盈利能力影响的回归结果。其中，回归列（1）是以银行盈利能力（ROE）作为被解释变量，以金融制度型开放（kaopen）作为解释变量的回归；回归列（2）~列（4）是在回归列（1）的基础上，依次增加实际GDP增速（GDPR）、通货膨胀率（CPI）和贸易开放度（TRADE）作为控制变量的回归。从表4-2的回归结果来看，ROE的一阶滞后项显著为正，表明银行盈利能力存在显著的动态效应，支持了本书动态模型设定的合理性。对于本书关注的金融制度型开放变量，在控制了其他可能影响银行盈利能力的因素后，kaopen的系数显著为正。这一结果意味着，金融制度型开放与银

行盈利能力之间存在显著的正相关关系，随着金融制度型开放程度的提升，银行盈利能力倾向于上升，说明了金融制度型开放有利于提升银行的盈利能力。在控制变量方面，GDP 增速的系数显著为正，表明在经济高速增长时期，银行盈利能力更强。从模型检验来看，表 4-2 中的所有回归均通过了 Hansen 检验和 AR（2）检验，表明回归估计中所选取的工具变量有效，且不存在二阶序列相关问题，因而回归结果是可靠的。

表 4-2　金融制度型开放对银行盈利能力的影响

变量	（1） ROE	（2） ROE	（3） ROE	（4） ROE
L. ROE	0.526***	0.505***	0.502***	0.477***
	(0.092)	(0.109)	(0.112)	(0.101)
kaopen	8.985	16.081*	16.201*	9.740*
	(6.502)	(8.924)	(8.865)	(5.076)
GDPR		0.546***	0.539***	0.924***
		(0.146)	(0.146)	(0.236)
CPI			-0.016	0.019
			(0.018)	(0.034)
TRADE				-0.589**
				(0.255)
_cons	0.020	-6.164	-6.102	48.955**
	(4.944)	(7.370)	(7.340)	(19.265)
AR（1）	-1.971	-1.993	-1.995	-1.877
p-value	0.049	0.046	0.046	0.061
AR（2）	0.496	0.687	0.687	0.691
p-value	0.620	0.492	0.492	0.490
Hansen	29.114	16.833	16.348	15.010
p-value	0.047	0.466	0.429	0.524
N	2531	2531	2531	2531

注：括号内为回归系数的标准误；*、**、***分别表示在10%、5%、1%的水平上显著。

四、结论

基于 146 个国家和地区 2001~2021 年的面板数据，本书对金融制度型开放对银行风险和银行盈利能力的影响进行了实证分析。本书的实证结果表明：首先，金融制度型开放与银行稳健性之间存在显著的正相关关系，表明金融制度型开放程度的提升，能够有效降低银行系统的风险水平。其次，金融制度型开放与银行盈利能力之间也存在显著的正相关关系，表明金融制度型开放程度的提升，同样能够有效提升银行的盈利能力。

第二节　金融制度型开放对金融市场的影响

一、金融制度型开放对金融市场的影响

面对全球化和国际贸易环境的深刻变化，中国为应对挑战，积极探索新的发展策略。在这一背景下，制度型开放策略应运而生，旨在通过协调和整合贸易、投资及生产管理中的规则和标准，推动经济全面开放与深度融合。为实现这一目标，中国正努力对接国际规则，改善营商环境，并推进治理体系的变革，从而进一步扩大制度型开放的广度和深度（常娱和钱学锋，2022）。党的十八大以来，我国金融市场不断开放，出台了一系列制度创新，已经构建了以 QFII、RQFII 为主的外资投资渠道，QDII、QDLP 和 QDLE 的金融资本境外投资渠道，同时也推出了香港互认基金、沪港通、深港通、债券通、沪伦通、理财通等互联互通机制。这些举措不仅促进了中国金融市场的国际化进程，也为股票市场带来了更为丰富的投资选择和更为广阔的发展空间。股票市场作为金融市场的重要组成部分，将受益于制度型开放策略的持续深化，迎来更多的发展机遇。

（一）金融制度型开放对股票市场发展的正向影响

金融制度型开放对股票市场的发展有着重要的积极影响（Cajueiro et al.，2009），其正向影响机制主要体现在以下几个方面：

1. 提高股票市场效率

国际分工的深化会使由国家之间的制度差异所造成的摩擦增加，而制度型开

放可以缓解制度摩擦加深的这一趋势（东艳，2019）。金融制度型开放通过与国际高标准规则相衔接，调整和完善国内的重要经济体制和机制，促进中国股票市场与全球金融市场相融合（Yao et al.，2018）。在这一过程中，通过引入国际先进的监管标准和实践经验，国内金融体系能够更好地适应国际市场，提高风险管控的效能，从而提升股票市场效率（Rejeb & Boughrara，2013）。此外，金融制度型开放的实施促进金融资源的跨国流动和提升金融资源配置效率与国内金融部门的效率（Baltagi et al.，2009）。以"沪港通"和"深港通"为例，这些机制的实施实现了境内外市场规则的有效衔接，为国内外投资者提供了更加便捷、高效的交易平台。沪深港通的实施吸引了众多成熟的境外机构投资者，这不仅提高了股价的信息含量，优化了投资者结构，还提升了资本的运行效率（钟覃琳和陆正飞，2018；连立帅等，2019）。

2. 增强股票市场流动性

金融制度型开放可以提高金融市场的流动性（Andreasen et al.，2016；李青原和章尹赛楠，2021），金融市场开放程度越高，国内金融市场流动性越强，而且金融制度型开放对新兴市场的影响比发达市场更为显著（Lee & Chou，2018）。金融制度型开放意味着投资与交易规则愈发系统化、透明化，且具备前瞻性，从而吸引了多元化的市场参与者，增强了市场的流动性（Rejeb & Boughrara，2013）。Levine（2001）指出跨境证券投资可以增加股票市场的流动性，从而提高生产率促进经济增长。此外，境外投资者的深度参与不仅可以分担本土市场的风险，亦能够通过引入外部竞争者，增强资本市场的流动性从而降低市场交易成本，进一步有效促进股票市场稳健发展（赵振翔和张晓燕，2023）。在逆全球化的大背景下，我国坚持推进人民币国际化进程，通过取消外资准入门槛、规范外资交易方式等一系列制度性改革，增加了人民币金融资产的流动性，为市场参与者提供更多的投资选择和交易机会（黄益平，2022）。

3. 提升股票市场稳定性

金融制度型开放旨在从制度上取消对境外投资者的限制，进而扩大国内融资来源及范围，通过增加投资者多样化和专业化，以降低系统性风险（Chari & Henry，2004）。部分研究发现沪深港通通过信息路径显著降低了股价的异质性波动和崩盘风险，起到了稳定市场的作用（钟凯等，2018；李沁洋和许年行，2019）。有学者将沪港通、深港通开通与 A 股纳入 MSCI 指数进行综合对比分析，虽然 A 股纳入 MSCI 指数的政策效应弱于沪深港通，但资本市场制度型开放总体上降低了流动性共性，发挥了稳定市场的作用（李金甜和毛新述，2023）。制度型开放有助于促进我国金融体系国际监管合作的深入发展，形成更为完善的国际金融监管体系，提高金融体系的安全性和稳定性，进而增强股票市场的稳定性。有研究表明，资本账户开放会显著降低股票收益波动率，尤其是对于外资持股比例限制较低的股票（Bley & Saad，2011）。此外，优化制度型开放的顶层设计不仅能让市场抵抗系统性风险的能力更强，也能够增加市场间的要素流动，借助国际经济循环的资源优势服务国内经济大循环，进而保障我国金融系统的稳定（孙军，2024）。

综上所述，金融制度型开放对股票市场的发展具有显著的正向影响。它通过与国际高标准规则接轨，促进金融资源的跨国流动和提升金融资源配置效率，从而提高股票市场的效率和流动性。同时，金融制度型开放还通过吸引境外投资者，增加市场参与者的多样性，降低系统性风险，提升股票市场的稳定性。

（二）金融制度型开放对股票市场发展的潜在风险

金融制度型开放为股票市场带来了诸多机遇，但同样伴随着一系列潜在风险，主要表现为：

1. 金融制度型开放对股票市场的稳定性可能起到相反的作用

因为金融制度型开放的措施不仅取决于这些措施本身，还取决于投资者在特定时期的判断和投资动机（Yao et al.，2018）。跨境资本流动可能会增加市场的波动性，导致资本的快速流入和流出，从而影响股票市场的稳定性。

2. 金融市场的开放可能会增加系统性风险的发生概率和复杂性（Li et al.，2023）

Stulz（2005）和 Henry（2007）等指出，金融开放可能加剧国内金融部门的风险、资产价格泡沫和宏观经济波动，增加系统脆弱性。对于发展中经济体而言，其金融制度和政策尚不完善，抵御金融风险的能力相对较弱。因此，盲目地进行金融开放可能会引入国际金融风险（王春枝等，2021），甚至引发资本外流（Stiglitz，2000）。

3. 金融开放可能会对投资质量带来负面的影响

金融制度型开放降低了境外投资者的准入门槛，发展中国家股票市场固有的波动性与发达国家不同，这种波动性的增加会自然而然地使这些境外投资者倾向于短期投资策略，倾向于眼前的回报而不是长期的、可持续的增长，这可能会降低长期和可持续投资的质量（Yao et al.，2018）。有学者以发达市场和新兴市场为样本，发现金融制度型开放并没有使股票市场更有效率（Kawakatsu & Morey，

1999；Laopodis，2014）。

因此，金融制度型开放在为股票市场带来发展机遇的同时，也需要通过加强监管、完善风险管理机制、提升市场适应性等措施来应对潜在风险，确保金融市场的稳定和健康发展。

二、实证研究设计

（一）模型设定

金融制度型开放可以提高市场透明度和公平性、降低股价异质性波动和崩盘风险，从而对股票市场稳定性产生积极影响。因此，为了考察金融制度型开放对股票市场稳定性的影响，本书建立如下形式的面板固定效应模型：

$$volatility_{it} = \alpha_0 + \alpha_1 kaopen_{it} + \alpha_2 controls_{it} + \mu_i + \theta_t + \varepsilon_{it} \tag{4-4}$$

其中，下标 i 表示国家，t 表示年份。$volatility_{it}$ 表示股票市场波动率，为股票市场稳定性的代理变量，$kaopen_{it}$ 表示金融制度型开放的代理变量，$controls_{it}$ 表示其他可能影响股票市场波动率的控制变量的集合，μ_i 为个体固定效应，θ_t 为年份固定效应，ε_{it} 为误差项。

同时，金融制度型开放通过提高跨境资金流动机会、增加融资渠道、增强市场参与者多样性等对股票市场流动性产生积极影响。因此，为了考察金融制度型开放对股票市场流动性的影响，本书建立如下形式的面板固定效应模型：

$$turnoverratio_{it} = \beta_0 + \beta_1 kaopen_{it} + \beta_2 controls_{it} + \mu_i + \theta_t + \varepsilon_{it} \tag{4-5}$$

其中，下标 i 表示国家，t 表示年份。$turnoverratio_{it}$ 表示股票市场换手率，为股票市场流动性的代理变量，$kaopen_{it}$ 表示金融制度型开放的代理变量，$controls_{it}$ 表示其他可能影响股票市场波动率的控制变量的集合，μ_i 为个体固定效应，θ_t 为年份固定效应，ε_{it} 为误差项。

（二）变量选取

1. 被解释变量

为了考察金融制度型开放对股票市场稳定性的影响，本书选取股票市场波动率（Volatility）作为股票市场稳定性的代理变量，在具体计算上，股票价格波动率为全国股票市场指数 360 天波动率的平均值。同时，为了考察金融制度型开放对股票市场流动性的影响，选取股票市场换手率（Turnoverratio）作为股票市场流动性的代理变量，在具体计算上，股票市场换手率为期间交易的股票总价值除以期间平均市值。

2. 解释变量

核心解释变量为金融制度型开放，选取 Chinn 和 Ito（2006）构建的 Chinn-Ito 指数（*kaopen*）作为金融制度型开放的代理变量。该指数衡量各国资本账户的开放程度，数值越大，表明金融开放程度越高。

3. 控制变量

参考已有文献，选取宏观层面的实际 GDP 增速（*GDPR*）、通货膨胀率（*CPI*）、贸易开放度（*TRADE*）作为控制变量。

本部分实证所使用的变量具体定义如表4-3所示。

表4-3　变量定义

变量	变量符号	变量名称	变量定义
被解释变量	volatility	股票价格波动	股票价格波动率是全国股票市场指数 360 天波动率的平均值
	turnover ratio	股市换手率	期间交易的股票总价值除以期间平均市值
解释变量	kaopen	金融制度型开放	金融开放度指标是 Chinn-Ito 指数，指数值越大，表明金融开放程度越高
控制变量	TRADE	对外贸易比率	进出口总量与国内生产总值的比率
	GDPR	国内生产总值增长率	国内生产总值实际年增长率
	CPI	消费价格指数	消费价格通胀率

（三）研究样本

基于数据的可获得性和样本的完整性，本书选取 85 个国家和地区 1975～2021 年的面板数据进行回归分析。本书所使用变量的数据主要来源于世界银行（World Bank）的 Global Financial Development Database 数据库。

三、实证结果与分析

本部分就金融制度型开放对股票市场的影响进行实证考察。首先，基于回归方程（4-4）的实证模型进行回归分析，以考察金融制度型开放对股票市场稳定性的影响。其次，基于回归方程（4-5）的实证模型进行回归分析，以考察金融制度型开放对股票市场流动性的影响。

（一）金融制度型开放对股票市场波动率的影响

表4-4给出了金融制度型开放对股票市场稳定性影响的回归结果。其中，回

归列（1）是以股票市场波动率（Volatility）作为被解释变量，以金融制度型开放（Kaopen）作为解释变量的回归；回归列（2）~列（4）是在回归列（1）的基础上，依次增加实际GDP增速（GDPR）、通货膨胀率（CPI）和贸易开放度（TRADE）作为控制变量的回归。从表4-4的回归结果来看，kaopen的系数在所有回归中均为负，且在1%的水平上显著。这一结果意味着，制度型开放与股票市场波动率之间存在显著的负相关关系，随着制度型开放程度的提升，股票市场的波动率倾向于下降，说明了制度型开放有利于股票市场的稳定性。在控制变量方面，GDP增速的系数显著为负，表明经济增长有利于降低股票市场波动率；CPI的系数显著为正，表明股票市场在高通胀时期波动率更高；贸易开放度的系数也显著为正，表明贸易开放倾向于加剧股票市场的波动性。

表 4-4　制度型开放对股票市场波动率的影响

变量	(1)	(2)	(3)	(4)
	volatility	volatility	volatility	volatility
kaopen	-1.263^{***}	-1.237^{***}	-0.982^{***}	-1.176^{***}
	(0.305)	(0.305)	(0.305)	(0.308)
GDPR		-0.157^{**}	-0.123^{*}	-0.153^{**}
		(0.070)	(0.069)	(0.069)
CPI			0.008^{***}	0.007^{***}
			(0.001)	(0.001)
TRADE				0.044^{***}
				(0.012)
_cons	21.622^{***}	22.129^{***}	21.664^{***}	18.062^{***}
	(0.371)	(0.434)	(0.435)	(1.065)
N	2138	2138	2138	2138
R^2	0.485	0.487	0.498	0.501

注：括号内为回归系数的标准误；*、**、***分别表示在10%、5%、1%的水平上显著。

（二）金融制度型开放对股票市场流动性的影响

表4-5给出了金融制度型开放对股票市场流动性影响的回归结果。其中，回归列（1）是以股票市场换手率（Turnoverratio）作为被解释变量，以金融制度型开放（Kaopen）作为解释变量的回归；回归列（2）~列（4）是在回归列

（1）的基础上，依次增加实际 GDP 增速（*GDPR*）、通货膨胀率（*CPI*）和贸易开放度（*TRADE*）作为控制变量的回归。从表4-5 的回归结果来看，*kaopen* 的系数在所有回归中均显著为正。这一结果意味着，制度型开放与股票市场流动性之间存在显著的正相关关系，随着制度型开放程度的提升，股票市场的换手率倾向于上升，说明了制度型开放有利于促进股票市场的流动性。

表4-5　制度型开放对股票市场流动性的影响

变量	（1） turnoverratio	（2） turnoverratio	（3） turnoverratio	（4） turnoverratio
kaopen	215.949* (121.422)	211.987* (121.572)	212.980* (124.480)	214.445* (124.793)
GDPR		21.844 (31.391)	22.055 (31.905)	22.432 (31.985)
CPI			0.415 (11.126)	0.504 (11.140)
TRADE				−0.941 (5.366)
_cons	−72.277 (142.912)	−138.571 (171.772)	−142.766 (205.292)	−64.242 (492.654)
N	1975	1975	1975	1975
R^2	0.045	0.045	0.045	0.045

注：括号内为回归系数的标准误；*、**、***分别表示在10%、5%、1%的水平上显著。

四、结论

从理论上看，通过与国际高标准规则接轨，金融制度型开放能够促进金融资源的跨国流动和提升金融资源配置效率，从而提高股票市场的效率和流动性。同时，金融制度型开放还通过吸引境外投资者，增加市场参与者的多样性，降低系统性风险，提升股票市场的稳定性。

基于85 个国家和地区1975~2021 年的面板数据，本书的实证结果表明：首先，金融制度型开放与股票市场波动性存在显著的负相关关系，表明金融制度型开放有利于股票市场稳定性。其次，金融制度型开放与股票市场换手率之间存在显著的正相关关系，表明金融制度型开放有利于促进股票市场的流动性。

第五章

我国金融业制度型开放对
经济发展的影响

在新发展格局下，金融业制度型开放的机遇与前景显得尤为引人注目。制度型开放不同于简单的市场准入放宽，它更侧重于规则、规制、管理等方面的改革和对外开放，旨在实现国内外市场和资源的更高效整合。这种开放方式扩大了金融市场的准入，便于引进外资，提升金融创新服务能力，促进金融业的发展；同时这种开放方式也拓展了金融服务领域，为金融市场提供了更多元化的金融产品和服务，从而加强了对中小微企业在金融方面的支持，支持实体经济的发展；这种开放方式也促进了跨境资金的流动和投资合作，并推动了金融标准和规则的国际协调，加强了各国之间的金融合作，推动了全球经济发展。

第一节　金融业制度型开放以扩大市场
准入促进金融市场发展

近年来，中国金融业开放步伐明显加快。中国逐步增强对外开放的水平，加强对外国资本的吸引力，持续为国内金融业注入"活水"，为中国经济的高质量发展提供保障，提升了中国金融行业的整体竞争能力。

从创新发展理论来看，金融业的制度型开放能够打破传统的行业壁垒和地域限制，促进金融创新和产品多样化发展。通过引入国外金融机构和资本，可以带来先进的金融技术、理念和经验，促进本土金融机构的提升和创新，推动整个金融体系的发展。

从优化资源配置理论来看，金融业制度型开放可以加强国内外金融机构之间的交流与合作，优化资源配置。引入国外金融机构和资本可以提高市场对外开放程度、扩大金融业务范围和规模，增加金融资源的供给。同时，本地金融机构也可以通过参与国际合作和开展境外业务，提高投资回报率、降低风险，实现资本和风险的有效配置。

从国际竞争力理论来看，金融业制度型开放可以增强国内金融机构的国际竞争力。通过引入国外金融机构和资本，可以加强国内金融机构的竞争意识和能力，激发创新活力。同时，国内金融机构也可以通过境外市场竞争和扩大国际业务，提升自身的综合实力和全球影响力。

从国际经验借鉴理论来看，金融业制度型开放可以借鉴和吸收国际经验。通过与国际金融机构的合作，本地金融机构可以学习先进的经营模式、风险控制和监管机制，提升自身的管理水平。同时，也可以通过参与国际合作和开展境外业务，了解并适应国际市场的需求和规则，提升国际化经营能力。

可见，新发展格局下金融业制度型开放可以通过引入国外金融机构和资本、优化资源配置、提升国内金融机构的国际竞争力和借鉴国际经验等方式，扩大金融市场准入，促进金融业发展。这种开放模式能够提升金融业的竞争力、创新能力和效率，推动金融服务实体经济、保持金融市场稳定和参与全球金融治理。

一、引进外资，提升金融业竞争力

2001 年，我国加入 WTO，金融行业逐步对外开放，但开放的广度和深度还远远不够。银行业对外资开放最大，允许外资银行独资进入市场；其他金融领域的准入限制仍较大，仅对外资开放非控股合资准入；金融基础设施领域如托管、信用评级等仍未开放，并且限制较严格，外资不能准入，由于各个领域开放程度不一致，外资金融机构在国内市场就很难有聚集效应和协同效应。

与 2001 年的开放相比，2018 年迎来了崭新的对外开放，尤其是金融业制度型开放，整体这一轮的开放使得金融牌照广度以及业务资质深度得到了全面扩大和加强，同时开放的速度也在逐步加快。

当前，中国金融牌照的种类有 30 多种，覆盖了各金融行业。这轮开放中基本所有的金融业务牌照和金融基础设施牌照都有所涉及。其中，开放中外资的持股比例如表 5-1 所示。

表 5-1　外资持股比例变化　　　　　　　单位:%

行业	类别	上一轮对外开放	新一轮对外开放	此前	2017 年	2018 年	2020 年及以后
银行		2004 年工、中、建、交等国有大行逐步引入外资 2006 年出台《外资银行管理条例》,外资银行实现本地法人化	2018 年 8 月取消中资银行外资持股比例限制 2019 年 10 月取消外资入股中资银行总资产要求、放宽机构设置条件、降低人民币业务资质要求	100			
保险	财产险	2003 年允许外国非寿险公司设立独资子公司		100			
	寿险	2004 年允许外资持股寿险公司不超过 50%	2018 年放宽至 51%,2020 年全面取消限制	49		51	100
资管	私募基金	仅对外资开放私募股权和创投基金	2016 年允许外商独资/合资成立私募证券基金	100			
	公募基金	2002 年允许外资持股基金管理公司不超过 49%	2018 年放宽至 51%,2020 年 4 月起全面取消限制	49		51	100
	保险资管/养老金管理公司	2004 年允许外资持股保险资管不超过 25%	2019 年全面取消外资持股比例上限 2019 年 7 月允许外资设立/参股养老金管理公司	25			100
	银行理财/理财公司		2019 年鼓励外资参与设立/少数股权参股银行理财子公司,允许外资与中资银行/保险公司的子公司设立外资控股的合资理财公司	N/A			可控股
证券		2002 年允许外资持股证券公司不超过 1/3,2012 年放宽至 49%	2018 年放宽至 51%,2020 年 12 月起全面取消限制	49		51	100
期货		2007 年审慎开放外资入股期货公司 2012 年外资间接持股上限明确为 5%					

续表

行业	类别	上一轮对外开放	新一轮对外开放	此前	2017 年	2018 年	2020 年及以后
信托		2007 年允许单个境外机构持股信托不超过20%，且其与关联方不得投资入股超过2 家信托	2015 年取消外资持股比例限制，但绝对控股信托不得超过1 家 2020 年 4 月起取消外资入股信托的 10 亿美元总资产要求	20	100		
托管			2019 年允许外资银行从事证券投资基金托管业务 2020 年 7 月允许外国银行分行从事证券投资基金托管业务	N/A			100
征信机构			2016 年发布《外商投资征信机构的有关事宜》	N/A	100		
信用评级		2006 年起允许外资参股国内评级机构	2017 年允许外国信评公司开展银行间债券市场信用评级业务 2019 年 7 月起允许对银行间和交易所交易债券市场上的所有类型的债券进行评级 2020 年允许美国公司收购现有合资企业的多数股权	49	100		
支付	第三方支付		2018 年 3 月允许外资申请第三方支付牌照	N/A		100	
	银行卡清算		2015 年 4 月允许外资申请人民币银行卡清算牌	N/A	100		
金融资产管理公司			2018 年取消金融资产管理公司外资持股比例限制 2020 年允许美国公司申请独资省级资产管理公司牌照	N/A		100	

资料来源：麦肯锡。

在中国金融市场的持续发展和改革中，外资机构日益被视为推动中国金融业的重要力量。在上一轮开放中，许多国际金融机构已经在中国进行了初步布局，以便在中国市场发展。与此同时，新一轮的开放政策推出有效增加了中国市场对外资的吸引力，进一步激发了外资机构进入中国市场的热情（麦肯锡，2020）。

在新一轮开放政策的推动下，中国金融市场逐渐成为国际金融机构争相打入的"香饽饽"。东方汇理与中银理财作为先行者，坚定地合资成立了中国首家外资控股的合资理财公司，这标志着外资机构在中国市场的地位和影响力正逐渐提升（麦肯锡，2020）。这不仅为国际金融机构提供了更多的机会和空间，也促进了金融市场的竞争激烈化，有力推动了中国金融体系的创新和发展。

　　除东方汇理与中银理财外，安联和贝莱德等国际知名金融机构也纷纷进入中国市场，开展自己的业务。安联在中国设立了首家外商独资保险控股公司，这意味着安联将能够更好地适应中国市场的需求，并提供更加具有竞争力和创新性的保险产品和服务。贝莱德设立了首家外商独资公募基金，为中国的投资者提供更多选择和机会。

　　这些外资机构的进入不仅反映出中国金融市场在国际上的影响力和吸引力的提升，同时也为中国的金融市场带来了新的机遇和挑战。外资机构的竞争将促使中国金融机构提高服务质量和创新能力，更好地满足国内外客户的需求。同时，它们也将通过引进先进的金融技术和理念，助力中国金融市场的创新和升级（见表5-2）。

表 5-2　外资布局案例

行业	企业	案例
银行	荷兰国际集团	2019 年 3 月，荷兰国际集团 ING 拟与北京银行设立中国首家外资控股的合资银行
银行理财子公司	东方汇理	2019 年 12 月，东方汇理与中银理财合资成立汇华理财，成为中国首家外资控股合资理财公司
	贝莱德	2019 年 12 月，贝莱德、淡马锡与建行商议成立由外方控股的合资理财公司
保险	标准人寿安本	2019 年 3 月，首家合资养老保险公司恒安标准养老获批成立
	安联	2019 年 11 月，安联保险控股获批开业，成为中国首家外商独资保险控股公司
	安盛	2020 年 7 月，安盛信利获批成为中国首家外资再保险法人机构
	友邦	2020 年 8 月，友邦人寿获批成为首家外商独资人身险公司
公募基金	摩根大通	2019 年 8 月，摩根大通增持上投摩根基金至 51%，并寻求 100% 独资
	贝莱德	2020 年 8 月，贝莱德获准设立首家外商独资基金管理公司
财富管理	先锋领航集团	2019 年 6 月，先锋领航集团和蚂蚁金服成立先锋领航投顾，2020 年 4 月于支付宝平台上线投顾工具"帮你投"

续表

行业	企业	案例
证券	瑞银 高盛 摩根士丹利 瑞信 野村证券 摩根大通 大和证券 星展银行	2019~2020年，瑞银、高盛、摩根士丹利、瑞信纷纷增持其合资券商至51% 2019年3月~2020年8月，野村东方国际证券、摩根大通证券、大和证券和星展证券核准设立，野村、摩根大通、大和和星展分别持股51%；摩根大通拟增持至全资
托管	渣打 花旗	2018年10月和20年9月，渣打银行和花旗银行先后获得证券投资基金托管业务资质
信用评级	标普 惠誉	2019年1月和2020年5月，标普信评和惠誉博华先后获批成立，成为首两家在中国银行间债券市场开展信用评级的外资机构
支付	PayPal贝宝	2019年9月，PayPal收购国付宝70%股权，成为境内首家外资支付机构
	美国运通	2020年6月，美国运通获得人民币银行卡清算业务牌照，成为境内首家外资银行卡清算机构

资料来源：麦肯锡。

外资的涌入为我国金融业注入了新鲜血液，有效发挥了"鲶鱼效应"，引进外资金融机构，将促进国内金融业开展良性竞争，并推动金融制度优化供给，从而提升我国金融业的竞争力。自2001年至今，我国的金融开放程度越来越高，我国金融体系的建设也愈加完善，国内金融机构实力也愈加强劲，这些变化离不开20多年的开放，更离不开外资的"陪练"，如今开放早已提上日程，外资的引进力度更大，"引进来"正阔步向前，金融业的竞争力定能得到提升。

二、推动金融创新和科技应用

为了进一步发展金融科技，同时兼顾推动金融机构的数字化转型，中央银行组编了《金融科技发展规划（2022—2025年）》，在党的十九届五中全会提出，要加快构建新发展格局。想要构建新发展格局自然需要充分发挥金融的资源配置作用，更离不开金融科技对市场活力的激活作用，"十四五"时期数据成为新的生产要素，数字技术成为新的发展引擎，数字经济浪潮已势不可挡。新发展格局下金融业制度型开放为推动金融创新和科技应用带来了机遇。

当前中国金融业发展面临着许多瓶颈和难题。为了顺利迈入新时代，金融业制度型开放在推动金融科技发展方面发挥了重要作用。金融科技的发展目标是到2025年，整体水平与核心竞争力实现跨越式提升，这意味着金融科技将成为引领金融业快速发展的重要驱动力。为了实现这一目标，金融业需要充分释放数据要素的价值，我国在制度型开放的背景下通过引入先进的科技手段，提高金融服务效率，推动数字金融的发展，推动数字化转型取得高质量的进展。数字化转型将使金融业能够更好地应对市场需求的多样化和个性化，提供更加便捷和高效的金融服务。

从中国金融科技发展来看，我国金融科技发展时间较短，存在较大的市场缺口。伴随着新发展格局下金融业制度型开放的背景，大部分金融机构及互联网公司纷纷借着传统行业数字化转型、资产数字化的关键时期进入金融科技产业，为我国金融科技产业注入新活力。2016～2020年，我国金融科技市场规模逐步增长，保持10%左右的增速。2022年，中国金融科技整体市场规模达到5423亿元左右（王秀敏，2023），如图5-1所示。

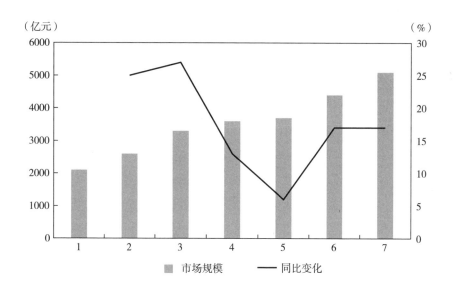

图5-1 2016～2022年中国金融科技产业市场规模及变动情况

资料来源：新闻检索。

当前，信息技术与金融业务逐步融合，不仅金融消费体验越来越智能化，而且新技术不断嵌入衣食住行、医疗教育、电子商务等民生领域，促进金融服务更加精细化、多元化。金融机构也在技术加持下提升了自身获客导流的能力、开辟触达客户的新途径，有效提升了服务的覆盖率和可得性，小微企业、民营企业等重点领域的金融服务更加精准有力，一定程度上缓解了融资难、融资贵等问题。未来，随着金融大模型开发和行业应用的迅速发展，金融科技的运用效率和场景融合能力将得到提升，必将引领金融行业进入新时代。

金融机构高度重视在金融科技领域的布局。根据艾瑞咨询发布的《2023年中国银行业数字化转型研究报告》，2023年中国银行业IT投入规模达到了4000亿元，同比增长24.6%，占营业收入的2.8%。

第二节　金融业制度型开放以多元化促进实体经济发展

金融是实体经济的血液，金融服务的主要目标是为实体经济提供支持和服务。制度型开放可以促进金融业务范围和形式的多样化，通过引入国外金融机构和资本，可以拓展金融服务领域，为实体经济提供更广泛、更专业的金融服务，这是金融服务实体经济理论的重要内容。

金融资源配置理论认为金融业制度型开放可以促进金融资源的优化配置，提升资本的流动性和效率。引入国外金融机构和资本可以增加金融资源的供给，满足实体经济的融资需求。同时，国内金融机构也可以通过参与国际合作和开展境外业务，提高资本回报率、降低风险，实现资本和风险的有效配置。

创新驱动理论指出，金融业制度型开放可以促进金融创新和产品多样化发展。引入国外金融机构和资本可以带来先进的金融技术、理念和经验，激发本地金融机构的创新活力。通过创新金融产品和服务，可以提高金融业的竞争力和附加值，为实体经济提供更多元化、高效率的金融支持。

从上述国际经验借鉴来看，金融业制度型开放可以借鉴和吸收国际经验，提升金融服务实体经济的水平。通过与国外金融机构的合作，本地金融机构可以学习先进的经营模式、风险控制和监管机制，提升自身的服务质量和管理水平。同时，境外金融市场也提供了更广泛的融资渠道和投资机会，为实体经济拓宽了市场空间和发展路径。

因此，新发展格局下金融业制度型开放可以通过拓展金融服务领域、优化金融资源配置、促进金融创新和借鉴国际经验等方式，支持实体经济发展。这种开放模式可以提供多样化、专业化的金融服务，满足实体经济的融资需求，推动经济结构优化和转型升级，促进实体经济的可持续发展。

一、提供多元化金融产品和服务

深化金融业对外开放，能够助力资源配置效率的提高，增加金融产品和服务的多元化和多样性，提升金融服务实体经济能力，让金融更好地为实体经济服务。金融是国之重器，关系国民经济发展全局。坚持和落实金融服务实体经济这一根本宗旨，金融业要锚定服务实体经济的主攻方向，为实体经济发展提供源源不断的优质金融服务，制度型开放主要聚焦于下文的四个方面，促进实体经济的可持续发展。

（一）聚焦金融产品与服务创新，着力提高金融资源配置效率，服务实体经济

一直以来，金融产品与服务创新是增强金融服务实体经济能力的关键所在，适应实体经济发展需要的金融创新，能够有效提高金融资源配置效率，增强服务实体经济质效。我国金融系统坚持以金融科技助力产品与服务创新，在政策工具、信贷产品和配套服务等方面持续加大创新力度，推动金融产品与服务实现创新提质。

在制度型开放的背景下，顺应为实体经济提供优质金融服务的要求，我们需要在市场化法治化轨道上推进金融产品创新，建立健全直接融资体系，推动资本市场体制机制创新。需要在风险可控的前提下，加快信贷产品和服务创新，推出多元化金融产品，差异化、综合化金融服务。需要在适应现代信息技术高速发展的条件下，坚持以科技手段赋能金融创新，促进信息技术与金融业务的深度融合，推出新的金融产品和服务模式。

（二）聚焦优化资金供给结构，着力提升金融服务供给质量，服务实体经济

优化资金供给结构是增强金融服务实体经济质效的内在要求，也是深化金融供给侧结构性改革的重要着力点。党的十八大以来，我国金融系统围绕满足人民群众和实体经济多样化的金融需求，调整和优化资金供给结构，使资金供给向重点领域和薄弱环节倾斜，促进资金使用效率有效提高，持续提升金融服务供给质量。

在制度型开放的背景下，顺应为实体经济提供优质金融服务的要求，我们需要坚持以服务实体经济为重心，不断强化对科技创新、先进制造、绿色发展和中小微企业及其他国家重大战略的金融支持，做好金融五篇大文章。需要着力克服期限错配与资本结构、资源投向错位等问题，盘活被低效占用的金融资源，为实体经济发展提供高质量多元化金融服务。

（三）聚焦推动制造业转型升级，着力增强金融支持制造强国建设能力，支持实体经济

党的十八大以来，我国金融系统围绕支持制造强国建设，不断加强对制造业的金融支持，拓宽制造业企业的融资渠道，为制造业由大变强提供了有效支持。

在制度型开放的背景下，顺应为实体经济提供优质金融服务的要求，我们需要适应制造业数字化、智能化、绿色化发展趋势，支持制造业转型升级，不断增强金融支持制造强国建设质效，需要稳妥开发适应制造业企业发展阶段特点和需求的金融产品，从而支持实体经济。

（四）聚焦满足民营企业融资需求，着力提高金融服务可得性，保障民营企业发展

金融服务是支撑民营企业发展壮大的关键力量，满足民营企业合理融资需求对于稳住经济大盘、提振经济活力具有乘数效应。党的十八大以来，我国金融系统围绕纾解民营企业融资困境，持续增强对民营企业信贷投放，降低融资门槛与成本，为民营企业发展提供了有力支撑。

在制度型开放的背景下，顺应为实体经济提供多元化优质金融服务的要求，更好地助力民营企业发展壮大，满足民营企业合理融资需求，持续提高金融服务可得性。我国需要持续加大信贷资源投入，着重对高新技术企业、"专精特新"中小企业、科技型中小企业等加大首贷、信用贷投放力度。需要推动金融机构与实体经济深度融合，支持金融机构根据民营企业融资需求变化，提供定制化金融产品与服务。需要建立健全综合金融服务平台，为民营企业提供信用评级、融资咨询、风险评估、融资申请等综合服务，不断提高融资效率、降低融资成本。

二、加强金融支持中小微企业和创新型企业

近年来，金融业通过加强信贷投放、拓宽融资渠道等多种方式不断加大对中小科创企业的金融支持力度，金融服务实体经济成效显著。与此同时，因中小科

创企业大多为民营企业，且具有规模小、高技术、高风险、轻资产等特点，影响其接受金融服务的可得性与便利性。在支持民营经济发展与金融业制度型开放的背景下，加强多元化金融体系促进中小科创企业发展的作用，既是我国资本市场高质量发展的要求，也是服务国家发展战略、加快现代化产业升级的重要保障。

（一）多元化金融助力中小科创企业发展的内涵

我国金融业制度型开放促进了多元化金融的高质量发展，多元化金融指金融体系中的多类金融机构和多种金融工具共同发挥作用，以满足不同群体和企业的金融服务需求，从而实现提升金融服务效能和促进经济发展的多重目标。多元化金融具有多样性和定制化特点，一方面，多样化特征既包括金融工具种类和形式的多样，也体现为金融机构类型和功能的多样化。为中小科创企业提供多样化的金融服务意味着充分聚合银行、信托、证券、基金、保险等各类金融机构的优势，提供涵盖贷款、资产证券化、股权投资、风险管理全方位的金融产品与服务。另一方面，多元化金融的定制化特征能够以中小科创企业的个性化需求和风险偏好为依据，输送与其发展阶段、所处行业领域特点相契合的金融服务，从而实现多元化金融精准滴灌中小科创企业的良好效果。

多元化金融始终应朝着更加普惠、更加便捷、更加高效的服务实力经济方向发力，在现阶段，以融资为核心全链条助力中小科创企业发展，即是多元化金融服务实体经济发展的重要体现。

（二）多元化金融助力中小科创企业高质量发展的具体表现

1. 拓宽中小科创企业的融资渠道

一是在信贷融资方面，银行等金融机构为中小企业制定专门的信贷管理政策、建立专项信贷评审机制、给予中小科创贷款差异化补贴优惠，降低企业融资成本。同时，综合运用专项额度、考核激励等方式，优化风险管理、考核评价等机制，形成正向激励，解决"不敢贷、不愿贷"问题。二是发力于债券融资市场，债券融资链条较短，对于中小科创企业而言，发行债券有利于筹集稳定资金，有效降低融资成本，便利研发和生产。尤其是可以通过推广科技创新债券，实施民营企业债券融资专项支持计划等方式优先重点支持中小科创企业发债融资。三是完善股权融资机制，发挥股权投资长期性、高风险容忍度的优势。发展创业投资基金、搭建区域性股权市场、建立多层次资本市场为中小科创企业的不同发展阶段提供股权融资平台。

2. 引导中小科创企业的规范发展

金融机构利用企业规范化管理的大量案例，引导中小科创型企业建立诚信、合规经营的企业文化，使合规管理制度落到实处，避免以合规为代价追求业绩增长的短期行为；此外，金融机构在提供融资服务过程中进行信用评级、尽职调查、辅导梳理等活动，能够及时发现中小科创企业在经营管理中的不合规、不规范问题，由专业的中介服务机构予以纠正，从而筑牢中小科创企业合规发展的基础。

3. 推进中小科创企业的可持续发展

中小科创企业本身抵御财务风险、经营风险的能力较弱，多元化金融体系能够为其提供从融资到生产经营，再到风险管理的全周期产品和服务，从而推动中小科创企业的可持续发展。一方面，金融机构的专业风险管理服务能够协助中小科创企业及时平衡负债与信用风险之间的关系，提升中小科创企业的资产负债表健康水平；在跨境技术资产交易等多个场景下，多元化金融体系提供创新保险服务、衍生产品作为中小科创企业的风险管理工具。另一方面，多元化金融体系提供的全流程"融资、融智、融商"综合服务，能够及时传递产业、科技、财政、社会等政策，为中小科创企业构建"金融+"服务机制，将政府引导、政策支持、金融资源合力转化为中小科创企业持续发展的动能。

4. 加强中小科创企业的信用体系建设

若缺少高效信用体系且盲目地输出金融服务，会造成浪费资源与引发风险的后果，有悖于多元化金融服务于中小科创企业的初衷。因此，在丰富多元化金融体系的同时，必须加强中小科创企业的信用体系建设。一是建立符合科创企业特征的信用评级和风险防控模型。以质量为导向不断创新科创企业评级方法，推动信用评级在防范风险、反欺诈等方面发挥作用，引导中小科创企业加强风险管理，诚信守法经营。二是完善中小科创企业信用档案，建立科创企业融资信用信息的共享机制。依托人工智能、大数据等技术手段，深挖中小科创企业信用信息，利用数字技术精准画像，解决金融机构与中小科创企业的信息不对称问题。

在新发展格局下金融业制度型开放能够有效地促进金融产品的多元化和金融服务的创新，而多元化的金融产品和服务则能够为中小微企业和创新型企业保驾护航。所以金融业制度型开放可以拓展金融服务领域，支持实体经济发展，有助于加强金融支持中小微企业和创新型企业。

第三节　金融业制度型开放以高水平
对接推动全球经济发展

金融业制度型开放可以降低金融壁垒，使得跨境贸易和投资更为便利。开放金融市场可以为企业和个人提供更多融资渠道，推动国际贸易和投资自由化。通过金融服务的开放性，各国能够更好地参与全球价值链，促进资源配置和效率提升，推动全球经济发展。

首先，金融业制度型开放促进了国际经济融合和互联互通。通过跨境支付和结算系统的互联互通，各国能够更方便地进行国际贸易和金融交易，提高市场效率和流动性。此外，金融业开放还可以加强国际间金融合作，推动共同制定金融标准和规则，形成更加稳定和可预测的全球金融体系。

其次，金融业制度型开放可以促进金融创新和技术转移，推动全球金融业的发展。金融开放引入了国际先进金融机构和技术，刺激本地金融机构的创新能力和竞争力。通过共享金融创新成果和技术，各国能够共同推动金融科技等新兴领域的发展，为全球金融业注入活力，推动经济发展。

因此，新发展格局下金融业制度型开放可以加强国际金融合作，推动全球经济发展。通过降低金融壁垒、促进贸易和投资自由化、推动经济融合和互联互通以及促进金融创新和技术转移等方式，各国能够共同构建开放、稳定和可持续的全球金融体系，为全球经济增长注入动力。

一、促进跨境资金流动和投资合作

在新发展格局下，金融业制度型开放是我国对外开放的重要部分，在开放的格局下，为便利跨境资金的流动和投资合作，我国制定了《国家外汇局：全国推广跨境融资便利化试点政策》，促进跨境贸易投资的便利化。

在政策的支持下，跨境双向投资向好，按国际收支统计口径，2023 年上半年，直接投资逆差 616 亿美元（见图 5-2）。我国对外直接投资净流出（资产净增加）888 亿美元，其中对外股权投资净流出 556 亿美元；外商来华直接投资净流入（负债净增加）273 亿美元，其中来华股权投资净流入 337 亿美元。总体来说，跨境资金流动稳中向好。

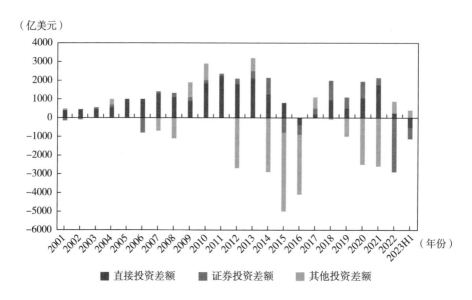

图 5-2　资本和金融账户主要项目的收支状况

资料来源：国家外汇管理局。

据预测，未来跨境双向投资将进一步稳定向好。首先，来华直接投资将持续增长。作为全球直接投资主要目的地之一，我国过去 10 年吸收的外商直接投资规模令人瞩目。这得益于我国经济的快速发展和改革开放的持续推进，吸引了大量外国投资者前来投资。未来，随着我国经济企稳向好和内需市场的巩固扩大，来华直接投资有望保持稳定增长态势。

其次，我国对外直接投资也将稳步增加。随着中国企业的国际化步伐加快和投资政策的积极引导，越来越多的中国企业将会向海外市场拓展。特别是在共建"一带一路"倡议的推动下，我国对外直接投资在未来将持续增加。这将促进经济的跨国互联互通，加强与其他国家的合作与交流。

最后，未来外资企业在国内市场的深耕将成为重要趋势。我国近年来不断改善营商环境和投资环境，提供了更广阔的发展空间和更好的政策支持。随着我国现代产业体系的加快建设和科技创新的不断推进，外资将有更多的机会投资于我国的高科技产业和创新领域，进一步增强我国经济的竞争力。

总之，展望未来，跨境双向投资有望继续向好发展。来华直接投资将保持一个相对稳定的增长趋势，外资企业将继续深耕国内市场并享受我国良好的投资环境和政策支持。同时，我国也将加大对外直接投资的力度，积极参与国际经济合作，推动经济的高质量发展。这将促进经济的跨国互联互通，加强与其他国家的合作与交流，共同繁荣。

二、推动金融标准和规则的国际协调

自党的十八大以来，中国在金融领域开展了一系列改革和开放措施，并取得了重要进展。这些措施涵盖了启动沪深港通、沪伦通、内地与香港债券通、互换通等金融市场对外交流机制，并放宽了外资金融机构在中国的业务限制，使其更加广泛地参与市场竞争。此外，中国还深化了人民币汇率形成机制改革，并逐步推动人民币国际化。这些努力取得了显著成果，截至 2023 年 9 月末，来中国设立机构的外资银行有 200 多家，他们来自 50 多个国家和地区，同时国内的债券市场吸纳了 1100 多家外资机构，他们持有 3.3 万亿元的国内债券。人民币在全球贸易融资中的份额已经升至第二位，同时有 80 多个境外央行或货币当局将人民币纳入其外汇储备。我国对外开放的金融体系的形成速度越来越快，有力支持了经济高质量发展，为推动金融标准和规则的国际协调打下了坚实的基础。

同时，金融制度是经济社会发展中重要的基础性制度。要以制度型开放为重点推进金融高水平对外开放，落实准入前国民待遇加负面清单管理制度，对标国际高标准经贸协议中金融领域相关规则，精简限制性措施，增强开放政策的透明度、稳定性和可预期性，规范境外投融资行为，完善对共建"一带一路"的金融支持。要加强境内外金融市场互联互通，提升跨境投融资便利化水平，积极参与国际金融监管改革。

金融高水平对外开放是双向的。一方面"引进来"，通过制度开放，吸收国外先进规则，提升金融资源配置效率和能力；另一方面"走出去"，参与全球化，参与一些国际金融规则制定，这是中国特色金融发展之路的重要组成部分。

扩大开放举措，有助于完善金融高水平对外开放的政策规则，更好与国际前沿规则接轨，稳定市场主体的预期，吸引外资金融机构"引进来"，助推我国金融机构"走出去"。就具体领域而言，需要稳慎扎实推进人民币国际化，进一步提升跨境投融资便利化，积极参与国际金融规则的制定和改革，向全球提出中国方案。

同时，加强我国在国际金融治理和政策协调方面的重要性。随着对外开放的加深，与世界各国加强金融合作，积极参与金融规则的制定和优化，积极参与全球经济治理和政策协调，为促进全球经济增长和保障金融安全稳定做出贡献。

第六章

新发展格局下银行业制度型开放研究

第一节　银行业制度型开放的历史演变

改革开放以来，中国的金融开放体现出明显的阶段性特征，可以将其分为四个阶段。第一阶段是改革开放后至 2001 年，此段时期我国金融业对外开放进展缓慢，开放程度低。第二阶段从 2002 年初加入 WTO 到 2008 年，由于加入 WTO 后有金融开放的承诺、中国经济更为快速的增长以及更为有利的国际环境等原因，我国的对外金融开放进程加快。第三阶段为 2009～2017 年，此阶段在外部环境上发达国家爆发了金融危机和债务危机，部分外资及金融机构开始从中国撤出。在内部，金融危机后初期我国经济增长压力加大，2012 年之后又面临着增长速度换挡期、结构调整阵痛期和前期刺激政策消化期三期叠加的内在约束。两方面因素共同导致我国在 2009～2017 年的金融开放进程放缓，开放程度有所下滑。第四阶段为 2018 年至今，以习近平主席在博鳌亚洲论坛年会上宣布以加大开放力度为标志，我国金融业进入了制度型开放的新阶段。

一、银行业制度型开放的含义

关于银行业制度，理论界并没有统一的定义。其主要是由关于商业银行的设立、业务经营、内部管理、外部监管等的一系列法律、法规、规章、管理要求、业务标准、经营惯例和金融基础设施环境等众多要素组成的一种制度安排。

银行业是我国金融业的主体，是我国金融业制度型开放的重要组成部分。我国银行业制度中位阶较高、属于法律层面的包括《人民银行法》《商业银行法》和《银行业监督管理法》三部法律。在部门法规和规章层面，则有原银保监会于 2006 年 11 月首次发布、2019 年 9 月第三次修订的《外资银行管理条例》，以及对应的《外资银行管理条例实施细则》。其中，《外资银行管理条例》及其对应的实施细则是我国银行业对外开放领域的最重要规章，其制定和历次修订均反映了我国银行业对外开放的新思路和新举措。在管理要求和业务标准层面，构成银行业制度的要素则主要体现为银行监管部门历年来发布的各项监管规定、业务办法等层级较低的部门通知。因此，从银行业制度型开放的视角来看，实际上也是涉及行业领域内的相关规则、规制、管理、标准等的开放，同样面临着如何把对接国际经贸规则和引领国际经贸规则进行有机统一，以及从正面清单管理模式逐步转向负面清单管理模式等问题。对这些问题的解决过程实际上就是推进银行业高水平对外开放的过程。

银行业对外开放实际上包含两个层面，即中国银行业市场对外资的开放和中国银行业的国际化经营。20 世纪 70 年代末改革开放政策实施之后，以外资银行在中国设立代表处为开端，中国银行业市场也开始对外开放。到 90 年代中期，在上海、深圳等地逐渐开放外资银行的人民币业务，但限制条件较多。2001 年底中国加入 WTO 以后，除按照承诺逐渐放开限制之外，中国银行业还积极响应国家"走出去"战略的号召，一些大中型银行开始到国外（境外）设立分支机构，进行国际化运营。

二、我国银行业的对外开放

1979 年后的 20 多年间，外资银行在华开设分支机构数量发展缓慢。截止到加入 WTO 前的 2001 年底，在华外资银行营业性机构只有 190 家，主要开展外币业务，在机构形式、客户和业务门槛、经营区域等方面仍然面临较多限制。

加入 WTO 后，按照入世承诺，中国逐渐放宽外资银行开展业务的机构形式、币种、客户和区域限制。到 2006 年底 5 年过渡期结束，只要是在中国注册的法人银行，则关于币种、客户、区域经营的各种限制理论上完全放开，外资银行与中资银行享受同等国民待遇。对于外国银行分行，除了只能吸收中国境内公民单笔 100 万元以上的人民币定期存款这一限制之外，也基本解除了其他业务经营限制。当年 11 月，我国首次发布了《外资银行管理条例》及其实施细则，为中国银行业市场的全面开放奠定了制度基础。此段时期，很多国内银行也开始引进国外战略投资者入股，并进行股份制改造。但此时仍然存在入股比例限制，其中单一机构入股中资银行股权比例不超过 20%，多家机构持股一家中资银行股权比例不超过 25%。2007 年初曾经有一批外资银行分行集中转制为在华子行，外资银行对在华展业充满信心与期待。

党的十八大以后，我国对外开放进入自主开放的新阶段，银行业的开放举措主要集中在机构准入和业务准入条件的继续放宽上。在机构准入方面，2014 年国务院修订《外资银行管理条例》，取消外商独资银行、中外合资银行拨付境内分行营运资金的最低数量要求；取消设立营业性机构前需设立代表处的要求。在业务准入方面，2014 年修订的《外资银行管理条例》提出，放宽开办人民币业务条件，开办年限要求由 3 年降至 1 年，并取消申请前两年连续盈利的要求；允许外资银行、中外合资银行和外国银行分行按照原中国银监会批准的业务范围，在银行间市场从事债券买卖业务等。

此后直到 2017 年一直没有新的开放政策推出，对外开放步伐放缓。银监会 2017 年年报中披露，截至 2017 年底，有 14 个国家和地区的银行在华设立了 38 家外商独资银行（下设分行 322 家）、1 家合资银行（下设分行 1 家）；30 个国家和地区的 73 家外国银行在华设立了 122 家分行。另有 46 个国家和地区的 143 家银行在华设立了 163 家代表处。

尽管外资银行在华子行、分行等营业性机构的数量一直缓慢增长，但从资产额、负债额或税后利润等指标来看，外资银行在中国银行业市场上所占份额较低，常年维持在 2% 以下。2007 年以总资产计算的市场份额最高也仅为 2.36%，但之后就一直在下降，2020 年外资银行总资产为 3.78 万亿元，仅占中国银行业总资产的 1.18%（见图 6-1）。其中原因，一方面是 2008 年的全球金融危机后，由于母国经营陷入困境，一些外资银行开始在中国撤资，收缩了在华业务；另一方面是外资银行在华经营一定程度上仍然面临较多非正式壁垒。

2020 年之后，关于外资银行经营的相关数据官方未再系统性地发布。2023 年 11 月，金融监管总局官员在某次论坛上透露，截至 2023 年 9 月底，外资银行总资产为 3.79 万亿元，与 2020 年底相比几乎未变，但占比已经降到不足 1%。

对外资持股中资银行的股比限制一直持续，直到 2018 年 4 月，中国人民银行宣布，我国金融业对外开放将提速。随后银保监会发布了对外开放的 15 条措

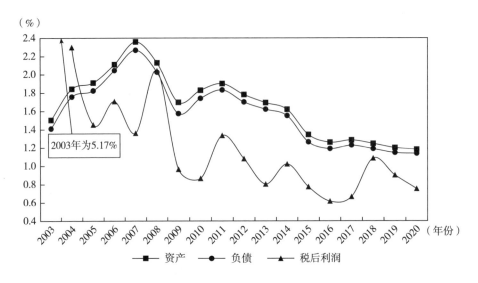

（%）

2003年为5.17%

图 6-1　外资银行在中国银行业市场的份额

资料来源：Wind 和笔者计算。

施，其中包括取消银行和金融资产管理公司的外资持股比例限制，放宽境外金融机构来华设立分支机构的各种限制，以及扩大外资银行的业务范围等。2019 年7 月，国务院金融稳定委员会发布通知，鼓励境外金融机构参与设立、投资入股商业银行理财子公司，允许设立由外方机构控股的理财公司等。

三、中资银行的国际化经营

中国银行业进行国际化经营主要是从 2002 年中国正式加入 WTO 之后开始，以满足中国对外经济贸易、投资扩大的需求，以普通贷款和贸易信贷为主要形式。2005 年之后，一些大中型国有银行到国外（境外）设立分支机构的进程加快，立足于为中国的对外经济交往和当地市场提供金融服务。银监会年报披露，截至 2017 年底，共有 23 家中资银行在 65 个国家（地区）设立了 238 家一级机构（55 家子行、141 家分行、39 家代表处、3 家合资银行）。

2015 年之后，为配合国家的共建"一带一路"倡议的实施，中资银行也加快了在沿线国家的布局。到 2017 年底，共有 10 家中资银行在 26 个共建"一带一路"国家设立了 68 家一级机构（17 家子行、40 家分行、10 家代表处、1 家合资银行），一级机构数量占比已达到近 30%。国家金融监督管理总局数据显示，截至 2023 年 6 月末，中资银行在境外 71 个国家和地区设立了 295 家一级机构。

四、2018 年后银行业制度型开放的新进展

2017 年 10 月，党的十九大明确提出要推动形成全面开放新格局。2018 年 4 月 12 日，博鳌论坛宣布中国将继续扩大对外开放，拟采取的重大举措包括大幅度放宽市场准入、创造更有吸引力的投资环境等。随后，中国人民银行发布了我国金融业对外开放的 6 项具体措施，包括取消银行和金融资产管理公司的持股比例限制，允许外国银行在我国境内同时设立分行和子行等。同月底，银保监会发布了对外开放的 15 条措施。主要包括，一是取消外资持股比例限制，实施内外一致的股权投资比例规则；二是放宽外资设立机构条件，包括允许外国银行在中国境内同时设有子行和分行；三是扩大外资机构业务范围，包括全面取消外资银行申请人民币业务需满足开业 1 年的等待期要求，允许外国银行分行从事"代理发行、代理兑付、承销政府债券"业务，降低外国银行分行吸收单笔人民币定期零售存款的门槛至 50 万元，允许符合条件的境外投资者来华经营保险代理业务和保险公估业务；四是优化外资机构监管规则，对外国银行境内分行实施合并考核，调整外国银行分行营运资金管理要求等。

2019 年 5 月，银保监会又推出 12 条银行业、保险业对外开放新措施；7 月，银保监会发布 7 项对外开放新政措施。至此，在 1 年多时间里，监管当局共推出 34 条银行业、保险业领域的对外开放新举措。为了给扩大银行业对外开放提供更好的法制保障，2019 年 9 月国务院对《外资银行管理条例》部分条款予以修改，12 月又发布了修订后的《外资银行管理实施细则》。此次修订仍然主要集中在机构准入和业务准入方面。在机构准入方面，取消外国银行来华设立外资法人银行的 100 亿美元总资产要求和外国银行来华设立分行的 200 亿美元总资产要求；放宽中外合资银行中方股东限制，取消中方唯一或主要股东必须是金融机构的要求；允许同时设立外商独资银行和外国银行分行，或者同时设立中外合资银行和外国银行分行。在业务准入方面，此次修订明确扩大了外资银行的业务范围，允许外资银行开办"代理发行、代理兑付、承销政府债券"和"代理收付款项"业务；降低外国银行分行吸收人民币存款的业务门槛，将外国银行分行可以吸收中国境内公民定期存款的数额下限由每笔不少于 100 万元人民币改为每笔不少于 50 万元人民币；取消对外资银行开办人民币业务审批，允许外资银行开业时即可经营人民币业务。

《外资银行管理条例》及实施细则的出台把 2018 年 4 月以来新出台的银行业保险业对外开放新政策以部门规章的形式确立下来，有助于稳定市场预期。截至 2022 年底，34 条开放措施涉及的法规修订和制定工作已全部完成，取消了外资持股比例限制、降低外资准入数量型门槛、扩大外资机构业务范围、优化外资机构监管规则、简化行政许可流程（刘福寿，2022）。

2020 年 11 月正式签署、2022 年 1 月 1 日正式生效的 RECP，代表了我国高水平对外开放的最新成果，其各项开放举措超过了中国与东盟，中国与韩国、澳大利亚等双边自由贸易协定的承诺水平，也是中国主动对接和引领制定高水平对外开放规则的最新代表。RECP 中服务贸易部分属于第八章，其主要内容包括服务贸易范围、承诺减让表（含具体承诺表和不符措施承诺表）、国民待遇、市场准入、最惠国待遇、透明度等。服务贸易项下的具体服务提供方式有跨境提供（交付）、境外消费、商业存在和自然人移动①四种。金融服务属于服务贸易的一种，第八章附件一是金融服务条目，包括金融服务的定义和范围、新金融服务、审慎措施、透明度、金融服务例外、信息转移与信息处理、磋商、争端解决等共 14 个条目。

RECP 中金融服务附件制定了金融服务的具体规则，提高了金融监管透明度，在金融开放与金融监管之间取得平衡，为各方金融服务提供者创造更加公平、开放、稳定的竞争环境，同时也为防范金融系统不稳定性提供了充分的政策和监管空间。RCEP 允许其他成员方的金融服务提供者在 RCEP 东道国提供新金融服务。在一定条件限制下，RCEP 也允许金融服务提供者对日常运营所需要的金融信息进行跨境转移，同时对金融行业主管机构和自律组织提出了信息公开的要求。RCEP 还制定了稳健的审慎例外条款，明确了成员方可基于审慎目的采取监管措施的规则。

其中，银行业和其他金融服务包括，接受公众存款和其他应偿还资金；所有类型的贷款，包括消费信贷、抵押信贷、商业交易的代理和融资；金融租赁；所有支付和货币转移服务，包括信用卡、赊账卡、贷记卡、旅行支票和银行汇票；担保和承诺；在交易所市场、场外交易市场或其他市场上的自营或代客交易等具体服务项目。在我国对 RECP 缔约方做出的开放具体承诺表中，其中银行业服务

---

① 自然人移动条款属于 RECP 第九章，主要针对从事货物贸易、提供服务或进行投资的自然人，为其临时入境与临时停留制定更加便利的规则。

是以跨境交付、境外消费和商业存在形式提供的，在市场准入和国民待遇方面基本上没有限制。在自然人移动项下，相对于 RECP 中的其他 14 国，我国也做出了更高水平的开放承诺。

可以这样认为，RECP 协定中的金融服务开放规则是我国 2018 年后金融开放具体举措的条文化，代表了中国在金融领域缔约实践中做出开放承诺的最高水平，是我国主动对接国际经贸规则和引领国际经贸规则的具体体现。截至 2023 年底，我国对外资银行业、保险业的股权比例限制已经全部取消，机构准入和业务准入条件也大大放松，在华外资机构类型从传统的银行、保险领域拓展到了理财、资产管理等领域，在华外资机构的营商环境不断改善，对其监管规则也不断优化。

第二节　银行业制度型开放对金融稳定的影响

中国正在申请加入《全面与进步跨太平洋伙伴关系协定》（CPTPP）、《数字经济伙伴关系协定》（DEPA）等更高标准的区域经贸开放联盟。相对于 RECP、CPTPP 的服务贸易开放标准更高，我国尚难以达到其规则要求，而 DEPA 更加关注于数字经济、数字科技产业发展领域的开放。本节主要以目前已经生效的 RECP 协定中金融服务贸易开放的具体承诺与潜在后果为例，来分析我国银行业制度型开放对金融稳定的影响。

RECP 服务贸易的核心义务包括国民待遇、最惠国待遇、市场准入和本地存在。国民待遇和最惠国待遇实质就是要求对列入承诺表的部门给予缔约方的服务及其提供者非歧视性待遇，不低于给予本国和其他国家同类服务和服务提供者的待遇，做到一视同仁。本地存在条款仅针对"负面清单"承诺的国家，即除"负面清单"列出的部门外，禁止对跨境服务提供提出在本地设立公司、代表处分支机构或成为东道国居民等本地存在要求。

从中国银行业开放的实践历程来看，我国加入 RECP 协定的总体风险是可控的，对我国金融安全稳定的负面影响很小，这主要体现在以下几方面：

第一，RECP 缔约方中的发达国家（日本、韩国、澳大利亚、新西兰、新加坡、文莱等）采用了负面清单承诺方式，而中国对服务贸易开放的承诺是正面清单，且有 6 年的过渡期保护。在金融服务开放领域，RECP 缔约方中的发达国家均比我国做出了更高水平的开放承诺，这有利于我国金融机构"走出去"。而我国的金融服务对外开放承诺仍然有所限制，从 OECD 的服务贸易限制指数（STRI）也可看出中国在金融服务业务开放方面的差距，2022 年中国商业银行 STRI 为 0.338，仅比 OECD 国家中指数最高的墨西哥低 0.025。

第二，如前文所述，截至 2023 年，外资银行总资产仅占我国银行业总资产的 1% 不到，且从 RECP 协定中银行业开放的具体条款来看，我国仍然保留着一些审慎措施，以及在跨境数据转移上也有限制。2020 年底尽管也放开了外资金融机构对我国商业银行的持股比例限制，但总体上没有新的入股银行事件发生，仅有一家外资银行同时在国内设立子行和分行。2022 年以来，只有高盛集团、施罗德基金等外资金融机构与工商银行、交通银行等共新成立 5 家外方控股合资理财公司。因此，很难想象外资银行以及外资金融机构能够对我国银行业的运营带来多大的影响。

第三，根据 IMF 发布的 2022 年《汇兑限制与汇兑安排》年报，在 7 大类 40 个细项中，我国仍有 4 项不可兑换，主要集中在衍生品市场的产品发行和交易方面。从比例来看，我国大致仍保留 10% 左右的资本账户管制，总体上资本账户开放呈现出"宽进严出"的不对称开放格局。当我国经济体系面临风险和金融风险暴露时，这种安排可以有效防止短期资本的大规模流出，降低金融系统性风险，维护金融稳定。因此，我国金融服务开放是在结合金融改革、防控金融风险和维护金融稳定的基础上开展的，可以更好地对接 RCEP 金融服务规则并做出适合自身的最高开放承诺（张方波，2021）。

第四，我国金融监管体制机制改革持续深化，监管能力持续加强，可以更好维护制度型开放所要求的金融稳定，防范金融风险。2023 年 3 月，国家金融监管总局的成立有助于全面强化机构监管、行为监管、功能监管、穿透式监管、持续监管，切实提升监管的前瞻性、精准性、有效性和协同性。金融监管总局将立足中国国情和实践，借鉴参考国际监管规则新标准，补齐监管制度短板，消除监管空白和盲区，实现对金融风险的"早识别、早预警、早发现、早处置"（刘福寿，2023）。

金融制度型开放为我国银行业的跨国发展也带来巨大机遇，未来可以在围绕加快全球化发展布局、拓展多元化金融服务、跨境投融资、人民币国际化等领域进行综合化发展。在"一带一路"倡议、RCEP、CPTPP、金砖国家、上合组织等区域合作机制下，中资银行可以加快优化全球化网络布局和金融支持能力建设，提升对中资企业"走出去"和东道国面向中国市场的当地客户的服务能力。具体业务方面，包括支付结算、交易银行、银团贷款、财务顾问、人民币外汇交易等都能发挥主导作用。

第七章

新发展格局下保险业制度型开放研究

第一节　中国保险业制度型开放历史演变

一、保险业制度的定义和概念

（一）保险业制度的定义

保险业制度是指国家和地方政府为了规范和监管保险行业而制定的一系列法律、规章和政策。这些制度旨在确保保险市场的稳定运行，保护投保人的权益，防范保险风险，确保保险公司遵守规定，促进保险市场的发展和健康竞争，并且保险业制度的建立和完善可以有效规范市场行为，防范金融风险，提升行业竞争力，促进经济社会的可持续发展。保险业制度通常包括保险公司设立和经营的准入规定、保险产品的审批和监管、保险销售渠道的管理、保险资金运用的监督等内容。

（二）保险业制度体系包含的内容

保险业作为金融服务行业的重要组成部分，其制度的规范性对于行业的稳定发展和保护消费者利益具有重要意义。在我国，保险业规范制度体系日益健全，涵盖了从市场准入、经营管理到消费者权益保护的方方面面。为加深对该行业的了解，我们将从以下几个角度深入探讨保险业制度的概念。

1. 市场准入规范

保险业的健康发展离不开严格的市场准入制度。保险监管机构依据保险法律法规和政策，设定了一系列的准入条件和要求，以保证符合条件的机构能够进入市场并得到监管。

（1）机构准入条件。保险公司的准入条件主要包括注册资本要求、董事会、管理团队和从业人员的资质等。机构需要具备一定的注册资本实力，拥有高素质的管理团队和从业人员，以及良好的公司治理结构。

（2）业务准入条件。保险公司的业务准入条件主要体现在不同业务线的经营资质要求。例如，在车险领域，公司需要具备车险专业机构的资质；在寿险领域，公司需要具备寿险专业机构的资质。这些准入条件的设置有助于提高行业专业化水平，减少激烈的市场竞争。

2. 经营管理规范

为了保护保险消费者的权益，保险业也制定了一系列的经营管理规范，确保保险公司的经营行为合法、合规。

（1）产品设计与定价规范。保险公司在设计和定价产品时，需要遵循公平、公正、透明的原则，确保投保人对产品充分了解，并避免虚假宣传和误导行为。同时，产品的费率定价需要符合成本控制和风险定价的要求，以确保保险公司的盈利能力和长期可持续发展。

（2）资金运营管理规范。保险公司的资金运营管理规范包括资产配置、投资限制和风险控制等方面。保险公司需要根据公司实际情况和风险承受能力，制定科学合理的资产配置方案，并遵守相关的投资限制和风险控制指标，以确保资金安全和保险责任的履行。

3. 消费者权益保护

保险业的规范制度也注重保护消费者的权益，确保消费者在购买保险产品和享受保险服务过程中得到公平对待和合法权益的保障。

（1）信息披露规范。保险公司应当向消费者提供真实、准确、完整的产品信息和销售信息，确保消费者明确了解产品的保险责任、保险范围、投保须知等重要内容，避免不当销售行为和误导宣传。

（2）理赔服务规范。保险公司应当依法及时履行理赔义务，确保消费者在保险事故发生后能够及时获得应有的赔偿。保险公司还应当建立健全的理赔申请渠道和处理流程，提高理赔服务的效率和便捷性。

4. 监管与处罚制度

设立专门的保险监管机构，对保险公司进行监督和管理，监督保险市场的运行情况，确保市场秩序和公平竞争。保险业的规范制度离不开有效的监管与处罚制度，保险监管机构有权对违反规定的保险机构进行调查、核实和处罚，以保证市场秩序的正常运行。

（1）监管制度。保险监管机构会定期对保险机构进行监管检查，包括对其财务状况、经营行为和合规性进行审核，确保其依法经营。对于存在违规行为的保险机构，监管机构会采取相应的监管措施，包括警告、罚款、撤销许可证等。

（2）处罚制度。对于严重违规甚至违法的保险机构，监管机构有权依法采取强制停业、吊销许可证等措施，同时还可以对其相关责任人进行追责，确保行业的健康发展和市场秩序的稳定。保险业行业的规范制度在市场准入、经营管理和消费者权益保护方面都有着相应的规定。这些规定不仅是对保险公司的要求，也是对整个行业的要求。通过健全的规范制度，能够确保保险业的规范经营，提高行业的专业化水平，保护消费者的合法权益，进一步促进保险业的持续发展。

5. 法律法规

国家或地区设立相关的法律、法规和条例，规范保险公司的经营行为，保护投保人的权益，规定保险产品的设计和销售方式等。

6. 保险市场发展政策

设立保险市场发展政策，鼓励保险市场的多元化和创新发展，促进保险业的健康竞争和长期稳定发展。

总之，保险业制度是为了保护投保人的利益，维护保险市场的稳定和健康发展，确保保险业能够有效地履行风险管理和保障功能而设立的一系列法律、规定、政策和机构。

二、保险业制度型开放的历史演变

为确保国家金融和经济安全，要着力推进金融领域高水平开放，坚持"引进来"和"走出去"并重，稳步扩大金融领域制度型开放，提升跨境投融资便利化。一直以来金融监管总局坚定不移扩大金融领域对外开放，积极主动加大力度吸引外资，我国金融业对外开放水平不断提升，在华外资金融机构逐步成为中国金融体系重要组成部分，中资金融机构"走出去"取得积极成效，金融监管规则基本与国际接轨。

　　在之前还处在百业待兴的阶段，我国选择通过改革开放壮大经济，把先进的理念与规则引入国内市场，由于保险业是金融业开放时间和力度上的先行者，所以继续跟随我国对外开放的脚步更是保险业的必然选择。当我国通过"引进来"培养出了具有核心竞争力的产业和企业，"走出去"便成了一个自然而然、顺理成章的过程。为主动适应国际经济金融发展形势变化和银行保险业改革发展客观需要，我国要进一步扩大银行保险业高水平双向开放。

　　（一）保险业制度型开放的概念

　　我国保险业制度型开放是指中国政府通过改革自身的保险业制度和规定，既吸引外资保险机构进入中国市场，也为中国保险机构"走出去"提供便利和支持，其保险业制度型开放的主要内容包括：第一，外资保险机构准入开放，中国逐步放宽了外资保险机构在中国市场的准入限制。例如，取消外资保险公司在中国分公司的数量限制、放宽外国投资者的股权比例等。这为外资保险机构进入中国市场创造了更公平、透明的环境。第二，保险市场准入条件改革，中国不断优化本国保险市场的准入条件，提高市场开放程度。政府简化保险经营许可程序，降低准入门槛，并加强对外资保险机构的监管和服务。第三，地域性试点政策，中国采取了地域性试点政策，允许一些特定地区实施更加开放的政策举措。例如，设立了卓越外资保险公司试点，为符合条件的外资保险机构提供更大的经营自主权和灵活性。第四，创新型保险机构试点，中国鼓励创新型保险机构进入市场，促进保险业发展的多样化和创新化。政府支持并引导互联网保险、健康保险等新型保险业务的发展，为本国保险机构提供更广阔的发展空间。第五，加强国际合作与开放，中国积极与其他国家和地区开展保险业务的合作，签订双边和多边保险业务合作协定，推动国际保险业务的互认和合作，提高保险业的国际竞争力。

　　总的来说，呼吁保险业进行制度型开放旨在创造一个公平、透明和有利的市场环境，促进保险业的发展和国际合作。这种开放模式为国内外的保险机构提供了更多的交流和合作机会，并为保险消费者提供更多选择和良好的服务。

　　（二）保险业制度型开放的历史进程

　　保险业作为中国金融业对外开放的"排头兵"，经过40多年的开放探索与国际竞争的锻造，已在开放上达到了较高的水平。但是随着外向型经济不断发展和全球服务需求的增加，比如广州的广交会、上海的进博会、深圳的高交会和北京的服贸会等全球性贸易盛会，对保险业的对外开放提出了更高的要求，此外，中国企业深度参与全球产业分工和合作，也要求保险业提供更全面、更高效的保障服务；其又作为经济的"减震器"和社会的"稳定器"，应继续深化改革创新，提升服务能力和水平，为推动中国经济高质量发展做出更大贡献。中国金融工作会议提出的科技金融、绿色金融、普惠金融、养老金融、数字金融与保险业密切相关，保险业必须积极回应这些挑战和机遇，通过创新产品和服务模式，为构建覆盖全民和全生命周期的社会保障体系贡献力量。

1. 保险业制度型开放的开始

制度型开放的首次提出是在 2018 年 11 月的中央经济工作会议上，指出我国应该适应新形势、把握新特点，推动由商品和要素流动型开放向规则等制度型开放转变。与商品、要素流动型开放不同，制度型开放是以规制、规则、管理、标准为主的开放，具有全面、系统、稳定的特点，是一种高层次、高水平的开放，而保险业制度型开放是制度型开放的重要组成部分。

2018 年是中国保险业制度型开放的关键一年，旨在通过引入外资提升保险业的整体竞争力和服务质量，同时加强监管以确保行业的健康稳定发展。中国宣布将放宽外资在保险业的持股比例限制，允许符合条件的外国投资者投资设立经营人身保险业务的保险公司，且 3 年后将不再对外资股比设限；放开外资保险经纪公司的经营范围，使符合条件的外资保险经纪机构与中资保险经纪机构享有同等经营范围；鼓励具有专业特色的外资机构参与中国保险市场建设。税延养老保险的试点，环境污染强制责任保险管理办法草案审议的通过，以及关税保证保险的推出，这些政策创新体现了保险业在服务国家战略和支持实体经济发展方面的作用。立足"大环保"格局，推动建立环境污染强制责任保险制度，以更好地利用保险这一现代化风险管理工具，助推生态环境保护和打赢污染防治攻坚战。

2019 年进一步放宽外资准入条件，银保监会宣布了 12 条新的对外开放措施；同年 5 月取消外资持股比例限制，宣布将外资人身险公司外方股比放宽至 51%，并计划在 2020 年 1 月 1 日起正式取消经营人身保险业务的合资保险公司的外资比例限制，合资寿险公司的外资比例可达 100%；优化外资银行和保险机构的准入条件，银保监会表示在有效防范风险的前提下持续优化外资银行和保险机构的准入条件，不断扩大外资银行和保险机构的经营范围和空间。2019 年 11 月，银保监会批准首家外资独资保险控股公司德国安联（中国）保险控股有限公司开业；银保监会还批准外资银行和保险机构增加注册资本或营运资金共计 152.72 亿元。强调要稳步推进再保体系建设，目前境外保险机构在华共设立了 67 家机构和 80 家代表处，超过 500 家境外再保人离岸参与我国再保险市场。

2. 保险业制度型开放的深入发展

2020 年中国保险业进一步扩大高水平开放，加快推进形成更大范围、更宽领域、更深层次的全面开放新格局。合资寿险公司的外资比例可以达到 100%，进一步开放了保险市场给外资参与。保险业标准化工作被强调为促进保险业高质量发展的关键，包括服务实体经济、防控金融风险、深化金融改革等重要任务，这表明保险业在制度型开放中，注重通过标准化来提升国际竞争力和促进共享发展，拓展国际交流渠道，促进国内保险标准与国际规则和标准的衔接。保险业标准化工作紧密围绕防控风险，促进风险管理体系的规范化、风险信息共享交换的便利化、风险识别评估预警的智能化，以提升保险业整体风险管理能力。这些措施和政策的实施，展现了中国保险业在制度型开放方面的积极进展，旨在通过引入国际先进的管理经验和技术，提升国内保险业的整体竞争力和服务质量。2020年，《外资保险公司管理条例》及其实施细则、《关于明确取消合资寿险公司外资股比限制时点的通知》等重要法规已完成修订并发布。在落地方面，2019 年，银保监会批准了一批具有示范意义的申请，如全国首家外资独资保险控股公司安联（中国）保险控股有限公司开业、全国首家外资养老保险公司恒安标准养老保险有限责任公司筹建、美国安达集团增持华泰保险集团股份有限公司股份等。2019 年，外资保险公司保费收入 3057.26 亿元，市场份额为 7.17%，同比上升0.98 个百分点。外资保险公司总资产为 13592.21 亿元，增长 28.20%，占比6.61%，同比上升 0.83 个百分点。外资保险机构来华发展并拓展业务，将对中国保险业发展发挥积极的促进作用。一是有利于进一步完善中国保险市场主体结构，推动形成中外资保险公司优势互补、公平竞争、和谐发展的局面。截至 2020年 3 月末，境外保险机构在我国设立了 64 家外资保险机构、124 家代表处和 18家保险专业中介机构，涵盖财险、寿险、再保、保险资产管理和保险中介等各领域。二是有利于进一步引进外资成熟的经营理念、经营模式和专业技术，推动中资保险企业改革创新，从整体上提升中国保险业的竞争力。

2021 年中国保险业在制度型开放方面取得了显著进展。2021 年保险业赔付支出达到 1.6 万亿元，比 10 年前增长了 2.3 倍，这表明保险业在风险管理和损失补偿方面发挥了更加重要的作用；允许有实际业务经验并符合银保监会相关规定的境外保险经纪公司在华投资设立的保险经纪公司经营保险经纪业务，取消了之前设立外资保险经纪公司需满足的多项要求；保险资金政策呈现深化市场化改革的特点，取消了保险资金可投金融企业债券白名单和外部信用评级要求，这些政策均有利于拓宽保险资金运用范围；监管机构更加强调风险监测和事中事后监管，守住风险底线，同时，根据保险机构的偿付能力充足率和资产负债管理能力评估结果得分的高低，规定了不同的资金运用权限，避免"一刀切"；《关于进一步规范保险机构互联网人身保险业务有关事项的通知》《关于试运行互联网人身保险业务定价回溯机制的通知》等相继出台，为互联网保险的发展划出多道红线，对已暴露出来的问题和风险隐患进行围堵和规范；多家外资保险机构获批开业，保险业对外开放持续推进，外资机构结合自身特点，制定了专业化的发展战略，带来了养老保险、健康保险、农业保险和责任保险领域的国际先进经验和技术，填补了国内保险业在技术和产品方面的部分空白；虽然"十四五"规划正式发布于2022年，但其规划内容涵盖了2021年及未来几年的发展方向，强调了保险业标准化工作的重要性，以支撑保险业服务新发展格局，聚焦服务实体经济、防控金融风险、深化金融改革等重大任务。2021年保险业贯彻落实中国银保监会的政策要求，推动形成保险业对外开放的新格局；保险业在新时代的高水平开放中，推进制度型开放，以制度创新促进保险业深化改革，实现与国际成熟市场的制度体系相衔接，共创协调包容、合作共赢的保险业高质量发展新格局。

2022年7月，财政部发布了《商业保险公司绩效评价办法》，旨在引导保险公司实现高质量发展；中国银保监会发布了保险业标准化"十四五"规划，规划中明确了保险标准体系的优化、保险标准供给的加大、保险标准应用的成效显著、保险业标准化意识的增强以及保险标准化国际交流与合作的深化等目标；为了扩大制度型开放，银行保险领域应进一步提升金融服务贸易自由化和便利化水平，推动监管规则与国际接轨，优化外资营商环境，支持外资机构发挥专业特长；要推进制度型开放，以制度创新促进保险业深化改革，实现保险业在新时代的高水平开放。这些展现了我国保险业在制度型开放方面的不断深化，体现了监管机构在推动保险业对外开放、服务实体经济、防控风险以及保护消费者权益等方面的积极作为和创新举措。

3. 保险业制度型开放的全面推进

2023年为了响应二十大报告提出的推进高水平对外开放，稳步扩大规则、规制、管理、标准等制度型开放，银保监会强调制度型开放是高水平对外开放的新阶段，是制度观念、文化思维方式等深层次的开放；监管部门稳步扩大制度型开放，加强非银行金融机构监管，推进对外开放工作部署，持续深化"放管服"改革，做好行政许可与监管制度有效衔接，提升跨境投融资便利化，吸引更多外资金融机构和长期资本来华展业兴业；上海国际再保险中心的建设，结合国际国内优秀的再保险机构和人才，促进金融要素跨境交流融合，推进规则、规制、管理、标准等制度体系与国际通行规则相衔接，探索更高水平的制度型开放；监管出台多项政策，引导保险资金支持资本市场发展，鼓励保险公司将资金更多地用于长期投资，为增量险资入市释放空间；我国进一步推出 50 多项开放举措，全面取消银行保险领域外资持股比例限制，减少外资准入门槛，拓展金融开放的广度和深度；保险行业资产总额持续增长，保险资金运用余额增加，监管部门鼓励保险资金进行长期稳健投资，加强国有商业保险公司长周期考核；保险业不断提升服务共建"一带一路"的渗透深度，为中国海外利益风险保障提供解决方案，出口信用保险作为政策工具，支持企业"走出去"；中国银保监会制定或修订多项监管制度办法，正式实施偿付能力监管规则（Ⅱ），提升依法监管能力和水平。

为了加强监管和推动保险业高质量发展，2024 年国家金融监督管理总局发布了《人身保险公司监管评级办法》，强化分类监管，引导公司形成特色化发展模式；中国再保险业积极融入全球市场，推进国际化进程，加强国际沟通交流，提升全球资源配置能力；推动农业保险"扩面、增品、提标"，提升小型农户投保率，发展收入保险和气象指数保险，增强农业保险在防灾减灾中的作用；鼓励保险公司提供专属普惠保险产品和服务，特别是针对社会保险保障不足的领域，实施费率优惠和简化手续；深入开展保险教育，提升全民保险意识，同时深化普惠保险发展规律研究，建立符合国情的发展模式。

以上关于保险业制度型开放的具体措施体现了中国保险业在制度型开放方面的全面推进，旨在实现更高质量的发展并更好地服务于国家治理体系和治理能力现代化。

4. 保险业制度型开放的现状与效果

如今，保险业开放的新格局正在形成和扩大。提升保险业开放水平，能够推动保险业进一步参与全球市场资源配置，提高利用全球资源推动发展的能力，是推动保险业加快发展的重要支撑。所以保险监管机构也要抓住时代机遇，加快提升监管能力。监管部门需学习借鉴国际先进的监管规则和经验，坚持将"引进来"和"走出去"相结合，不断提升保险行业竞争力，为金融业改革开放添砖加瓦，为金融服务实体经济保驾护航。

近几年陆陆续续出台了 50 多条保险业开放的新措施，取消银行保险机构的外资股份比例限制，大幅减少外资数量型准入门槛，我国金融领域对外开放连出实招，彰显着中国在经济行稳致远的背景下，进一步扩大高水平对外开放的坚定决心。近日召开的 2024 年工作会议上，坚定不移深化金融改革开放是一项重点任务，它强调要"引导金融机构聚焦主业、苦练内功、降本增效""稳步扩大制度型开放，助力上海、香港国际金融中心建设"等，这为推进金融高水平对外开放进一步明晰了方向与路径。

在"引进来"这一方面，外资金融机构来华发展步伐不断提速。截至目前，全球最大的 40 家保险公司有近半数进入中国市场，境外 24 家全球系统重要性银行均在华设有机构。数据显示 2018 年以来，在华外资保险公司资产增长了117%，在华外资银行资产增长了 16%；金融开放是我国对外开放的重要组成部分，也是深化金融供给侧结构性改革、实现高质量发展的内在要求，2018 年以来，我国主动、有序推动新一轮金融业开放，出台了多项开放措施，中国金融业开放取得了突破性进展。金融监管总局数据显示，截至 2023 年底，外资银行在华共设立了 41 家法人银行、116 家外国及港澳台银行分行和 132 家代表处，营业性机构总数量达到 888 家，总资产为 3.86 万亿元。2023 年，多家外资银行持续加码中国市场，外资银行机构增资达 70 亿元。中外合资理财公司也再度扩容，法巴农银理财在上海自贸区开业，至此，5 家国有银行均与外资合作成立了理财公司；保险业作为中国金融业中率先对外开放的行业，对外资的吸引力也不断增强。数据显示，截至 2023 年底，境外保险机构在境内已经设立了 67 家营业性机构和 70 家代表处，外资保险公司总资产达到 2.4 万亿元，在境内保险行业市场的份额达到 10%。此外，加快推进上海国际再保险中心建设也是一大亮点。截至目前，已有 15 家保险公司获批设立上海再保险运营中心，包括中意财险、安盛天平财险、三井住友海上火灾保险 3 家外资保险机构。

在"走出去"这一方面，中资金融机构苦练内功、深耕国际化。"引导金融机构聚焦主业、苦练内功、降本增效，切实提升行业发展可持续性"，这是金融监管总局着眼推进金融高水平对外开放提出的明确要求。伴随着中国金融业扩大对外开放的脚步，更多经营稳健、资质优良、专业特色的外资金融机构纷纷进入中国市场。但是，我国金融在服务高水平对外开放方面还有不足，中资金融机构全球布局和竞争能力不足，投资银行、保险公司等非银行金融机构"走出去"更少；中资金融机构在海外市场的业务仍以存、贷、汇等传统业务为主，零售、财务顾问等业务开拓和深耕当地客户均存在不足；配置全球金融资源的能力还不够强；参与和主导国际金融规则制定的程度有待增强，在 IMF、世界银行、金融稳定委员会等国际重要机构中的话语权仍有待提升等。

那么，为了中资金融机构增强自身的国际竞争力和规则影响力，要紧跟服务高水平对外开放和中资企业"走出去"需要，调整优化金融机构全球化布局，根据国际政经格局演变，有进有退，加强对共建"一带一路"国家及与我国经贸往来密切国家或地区等重点市场的业务渗透和网点布局。积极参与自由贸易试验区、自由贸易港、粤港澳大湾区建设，提升自由贸易试验区金融服务水平。此外，中资金融机构还应积极参与国际金融治理，助力构建更加包容、公平的全球金融治理秩序，在完善金融基础设施建设方面，中资金融机构还可以充分发挥金融科技优势，实现弯道超车。

概括来讲，在新发展格局之前，中国保险业的对外开放逐步推进，但外资持股比例和市场准入仍有一定的限制，外资保险公司在中国市场的参与度有限，外资持股比例限制在一定范围内，市场准入门槛较高；早期的监管体系尚未完全与国际接轨，外资保险公司在运营中面临一定的监管挑战。监管规则和国际标准的差异使得外资机构在中国市场的发展受到一定限制；保险产品和服务的创新在早期也较为有限，外资保险公司在产品开发和市场推广方面受到较多限制，创新能力未能充分发挥。

在新发展格局下，中国进一步放宽了市场准入标准，取消了外资持股比例限制，大幅减少了外资准入的数量型门槛；在监管制度方面，中国积极推动监管规则与国际接轨，打造安全高效的监管制度体系；此外银保监会还强调要进一步推动监管规则和国际接轨，提升金融服务贸易自由化和便利化水平；保险业在产品和服务创新方面取得了显著进展，保险业标准化工作机制进一步完善，保险标准化组织的多样性和专业性显著提升，保险标准体系结构优化健全。例如，保险业在服务实体经济、防控金融风险、深化金融改革等方面，通过高质量标准服务和支持保险业高质量发展；新发展格局下，保险业的国际竞争力显著提升，通过加快保险业与国际接轨，提升保险业国际竞争力，更好地支持共建"一带一路"等。例如，银保监会强调要适应高标准的国际经贸规则，进一步提升金融服务贸易自由化和便利化水平；数字化转型是新发展格局下保险业的重要发展方向，保险业在治理、文化、业务、技术等方面面临全方位改革与创新的挑战，通过数字化转型提升服务能力和效率；在风险管理方面也取得了显著进展，通过推动保险业风险管理标准化建设，开展保险业风险管理标准体系研究，规范风险管理流程，加强数据和经验模型共享，促进保险业风险管理能力提升。

在新发展格局下，保险业制度型开放在市场准入、监管制度、产品和服务创新、国际竞争力、数字化转型和风险管理等方面取得了显著的进步和变化。开放只有进行时，没有完成时，保险业制度型开放一直在路上，《浦东新区综合改革试点实施方案（2023～2027年）》出炉，其中一大亮点就是"提高制度型开放水平"。具体到金融领域的制度型开放，要求着力营造市场化、法治化、国际化的一流营商环境；持续加大外汇便利化政策和服务供给，加快培育外贸新动能；加快推进上海科创金融改革试验区建设各项举措，更好服务上海国际科创中心建设。

当前及今后一段时期做好银行保险领域制度型开放极其重要，既有利于巩固外贸外资基本盘，也有利于畅通国内国际双循环。那么，为了做好持续高水平开放方面的问题，要从以下几方面入手：第一，完善对外开放统筹协调机制和工作流程，把握好开放的时机、节奏和力度，在确保国家金融和经济安全基础上，推动金融业开放行稳致远。第二，对接国际高标准经贸规则，研究制定对外开放新措施，在防控风险前提下稳步扩大金融领域制度型开放。第三，促进外资金融机构稳存量、扩增量、提质量，推动外资金融机构差异化监管，持续优化外资营商环境，吸引更多外资金融机构和长期资本来华兴业展业，支持外资金融机构集聚发展。第四，提升共建"一带一路"金融服务质效，指导中资银行保险机构优化海外布局，加大对重大项目和"小而美"项目的金融支持力度。第五，加强央地协同，同题共答，研究出台总局支持上海国际金融中心建设的政策措施，增强上海国际金融中心的竞争力和影响力。第六，继续推进银行业保险业支持粤港澳大湾区建设工作，促进内地与港澳金融市场互联互通，巩固提升香港国际金融中心地位。第七，继续加大金融支持台胞台企力度，优化营商环境，推动两岸金融融合发展。第八，在推动金融开放的同时，也要切实维护好金融安全与稳定，提升风险防控和化解能力，确保金融管理能力与开放水平相匹配。

第二节　保险业制度型开放对风险管理的影响

一、背景分析

2023 年 10 月，IMF 在《世界经济展望》中提出，全球经济正面临多重挑战。一系列负面因素导致了市场割裂、能源转型、预期通胀长期处于高位等风险。目前，全球经济形势仍面临诸多不确定性因素和挑战，贸易摩擦日益严重、金融市场波动增加等问题使得经济环境愈加复杂，这些都对经济前景造成了严重威胁。尽管各国政府和国际机构正在采取措施来应对这些挑战，但全球经济增长依旧乏力，且呈现出缓慢而不均匀的状态，未来经济下行风险较高。

对于保险业来说，保险业的不断扩大和深入开放都离不开全球经济发展。随着市场的不断扩张和行业对外开放程度的加深，保险业迎来了前所未有的发展机遇。保险业积极投身于制度型开放，意味着会面临更加广阔的市场环境和更多的机遇，但也同样面临更加激烈的市场竞争与挑战。保险业在这样充满不确定性的大环境下如何持续激发作为市场主体的发展活力、竞争活力、创新活力，如何保持积极健康的发展势头，必须要重视风险管理在双向开放中的作用。才能确保保险业在双向开放的大趋势下稳健前行，同时也能够更好地服务于全球经济发展的大局。

在当今经济全球化发展大势下，双向开放逐渐成为经济贸易发展的重要方向。双向开放意味着既鼓励"引进来"也鼓励"走出去"，增加更多竞争和合作的机会，促进经济的增长与发展。立足于保险业双向开放的动机，一方面，有助于国内保险公司学习国外保险业的先进经验，促进各市场主体有序竞争、规范发展，最终带来市场化的加速，提升保险公司的竞争意识；另一方面，有助于统筹国内国外两个市场，实现优化金融资源配置的目的，引导保险资金更好地服务于实体经济。

高质量发展关系我国社会主义现代化建设全局，是体现新发展理念的发展，是创新成为第一动力、协调成为内生特点、绿色成为普遍形态、开放成为必由之路、共享成为根本目的的发展。当前，我国已由高速发展转向高质量发展阶段，但发展不平衡不充分的问题仍然比较突出，满足人民群众对美好生活的向往依然有不少痛点、堵点与难点，必须牢牢把高质量发展这个首要任务。全球保险业在金融业中的地位快速上升，为了不断提升金融服务实体经济质效，有效防范化解金融风险，以金融业高质量发展推进保险业高水平开放。进一步提升对外开放水平，也是我国保险业实现自身高质量发展的题中应有之义。

我国保险业对外开放的深度和广度将不断提升。国家金融监督管理总局披露了2023年我国保险行业业务表现情况，总保费收入规模和增速大幅提升。相比于2022年4.7万亿元原保险保费收入，2023年保险业达到5.12万亿元，同比增长9.14%。近10年来，我国保险密度整体呈现增长的状态，基本处于稳步上升阶段。保险密度自2013年的1266元/人上升至2023年的3635元/人，10年增幅187%。从2023年起，保险密度达到"新国十条"提出的3500元/人的目标。相较于保险密度，保险深度起伏不断。从2013年的3.03%增长至2017年的4.42%，之后小幅度下降，并在2020年再次达到4.45%的高点。接下来两年下降至3.88%，于2023年再次达到4.07%的水平，但这并没有达到"新国十条"提出的保险深度（保费收入/国内生产总值）5%的目标。此外，2023年全球平均的保险密度为882美元/人，我国保险密度为516美元/人；全球平均的保险深度为6.83%，我国保险深度为4.07%。可以看出，我国保险业发展与全球平均水平仍有一定的差距，无论是保险密度还是保险深度，都存在较大的进步空间。因此，我国保险业制度型开放的过程中，将兼顾其深度和广度的提升。

二、保险业制度型开放的风险分析

保险业制度型开放不仅是金融行业发展的必然趋势，也是国际经济合作与竞争的重要体现。然而，这一过程中所面临的挑战与风险不容小觑。

在信用风险方面，信用违约风险持续扩大。2020年新冠疫情对我国经济生产生活带来一定的影响，受到疫情冲击，社会整体经济发展的节奏被打乱，企业正常的生产经营秩序同样面临巨大的挑战，资产端和负债端面临双重危机。疫情得到有效控制后，经济社会活动处于快速恢复期，灵活适度的货币政策为经济恢复创造了良好的流动性环境，有助于延缓信用违约的发生。但在此之后，货币政策并没有进一步加大宽松的力度，延缓的违约风险逐步释放，债务违约情况增加，信用风险有所放大。中国保险保障基金有限责任公司发布的《中国保险业风险评估报告2022》指出，我国保险公司面临的信用风险仍不断增加，其资产的增速远远不及信用风险的增速；未来利率长期下行的趋势，对保险公司带来较大的利差损风险，尤其针对寿险公司久期长的产品。如果保险资金投资收益不能弥补其负债成本，利差损将在资产端和负债端造成双重挑战。

在战略风险方面，中小财产险公司转型困难。近几年财险公司大多处于亏损状态，大财险公司和中小财险公司发展呈现出两极分化的现象。我国对财险业的发展目标中指出，财险业要向精细化、科技化、现代化转型发展。为了让保险公司能够更好地发挥自身的优势，在未来的发展方向上，将保险公司的业务范围扩大到以车险和非车险并重发展，由销售为主向产品服务为主转变，由传统的经济补偿向风险管理与增值服务的方向发展，鼓励互联网保险、自保等创新发展，增强高质量发展的动力与活力。数字化建设能够有效提高企业的创新能力和服务质量，但中小财险公司可用于研发投入的资金有限，其科技化水平难以和大财险公司相提并论，使得转型仍有漫漫长路要走。

除以上这些挑战以外，还有市场的激烈竞争、监管环境的复杂多变、法律法规的更新迭代以及技术创新带来的新风险等。同时，风险管理和应对策略的制定也变得至关重要。因此，如何正确的进行风险管理并制定合适的应对策略成为要解决的关键问题。

三、保险制度型开放对风险管理的影响探析

（一）保险业借助开放推动改革

"十三五"期间，我国保险业对外开放取得一系列新的突破。2019 年 10 月，国务院修改《外资保险公司管理条例》，取消申请设立外资保险公司的外国保险公司应当经营保险业务 30 年以上，且在中国境内已经设立代表机构 2 年以上等条件，同时允许外国保险集团公司在中国境内投资设立外资保险公司，允许境外金融机构入股外资保险公司。同年 12 月，银保监会发布《外资保险公司管理条例实施细则》，进一步落实保险业最新开放举措要求。自 2020 年 1 月 1 日起，经营人身保险业务的合资保险公司的外资比例限制正式取消，外资比例可达 100%。

受到开放政策的影响，外国银行保险在华机构数量基本处于稳步增长的状态。截至 2022 年末，境外保险机构在华共设立 68 家外资保险机构和 79 家代表处，外资保险机构总资产高达 2.26 万亿元。

我国坚决贯彻对外开放政策，不增设准入条件，不提高准入门槛，推动更高

水平对外开放。继续遵循内外资一致原则，使中外资保险机构在同一规则下开展业务，努力构建公平竞争的市场环境。在扩大开放的同时，坚持加强风险管控，注重与现有保险监管制度保持有效衔接；坚持同类机构准入规则基本一致，保证规则相洽，防止监管套利。

（二）积极完善与开放相适应的风控体系

从保险角度来看，现代社会的风险管理目标就是要合理设置可容忍的风险水平，即可容忍的损失频率和损失程度，降低巨灾发生概率和损失的严重程度，由全社会分担个体的损失。现代社会的风险管理策略应当是既降低风险事故发生的概率，又降低风险事故发生后的损失严重程度，形成一个事前、事中、事后的全方位管理体系。

我国保险业内部系统的风险依然显著，主要包含流动性风险、关联风险和替代风险。因此开放对于保险业来说，除了内部的风险，也可能会带来外部的风险。在开放的进程中，我们也要注意跟随海外资本而来的风险，尤其防范系统性风险传染。

如何稳中有进地开放，把握好开放的节奏，让开放节奏与应对风险的能力相适应，不仅是保险业应该思考的问题，更是整个金融业不容忽视的问题。对于内外部的风险，要充分认识到可能存在的潜在风险，完善与全面开放相适应的风险防控体系显得尤为重要。可以尝试通过结构化调整、市场化的退出机制等措施，达到积极防范系统性风险的目的，从而增强开放条件下风险防范能力。在开放的过程中，保险公司要保持审慎态度，通过风险识别、风险评估、风险决策和风险监控建立起全过程的风险管理，配合相应的应急预案和适宜的监管措施，形成差异化风险监督与管理的体系。

（三）夯实基础加速国内市场成熟

党的二十大报告指出，要"依托我国超大规模市场优势，以国内大循环吸引全球资源要素"。因此，强化"以国内大循环为主体、国内国际双循环相互促进"的开放新格局，是保险业把握未来发展主动权的关键支撑。《2023 年安联全球保险业发展报告》中指出，在全球通胀率 8.6% 的背景下，全球保费收入近 5.6 万亿欧元，比 2021 年增长 4.9%。随着世界保险市场的发展，以中国保险市场为代表的亚太保险市场在全球市场中的占比逐渐提高。报告中提到，预计在 2033 年，中国保险市场规模有望达到 1.486 万亿欧元，将远远超过居于第三位的印度寿险市场（预计保费收入 3300 亿欧元），跃居全球第二大寿险市场。《2024 年安联全球保险业发展报告》中指出，在全球通胀率由 2022 年的 8.6% 下降至 2023 年 5.8% 的背景下，全球保费收入达到 6.2 万亿欧元，比 2022 年增长 7.5%。2023 年，亚洲人寿险保费收入增长 16.2%，已经超越西欧成为世界上最大的人寿险区域市场，全球市场份额占比约为 30.0%。随着世界保险市场的发展，以中国保险市场为代表的亚太保险市场在全球市场中的占比逐渐提高。

我国保险市场起步较晚，随着经济的不断增长和人民生活水平的提高，人们对保险服务的需求日益增加，促使保险业在我国发展迅速。虽然我国本土市场规模较大且保持积极的发展势头，但我国保险险种的设计往往缺乏足够的针对性和多样性，难以满足消费者的个性化需求和不同风险类型的覆盖。保险密度、保险深度、人均保费与发达市场还有一定的距离，尤其在保险科技、风险减量管理等方面还有很大的进步空间。在农业、巨灾、健康和养老等领域，覆盖面和覆盖力度不足，传统行业风险未被充分覆盖导致大量风险缺口。一定程度上限制了保险行业的发展潜力，也增加了消费者的不确定性和负担。

要建立一个成熟的国内保险市场，它必须深深扎根于社会的风险治理之中。这意味着成熟的国内保险业必须建立起一套多层次、广覆盖的保险保障结构，并在其中高度嵌入社会风险治理，确保在全球范围内与其他保险市场进行平等对话和风险管理。为了充分挖掘我国庞大市场的巨大潜力，我们必须首先提升整个社会对保险重要性的认识，进一步提高全民的保险意识。推动保险业向前发展的重要途径之一就是专业人才培养，通过系统地培养具有专业知识和技能的保险人才，与专业风险管理相结合，为我国保险行业的健康、持续发展奠定坚实的基础。

（四）积极审慎坚持高质量"引进来"

随着保险业对外开放政策的逐步深化和优化，中国政府采取了一系列积极举措来促进这一进程。这些措施包括放宽市场准入条件、简化审批流程、减少外资持股限制等，旨在为外国保险公司提供更为宽松的环境，使其能够更容易进入中国市场。截至 2023 年末，境外保险机构在境内已经设立了 67 家营业性机构和 70 家代表处，外资保险公司总资产达到 2.4 万亿元，在境内保险行业市场份额已经达到 10%。

"引进来"不仅是为了让国内保险市场更好地与国际市场接轨，更有助于推动我国保险业拥抱国际最新的价值理念、吸收全球范围内的宝贵经验、提升技术实力并改善市场机制。通过"引进来"这样的方式，可以不断缩小我国保险市场与世界成熟市场之间的差距，从而在国际舞台上占据更加有利的竞争位置。鼓励、支持和引导外资保险机构深入参与中国保险市场，不断推进保险业开放，既强调深度也抓住广度。通过日益完善我国公开、透明的金融市场环境，作为市场主体的保险公司才能更好地迸发活力，促进中外保险机构之间的深入合作与交流，共同探索创新的合作模式，以满足日益增长的多元化保险需求。服务实体经济是防范金融风险的根本举措，只有提升服务实体经济质效，才能更全面地防范金融风险，不让监管措施落空。

由于涉及外资保险机构和全球保险市场的深入合作，在风险监管方面，相关机构和部门格外重视系统性金融风险的底线，全方位守住安全底线。必须构建全面的风险监督体系，确保运营环境的透明度和公开性。在交易过程中充分运营新兴科技，以科技手段优化流程，而且对于任何可能的外部风险也应进行实时监测，尤其是涉及对外贸易的环节。

（五）以"偿二代"为准绳，升级全面风险管理体系

"偿二代"是以风险为导向的偿付能力监管体系，将监管指标细化为核心偿付能力充足率与综合偿付能力充足率，基于管控金融风险的考虑，并加入了风险综合评级这一重要参考指标。通过偿付能力风险管理能力评估、风险综合评级等监管工具，及时准确地分析和评估保险公司的风险状况。

风险综合评级是通过评估保险公司操作风险、战略风险、声誉风险和流动性风险，结合其核心偿付能力充足率和综合偿付能力充足率，对保险公司总体风险进行评价，确定其风险综合评级，分为 A 类、B 类、C 类和 D 类，并采取差别化监管措施。

不同评级的保险公司的风险管控能力存在明显差异，体现在对特定风险指标的不同处理方式和应对策略上。保险公司需要对具体的风险指标进行事前监督预警、事中损失控制和事后追踪整顿，建立起一套系统的、全面的与连续的风险管理体系。这样一套可持续运行的风险管理体系，是确保保险公司稳健发展、抵御市场波动和维护投资者利益的关键所在。

（六）推进科创赋能

通过利用现有的科技手段来为保险产品进行赋能，紧密围绕消费者需求，实现信息共享，深化场景式服务。更好地适应当前时代的经济发展，并且满足消费者对于热点投资的需求，从而明确产品销售的领域。在科技赋能的助力下，保险

公司愈发重视资本成本的优化和资本利用效益的提升。公司更加注重定性监管，对监管政策的解读也变得更加深入和细致。保险公司也展现出了对市场动态变化的高度敏感，不断调整策略以适应市场的新需求和新趋势。

风险管理智能化的重要组成部分包括风险管理数据库、风险动态监测系统、风险预警系统、风险预案和内部控制系统。立足全面风险管理的逻辑起点，结合我国保险业发展的实际情况，建立起公司特有的风险偏好体系。在此基础上，建立关键风险指标体系，将战略规划、业务和产品计划、投资规划有机结合。

在保险业制度型开放的浪潮下，外资保险公司增多和外资持股比例提高等现象逐渐在国内市场出现。制度型开放的确对我国保险业的发展产生了积极影响，除了先进经营理念和管理模式的进入，还促进了产品创新、服务创新和营销模式创新等。但不能盲目开放，仍需要警惕制度型开放给我国保险公司带来的风险。

外资金融机构参与中国经济金融发展和金融市场运行的程度随着双向开放不断加深，已经成为中国金融业一支非常重要的力量。外资持股比例的不断上升以及境外投资比重的显著增加，无疑会使保险公司在面对市场波动和经济不确定性时承担更高的风险。这种情况下，保险公司的风险承受能力相应提高。起因在于中资股东和外资股东在管理理念、经营目标和市场分析上可能存在较大差异，这种差异可能会导致股东之间的内部矛盾影响公司决策效率和执行力，加重了保险公司的管理难度，最终表现为保险公司风险承受能力的提升。

因此，当外资持股比例较高且涉及境外投资时，保险公司所面临的外部环境更为复杂多变，这要求其具备更强的风险识别、风险评估、风险监督控制的能力。我国保险行业监管更要与时俱进，不断提升风险监测水平，加强国际保险之间的监管与合作，以避免对外开放导致我国保险业的风险持续增加。

（七）加强数字化风险管理

2022 年 1 月，银保监会印发了《关于银行业保险业数字化转型的指导意见》，深化金融供给侧结构性改革，以数字化转型推动银行业和保险业高质量发展，构建适应现代经济发展的数字金融新格局，不断提高金融服务实体经济的能力和水平，有效防范化解金融风险。

在数字化转型的进程中，保险行业迎来了前所未有的发展机遇。面对这场转型，保险从业者必须深思熟虑，如何在制度型开放的过程中抓住转瞬即逝的机遇，并积极勇敢地迎接随之而来的各种挑战。数字化下的风险管理如何进行改革？风险管理与数字化相适应的改革又会带来哪些新的风险？数字化转型下的风险管理的新风险该如何解决？

当前，我国保险业主要以渠道业务为中心，数字化转型下更加重视全方位、多层次、宽领域的数据库建设与应用。数字化风险管理体系要求更高效的数据分析能力、更灵敏的市场洞察力以及更精细的风险评估流程。然而，也可能引入新的风险因素，不同保险公司数据管理水平参差不齐，在数据共享、数据规范和数据质量等方面还有提升的空间。

在数字化转型的同时需要顺应数字化发展的趋势，利用新兴科技，加强流动性风险、信用风险、利率风险、操作风险、市场风险的管理，将风险管理融入场景化中。构建科学有效的风险管理体系和完善的内部控制机制，防止操作失误带来的风险，为数据提供标准的系统支持，最终为数字化风险管理助力。

（八）逐步强化风险防控工作

《保险公司全面风险管理调查报告 2024》包含受访机构共计 140 家，占保险公司数量的 70% 左右。在风险管理能力方面，超过 92% 的受访机构对自身的风险管理体系有信心，认为已建立的风险管理体系与公司业务发展水平基本匹配或领先于行业水平。在偿付能力风险管理要求与评估（SARMRA）方面，受访机构预期 2024 年平均得分为 79.24，较"偿二代"二期规则下已迎检公司的实际平均得分高出近 2 分，其中财产险公司较人身险公司更为乐观，预期得分高于实际平均得分近 3 分。在监管与外部环境趋势整体方面，接近 97% 的受访机构对未来风险监管的态度是持续趋严，超过 70% 的受访机构认为未来一年行业风险将上升。因此，顺应市场环境和自身需求，保险公司逐步强化风险防控工作成为当前工作重心之一。

1. 建立风险管理体系

保险公司在"偿二代"监管规则下，初步建立起风险管理体系，进一步明确董事会、管理层和相关部门在流动性风险防范中的职责，合理分工。建立健全流动性风险管理的工作程序和工作流程，根据业务规模、产品结构、风险状况和市场环境等因素，基于其他风险对流动性风险的影响和公司整体风险偏好的考虑，完善风险管理目标、风险偏好、风险容忍度和风险限额，切实做好流动性风险管理。

2. 加强流动性风险管理和监测

保险公司要加强对流动性风险的监测，对于非正常集中退保、重大理赔事件、大规模生存期满或者生存金给付、巨灾风险事件等可能引发流动性风险的重大事件，密切关注、及早识别，做好充分的应对措施。

3. 完善应急处置机制

保险公司评估和管理业务活动对公司流动性风险状况的影响，特别是开发或调整销售渠道、业务发展激活的重大调整等，制定起有效的流动性应急计划。保险公司要按照"偿二代"的要求，加强日常现金流活动管理，合理配置资金，按时履行各项支付义务。定期开展现金流压力测试，做好现金流预测，提早制定流动性应急计划。

4. 风险防范关口前移

保险公司为了防范风险要制定切实可行的业务发展计划和资金运用计划，充分考虑各项经营活动对公司当前和未来流动性水平的影响，建立与公司业务特点和负债结构相匹配的资产结构，从源头上防范流动性风险。

5. 强化股东的流动性风险管理责任

保险公司董事会承担流动性风险管理的最终责任，未设置董事会的外国保险公司分公司则由高级管理层履行职责并承担责任。因此，保险公司要将流动性风险管理的压力、责任和监管要求传导至股东，指定高级管理人员负责流动性风险管理工作的落实和推进，定期向股东通报公司流动性风险状况。

第三节　保险业制度型开放的政策措施和效果评估

一、现有保险业制度型开放的政策措施

我国的一系列对外开放举措将遵循以下三条原则推进金融业对外开放：一是准入前国民待遇和负面清单原则；二是金融业对外开放将与汇率形成机制改革和资本项目可兑换进程相互配合，共同推进；三是在开放的同时，要重视防范金融风险，要使金融监管能力与金融开放度相匹配。2019 年 7 月，金融委发布了11 条金融业对外开放的措施，如表 7-1 所示。

表 7-1　金融委发布了 11 条金融业对外开放的措施

序号	金融委 11 条金融业对外开放的措施内容
1	允许外资机构在华开展评级业务时，对银行间债券市场和交易所证券市场的所有种类债券评级
2	鼓励境外金融机构参与设立，投资入股商业银行理财子公司
3	允许境外资产管理机构与中资银行或保险公司的子公司合资设立由外方控股的理财公司
4	允许境外金融机构投资设立，参股养老金管理公司
5	支持外资全资设立或参股货币经济公司
6	人身险外资股比限制从 51% 提高至 100% 的过渡期，由原定 2021 年提前到 2020 年
7	取消境外保险公司合计持有保险资产管理公司的股份不得低于 75% 的规定，允许境外投资者持有股份超过 25%
8	放宽外资保险公司准入条件，取消 30 年经营年限要求
9	原定于 2021 年取消证券公司、基金管理公司和期货公司外资股比限制的时点提前到 2020 年
10	允许外资获得银行间债券市场 A 类主承销牌照
11	进一步便利境外机构投资者投资银行间债券市场

2019 年 10 月，《国务院关于修改〈中华人民共和国外资保险公司管理条例〉和〈中华人民共和国外资银行管理条例〉的决定》公布。其中，外资保险条例的主要修改内容为：取消申请设立外资保险公司的外国保险公司应当经营保险业务 30 年以上，且在中国境内已经设立代表机构 2 年以上的条件；允许外国保险集团公司在中国境内投资设立外资保险公司，允许境外金融机构入股外资保险公司等。

银保监会发布的《关于明确取消合资寿险公司外资股比限制时点的通知》（以下简称《通知》），明确自 2020 年 1 月 1 日起，正式取消经营人身保险业务的合资保险公司的外资比例限制，合资寿险公司的外资比例可达 100%。

银保监会还于 12 月 6 日发布了修订后的《外资保险公司管理条例实施细则》（以下简称《实施细则》），进一步落实保险业最新开放举措，将《实施细则》第三条相关规定修改为"外国保险公司与中国的公司、企业合资在中国境内设立经营人身保险业务的合资保险公司，其中外资比例不得超过公司总股本的 51%"；还放宽了外资保险公司准入条件，包括"在全国范围内取消外资保险机构设立前需开设 2 年代表处的要求"以及"取消 30 年经营年限要求"。

2021 年 3 月 22 日，友邦人寿获得四川银保监局批复，同意其设立四川分公司。这是友邦人寿自 2020 年设立以来，在内地市场首次设立区域分公司拓展业务。相比国内险企比较追求做大规模的发展路径，外资保险公司则展现出了一种更为成熟的经营理念，他们更注重风险管理、服务质量以及创新能力的提升，有助于推进国内保险行业的公司治理改革。展望未来，银保监会明确表示将进一步优化银行业和保险业的外商投资准入前国民待遇加负面清单管理制度，还将致力于优化监管规则，打造一个更加友好的营商环境，积极支持在华外资银行保险机构发展。

2021 年 12 月，《中国银保监会办公厅关于明确保险中介市场对外开放有关措施的通知》，该通知共包括三条：一是大幅取消外资保险经纪公司的准入限制，不再要求股东经营年限、总资产等条件；二是进一步降低外资保险中介机构的准入门槛，允许外国保险集团公司、境内外资保险集团公司投资设立的保险中介机构经营相关保险中介业务；三是保险中介机构按照"放管服"改革要求，适用"先照后证"政策的相关规定。

2022 年 10 月，党的二十大报告提出，要"稳步扩大规则、规制、管理、标准等制度型开放"。制度型开放通常指的是，在经济发展和对外开放的过程中，不断对照国际通行规则，进而实现制度创新的对外开放战略。

2023 年 6 月，国家金融监督管理总局与上海市政府共同发布了《关于加快推进上海国际再保险中心建设的实施细则》，在上海开设面向全球的再保险分入业务交易市场。8 月，国家金融监督管理总局批复 7 家险企在上海设立再保险运营中心。在吸收国际先进做法的基础上，上海再保险中心还推出了四项配套规则，包括《国际再保险业务平台国际分入业务登记规则》《国际再保险业务平台国际分入业务交易规则》《关于开展国际再保险业务平台国际分入业务统计工作的通知》《国际再保险业务平台再保险业务适配偿付能力监管规则 Ⅱ 再保险交易对手违约风险特征系数操作指引》。这四项规则是再保险制度型开放的集中成果，以跨境再保险业务为主，涵盖登记管理、再保险交易、国际分入保费统计、差异化偿付能力因子等方面，助力打造交易风险更低、信息透明度更高、交易要素更为集中的对外开放窗口，为全球风险分散提供更为透明、有效的承保能力。

除再保险外，随着我国企业的进一步"走出去"和共建"一带一路"倡议等的进一步落地，车险、工程险、航运险、健康长护险等领域也急需通过制度型开放来进一步推进国内、国际制度间的整合，加快各个保险领域制度型开放的步伐。上海的再保险"国际板"为解决保险业跨境服务难题提供了良好开端，在监管部门、金融机构的共同努力下，通过提供制度性解决方案，我国保险业"走出去""引进来"的双向开放步伐会越走越大。

2023 年以来，监管部门稳步扩大制度型开放。为加强非银行金融机构监管，稳妥推进对外开放工作，持续深化"放管服"改革，做好行政许可与监管制度有效衔接，国家金融监管总局修订发布了《非银行金融机构行政许可事项实施办法》。业内人士认为，作为非银金融机构的重要组成部分，我国保险业对外开放进程将不断深入，进一步加大对外开放的渗透度和覆盖面。这些措施无疑将促进银行业和保险业的国际化进程，同时也为国内市场引入新的活力和竞争，从而实现共赢发展。

二、保险业制度型开放的效果评估

《2024 年安联全球保险业发展报告》中分析了中国保险市场 2023 年的业务表现：中国 2022 年总保费收入为 6330 亿欧元，2023 年总保费收入达到 6540 亿欧元，相较于上年增长 9.1%。报告中还对中国保险市场未来发展方向和行业趋势做出了展望，在人寿险、财产险和健康险的三大业务领域表现突出。预计在未来 10 年中，中国市场仍保持当前强劲的发展趋势，每年增长 7.7%，从而巩固其作为全球第二大保险市场的地位。多家外资险企公布的 2023 年业绩显示，其保险业务收入与净利润双双增长。同时，在双向开放政策和企业良好预期的多重因素下，相当一部分外资险企在新的年度选择对中国追加投资。2024 年第一季度，24 家有外资股的人身险机构合计实现保险业务收入 1600.56 亿元，相比于去年同期的 1203.13 亿元，同比增长了 33%。从规模来看，有 5 家机构第一季度保险业务收入超过 100 亿元。20 家持有外资股的财险机构第一季度共实现保险业务收入 113.31 亿元，合计实现净利润 3.06 亿元。

2023 年是共建"一带一路"倡议提出的 10 周年，自提出倡议以来，砥砺前行，成果丰硕。共建"一带一路"倡议源于中国，是在我国经济发展成就基础上总结出来的发展模式的拓展，共建"一带一路"是我国在新的历史条件下实行高水平对外开放的重大举措。随着经济全球化步伐的加速，我国保险业不断提升服务共建"一带一路"的渗透深度，通过提供更加专业和细致的风险保障的中国方案，增强了中国在全球风险管理领域的影响力。中国保险行业协会近期发布的《2022 中国保险业社会责任报告》显示，2022 年，保险业为共建"一带一路"相关项目提供风险保障超过 6 万亿元。这不仅体现了保险业对于国家战略的积极响应，也展示了其在构建国际合作平台中的重要作用。随着共建"一带一路"倡议的持续推进和深化，政策性出口信用保险的角色愈发显得重要。为积极响应并贯彻国家稳定外贸的战略部署，我们不断扩大信用保险的承保规模，共建国家和地区承保数量和金额明显提升，保险覆盖面进一步扩大，以帮助企业拓宽国际市场的布局。2023 年，中国信保承保金额超 9286 亿美元，支付赔款超 23 亿美元，服务支持客户超 20 万家，在几个方面均达到最高水平。在短期险业务方面，实现承保金额超 7708 亿美元，相比于 2022 年 7451.6 亿美元同比增长 3.4%。

推动企业同参与共建"一带一路"项目的国家和地区之间建立起更为广泛和深入的交流合作关系。通过有效的风险管理和保险保障，企业能够更加放心地"走出去"，在面对复杂多变的国际商业环境时，能够有效地承担并减轻因商业风险和政治风险带来的不利影响。

"十四五"时期，经济社会发展要以推动高质量发展为主题，上海作为国际金融中心，在此背景下也有了新的主题。上海基本建成"与我国经济实力以及人民币国际地位相适应的国际金融中心"，上海国际金融中心建设从 2.0 版迈向 3.0 版：必须注重高水平开放，尤其是制度型开放。上海作为我国改革开放的前沿阵地和深度链接全球的国际大都市，不仅是经济发展的重要引擎，更是保险业蓬勃兴起的典范。这里汇聚了众多保险公司和专业服务机构，共同推动着保险市场的创新与发展。

为了能够有力支撑再保险中心的建设，加强对再保险产品研发的支持，鼓励企业加大技术投入，不断丰富产品线，提高产品的竞争力和适应性。选择在上海开设面向全球的再保险"国际板"，同时 7 家中外资险企在临港新片区设立上海再保险运营中心，进一步加快了上海再保险中心与国际交流的脚步，充分发挥上海国际金融中心在世界上的影响力和得天独厚的优势。目前取得了良好的成效，致力于构建一个完善的市场环境，确保再保险产品的充分供给，满足日益增长的风险管理需求，从而为上海乃至全国的保险业注入新的活力和动力。但未来仍需在服务实体经济、提高国际化水平等方面进一步发力。

再保险中心的建设对我国的保险业发展具有重要意义。首先，再保险中心可以吸引更多的国内外企业与我国开展业务合作。通过这种合作，更多的再保险业务量将会流入我国市场，不仅为国内的保险业注入新的活力，还将促进整个再保险市场的繁荣发展。其次，再保险中心的建设还能大大加强我国与国际再保险领域的交流与互动。在这个平台上，有利于引入国际上先进的再保险理论知识、技术手段以及成熟的管理经验，帮助提升国内再保险业务的整体专业化水平，使之更加适应全球化市场的需求。最后，再保险中心的建立对于我国保险行业的长远发展具有至关重要的意义。它不仅有助于扩大我国的保险市场规模，增强国际影响力，还能推动整个保险业的技术进步和服务升级，最终实现互利共赢。

总之，着力推进金融高水平开放，必须以确保国家金融和经济安全为前提。因此，我们在推动保险业高水平制度型开放时，既重视"引进来"的安全，也要注重"走出去"的安全。在经济全球化日益加深的今天，双向开放已成为经济发展不可或缺的一部分。双向开放无法完全避免跨境风险的问题，如何有效控制跨境风险，又不影响国家的金融安全和经济稳定，是我国面临的极大挑战。

第一，逐步建立和完善我国保险行业境外机构的监管框架，确保对海外市场的风险控制能力。完善跨境监管联席会议制度，加强各监管部门之间的信息共享与协调合作，提高跨境监管效率。

第二，高质量的双向开放需要进一步的维护，推动继续深化国际合作交流，离不开国家为保险业高水平开放创造的良好外部环境。增强中国在国际上的话语权，提高中国参与保险监管全球治理的层次和水平，不断提升国际保险监管的影响力和领导力。

第三，加强跨境监管合作，积极参与国际监管规则的制定与修订，提升我国在国际金融秩序中的话语权和影响力。充分表达中方立场和意见，为解决全球性保险监管问题贡献中国智慧和中国方案，深入参与国际保险监管规则的制定。

第八章

新发展格局下资本市场
制度型开放研究

第一节　资本市场制度型开放及其历史演变

一、资本市场制度型开放的概念

钱克明（2019）年将制度型开放定义为：制度型开放是更加全面、系统、深入的开放。戴翔（2019）年对制度型开放进行解释时，认为其从本质上来看就是在以往的开放模式的基础上进行转变，对规则体系和制度进行优化，并在此过程中形成与国际规则接轨的规则和制度体系，是与国际规则、制度对接的先进制度安排。赵蓓文（2022）在文章中将制度型开放描述为一个不断升级和深化的过程，其主要包括三个阶段：商品和要素流动型开放阶段（1978~2013 年）、从商品和要素流动型开放向制度型开放的过渡探索阶段（2013~2018 年）、制度型开放阶段（2018 年至今）。

2021 年，中国提出将不断推动资本市场制度型开放向纵深发展，包括进一步优化机制和工具、完善制度供给、加强国际合作三方面，以期为国际投资者提供更加多元化的投资选择和风险管理工具、以更高水平的开放促进资本市场和行业服务水平的稳步提升、强化开放条件下监管能力建设（朱凯，2021）。资本市场制度型开放旨在从资本市场制度上取消对境外投资者的限制，进而扩大国内融资来源及范围，通过增加投资者多样化和专业化，以降低企业系统性风险（李金甜和毛新述，2023）。在宏观层面，资本市场制度型开放以体系化的制度设计为核心；在微观层面，制度型开放的结构依旧是以资本市场要素为着力点，表现为以基础设施互联互通为代表的"市场开放"，以投融资主体为代表的"主体开放"，以 ETF 等创新融资工具为代表的"产品开放"以及以沪深港通、沪伦通等为代表的"通道开放"（肖钢，2020）。

综合相关文献，资本市场制度型开放应是指通过体系化的制度供给，加强资本市场中资本融通各环节和机制的国际化和多元化，促进资本在全球范围内的有效配置。随着全球化进程的不断推进，尤其是在经济全球化和金融自由化的背景下，资本市场开放对于促进资本要素跨国流动、优化资本市场资源配置、提升金融服务实体经济的能力具有重要意义。

因此，资本市场制度性开放不仅包含境内外资本流动和金融市场的准入问题，更包含了金融制度、监管体系、市场规则等多层面的开放。

二、资本市场制度型开放的历史演变

在过去的 40 年间，中国资本市场顺应经济全球化，推动市场制度型开放，取得了巨大成就。当前，随着国际政治经济格局变化，全球经济出现了贸易保护主义和逆全球化的新特点。资本市场制度的完善遇到了一些挑战。为了顺应新形势，中国的资本市场进入了一轮更高水平的开放阶段——制度型开放，这也正契合了新发展格局的形成，既符合当下经济全球化的趋势，也满足了我国资本市场向高质量发展阶段转型的需求。2018 年 12 月，中央经济工作会议正式提出制度型开放的理念并指出，"要适应新形势、把握新特点，推动由商品和要素流动型开放向规则等制度型开放转变"。2019 年 3 月 15 日表决通过了《外商投资法》，该法取代了原"外资三法"，是新形势下国家关于外商投资活动全面的、基本的法律规范，并于 2020 年 1 月开始生效施行，标志着我国正式进入了制度型开放的新征程。

2019 年 6 月 17 日，"沪伦通"正式开通。我国将坚持市场化法治化国际化方向，在稳步放开跨境投融资限制的同时，更加注重制度规则的深层次对接，不断增强政策的可预期性和稳定性，推动中国资本市场从局部管道式开放向全面制度型开放转变。由此，以新发展格局的提出为界，探讨新发展格局前后资本市场制度型开放的不同特征（见表 8-1）。

表 8-1　新发展格局前后资本市场制度型开放政策比较

时期	沪港通	深港通	A 股入 MSCI
新发展格局前	2014 年 11 月 10 日，沪港通正式启动。规定港股通总额度为 2500 亿元人民币，每日额度为 105 亿元人民币；沪股通总额度为 3000 亿元人民币，每日额度为 130 亿元人民币	2016 年 12 月 5 日，深港通正式启动	2018 年 5 月 31 日，A 股正式纳入明晟（MSCI）新兴市场指数
	2016 年 8 月 16 日，沪港股票市场交易互联互通机制取消总额度限制		2018 年 8 月 31 日，第二批 A 股以 5% 的纳入因子入 MSCI，且 A 股的纳入因子从 2.5% 提高至 5%
	2018 年 5 月起，沪深股通每日额度从 130 亿元提高到 520 亿元，港股通每日额度从 105 亿元提高到 420 亿元		2019 年 3 月 1 日，MSCI 宣布增加中国 A 股在 MSCI 指数中权重，并通过三步把 A 股纳入因子从 5% 增至 20%
新发展格局后	2021 年 2 月 1 日，科创板股票被纳入沪深港通标的范围		
	2022 年 7 月 4 日，ETF 纳入内地与香港股票市场交易互联互通机制正式启动		
	2022 年 8 月 12 日，正式启动沪深港通交易日历优化工作		
	2023 年 3 月 3 日，沪股通股票基准指数扩展为上证 A 股指数，并明确了沪股通下具有表决权差异安排的公司股票首次纳入安排；港股通股票新增纳入平均月末市值 50 亿港元及以上的恒生综合小型股指数成分股。基于风险可控原因设置 50 亿元人民币日均市值、3000 万元人民币日均成交金额、停牌天数占比低于 50% 等调入要求	2023 年 3 月 3 日，深股通股票基准指数扩展为深证综合指数，并明确了深股通下具有表决权差异安排的公司股票首次纳入安排；将恒生综合指数内符合条件的在港主要上市外国公司股票纳入港通股票标的范围。深股通股票调入要求设置为 50 亿元人民币日均市值，日均成交金额 3000 万元以上和全天停牌交易日天数占比低于 50% 等调入要求	2021 年 10 月 18 日，香港交易所正式推出 MSCI 中国 A50 互联互通指数期货
	2024 年 6 月 14 日，沪深港通再次扩容，降低 ETF 纳入规模要求，放宽沪深港通下股票 ETF 合资格产品范围		

（一）沪深港通额度方面的变化

（1）初期额度设定。沪港通启动时，设定港股通总额度为 2500 亿元人民币，每日额度为 105 亿元人民币；沪股通总额度为 3000 亿元人民币，每日额度为 130

亿元人民币。

（2）额度调整。2016年8月16日，沪港股票市场交易互联互通机制取消总额度限制。

2018年5月起，沪深股通每日额度从130亿元提高到520亿元，港股通每日额度从105亿元提高到420亿元。

（二）沪深港通股票范围及其调入要求的变化

（1）股票范围扩大。2021年2月1日，科创板股票被纳入沪深港通标的范围。

2023年3月3日，沪港通和深港通均进行了扩容：沪股通股票基准指数扩展为上证A股指数，并明确了沪股通下具有表决权差异安排的公司股票首次纳入安排；港股通股票新增纳入平均月末市值50亿港元及以上的恒生综合小型股指数成分股。深股通股票基准指数扩展为深证综合指数，并明确了深股通下具有表决权差异安排的公司股票首次纳入安排；同时，将恒生综合指数内符合条件的在港主要上市外国公司股票纳入港股通股票标的范围。

（2）ETF纳入。2022年7月4日，ETF纳入内地与香港股票市场交易互联互通机制正式启动，首批名单包括沪深交易所上市的83只ETF和港交所上市的4只ETF。

2024年6月14日，沪深港通再次扩容，降低ETF纳入规模要求，放宽沪深港通下股票ETF合资格产品范围。

（3）调入要求变化。2023年3月3日，沪深港通均进行了扩容，基于风险可控原因，对沪股通、深股通股票的调入要求：日均市值不低于人民币50亿元；日均成交金额不低于人民币3000万元（剔除全天停牌交易日）；全天停牌天数占总交易日天数的比例低于50%。

（三）沪深港通交易日调整

交易日历优化。2022年8月12日，正式启动沪深港通交易日历优化工作，优化后的交易日历预计可将无法交易的天数减少约一半，提高了市场的交易效率和便利性。

（四）A股纳入MSCI指数

2018年5月31日，A股正式纳入明晟（MSCI）新兴市场指数。

2018年8月31日，第二批A股以5%的纳入因子被纳入，同时现有A股的纳入因子也提升至5%。

2019 年 3 月，MSCI 宣布逐步增加 A 股在其指数中的权重，计划通过三步走策略将 A 股的纳入因子从 5% 提高至 20%。

2021 年 10 月 18 日，香港交易所推出了 MSCI 中国 A50 互联互通指数期货。

第二节　资本市场制度型开放对企业融资的影响

企业融资的主要方式和渠道多种多样，主要包括：①银行贷款。企业向商业银行或其他金融机构申请贷款，是传统的融资方式。②股权融资。企业发行股票并在证券交易所上市，通过出售股份筹集资金。这种方式有助于企业获取长期稳定的资金，同时降低财务风险。③债券融资。企业发行债券，向投资者承诺在未来一定期限内还本付息。债券融资具有成本相对较低、期限灵活的特点。④私募融资。企业向特定的投资者（如风险投资基金、私募股权基金等）筹集资金，通常不需要公开披露信息，灵活性较高。

在融资过程中，企业可能面临许多困难和挑战，例如部分企业在融资过程中需要承担较高的利息或股息支出，增加了企业运营成本，从而产生高融资成本；股权融资和债券融资，对企业的资质、信用评级、盈利能力等方面有较高要求，高融资门槛使得一些中小企业难以获得融资；不合理的融资结构可能导致企业出现财务风险，如过度依赖短期贷款可能导致流动性风险；以及部分企业在融资过程中面临信息不对称的问题，导致投资者难以准确评估企业价值，增加了融资难度。

资本市场作为企业融资的重要平台，其开放程度也会影响到企业融资的效率和成本。企业作为市场经济的主体，其融资活动的顺畅与否直接关系到企业的生存与发展。换句话说，资本市场制度型开放与企业融资之间存在着密切的关系。深入理解和研究资本市场制度型开放及其对企业融资的影响，对于推动我国经济高质量发展具有重要意义。一方面，资本市场开放为企业提供了更为广阔的融资渠道。随着外资的进入和国内企业"走出去"的步伐加快，企业可以通过跨境上市、发行债券等方式筹集资金，满足其不同发展阶段的资金需求。另一方面，资本市场开放也有助于降低企业的融资成本。在开放的市场环境下，资本流动更加自由，市场竞争也更为激烈，这将促使金融机构提高服务质量和效率，从而降低企业的融资成本。

一、资本市场制度型开放对企业融资的积极影响

资本市场制度型开放对企业融资可能产生的积极影响有以下几个方面：

在降低融资成本方面，资本市场对外开放可以加速资金的境内外流通，增加跨境投资组合流动。庞家任（2020）通过研究表示，资本市场对外开放政策会提高部分企业的股票竞争能力，从而降低企业的股权融资成本。唐逸舟（2020）则通过研究沪深港通政策，认为对外开放政策可以通过改善标的企业股价信息效率，进而降低了企业的债券融资成本。

现有研究表明，对外开放政策在帮助企业改善自身融资行为的同时，也提升了企业的股权融资和债权融资的积极性，肖涵（2019）通过研究沪港通政策实施前后上市公司的融资行为发现，政策实施后上市公司的股权融资和债权融资的金额与积极性均有提高。谭小芬（2019）认为对外开放政策通过直接效应促进国有企业股权融资，表示国有企业的外部融资依赖程度越高，实施"沪港通"后其股权融资越多。

金则杨（2022）经研究发现，金融业开放帮助企业获得更多银行信贷，进而缓解其融资约束。邢会（2022）通过研究上海自贸区金融开放后得出，上海自贸区金融开放所打造的信息化平台会缓解信息不对称问题，使企业更有可能被外部投资者发现并得到外部融资约束的缓解。朱康（2022）则通过研究发现，资本市场开放能够有效降低企业短贷长投行为，通过缓解融资约束等方式降低企业投融资期限错配。

二、资本市场制度型开放对企业融资的潜在风险与挑战

伴随着资本市场开放程度的加深，资金的流动将会变得更加频繁和灵活，这意味着企业有可能会在经营过程中面临资金流量的波动甚至会出现资金流逆转的现象。这种不稳定的资金流极大可能会对企业的经营和融资计划造成干扰，从而增加企业的财务风险。且资本市场的开放会导致本国市场与其他国家资本市场的联系更加紧密，其他国家资本市场的波动则可能更容易传导至本国市场。这种联动效应有可能会加剧企业股价的波动性。同时，资本市场的不确定性也会对企业的融资决策产生影响。由于国际资本市场的波动性和复杂性，企业可能难以准确预测未来的市场趋势以及市场中多方位的投资者的情绪，这也增加了企业融资决

策的难度和风险。

资本市场开放对金融机构所带来的风险也是不容忽视的。随着资本市场的开放，外资金融机构的进入在一定程度上必然会加剧本土金融机构的竞争压力。这不仅会影响到企业的融资成本和融资渠道，也有可能对企业之间的合作关系和企业生存经营的商业模式产生挑战。

资本市场制度型开放则会在上述影响外，对企业的信息披露和监管提出更高的要求。企业需要更加透明地披露它的财务状况、治理结构等信息，以满足境外投资者的期望和监管要求。这在一定程度上会增加企业的合规成本和管理难度。

综上所述，资本市场制度型开放虽然为企业提供了更多的融资机会和融资资源，但同时带来的潜在的风险和挑战也不容忽视。企业需要加强风险管理能力，制定合适的融资策略，以应对可能出现的风险和问题。同时，政府和相应的监管机构也需要加强对资本市场的监管和规范，为资本市场开放提供有力的制度保障。

第三节 资本市场制度型开放的政策措施和效果评估

资本市场制度型开放作为我国经济金融开放的重要组成部分，其重要性日益凸显。在全球经济一体化的大背景下，资本市场作为资源配置的重要平台，其开放程度直接影响到国内外资本的流动、企业融资的便利性以及资本市场的活力。制度型开放不仅意味着资本市场的进一步国际化，也能代表着我国金融体系的成熟与完善。

通过引入外资、学习国际先进经验，可以推动我国资本市场的健康发展，提高资本市场的资源利用效率和我国企业在国际上的竞争力。同时，随着我国与世界的经济联系愈发紧密，资本市场制度型开放也成为促进国际经济合作与发展的重要途径。

一、资本市场制度型开放的政策措施

党的十八大以后，我国加快了制度型开放的脚步，进入由商品、要素流动型开放转向制度型开放的伟大变革。

2018 年中央经济工作会议正式提出制度型开放的理念并指出："要适应新形势、把握新特点，推动由商品和要素流动型开放向规则等制度型开放转变。"2019 年的《政府工作报告》指出："进一步拓展开放领域、优化开放布局，继续推动商品和要素流动型开放，更加注重规则等制度型开放，以高水平开放带动改革全面深化。"2020 年，中共中央、国务院《关于新时代加快完善社会主义市场经济体制的意见》明确指出："坚持扩大高水平开放和深化市场化改革互促共进。坚定不移扩大开放，推动由商品和要素流动型开放向规则等制度型开放转变，吸收借鉴国际成熟市场经济制度经验和人类文明有益成果，加快国内制度规则与国际接轨，以高水平开放促进深层次市场化改革。"2021 年，中央经济工作会议再次强调"扩大高水平对外开放，推动制度型开放，落实好外资企业国民待遇，吸引更多跨国公司投资，推动重大外资项目加快落地"。2022 年 10 月 16 日，党的二十大报告明确提出："稳步扩大规则、规制、管理、标准等制度型开放。"因此，制度型开放将是我国下一阶段对外开放的主旋律。

（一）相关政策

2022 年 2 月，为了进一步便利跨境投融资，促进要素资源的全球化配置，推进资本市场制度型开放，证监会对《关于上海证券交易所与伦敦证券交易所互联互通存托凭证业务的监管规定（试行）》进行修订，修订后名称定为《境内外证券交易所互联互通存托凭证业务监管规定》。修订包括的三个主要方面分别是：拓展适用范围，境内方面将深交所符合条件的上市公司纳入，境外方面拓展到瑞士、德国；允许境外基础证券发行人融资并采用市场化询价机制定价；优化持续监管安排，对年报披露内容、权益变动披露义务等持续监管方面做出更为优化和灵活的制度安排。5 月，人民银行、证监会、外汇局发布联合公告《关于进一步便利境外机构投资者投资中国债券市场有关事宜》（以下简称《公告》），统筹同步推进银行间和交易所债券市场对外开放。为加强债券市场对外开放的系统性、整体性、协同性，人民银行、证监会、外汇局遵循市场化、法治化、国际化要求，按照"一套制度规则，一个债券市场"原则，联合制定了《公告》，在现行制度框架下，进一步便利境外机构投资者投资中国债券市场，统一资金跨境管理。同年 9 月，QFII/RQFII 被允许参与相关期货、期权合约交易。11 月，中国人民银行、国家外汇管理局印发《境外机构投资者投资中国债券市场资金管理规定》，统一规范境外机构投资者投资中国债券市场所涉及的资金账户、资金收付和汇兑、统计监测等管理规则；12 月，中国人民银行、国家外汇管理局联合发布《中国人民银行国家外汇管理局关于境外机构境内发行债券资金管理有关事宜的通知》，完善了熊猫债资金管理要求。

2023年3月，证监会联合财政部、国家保密局、国家档案局对《关于加强在境外发行证券与上市相关保密和档案管理工作的规定》进行修订，形成了《关于加强境内企业境外发行证券和上市相关保密和档案管理工作的规定》（以下简称《规定》），自2023年3月31日起与《管理试行办法》同步施行。此次修订一是调整适用范围，衔接《管理试行办法》，明确适用于企业直接和间接境外上市。二是为相关主体在境外上市活动中保密和档案管理工作提供更清晰明确的指引。三是完善跨境监管合作安排，为安全高效开展跨境监管合作提供制度保障。4月，中国人民银行制定实行《内地与香港利率互换市场互联互通合作管理暂行办法》，"互换通"正式落地，境内外投资者可通过香港与内地基础设施机构连接，参与内地银行间金融衍生品市场。6月，国务院印发《关于在有条件的自由贸易试验区和自由贸易港试点对接国际高标准推进制度型开放的若干措施》，率先在上海、广东、天津、福建、北京等具备条件的自由贸易试验区和海南自由贸易港，试点对接相关国际高标准经贸规则，稳步扩大制度型开放。文件聚焦货物贸易、服务贸易、商务人员临时入境、数字贸易、营商环境、风险防控6个方面，提出33条具体试点措施和风险防控举措。

2024年3月，为全面贯彻党的二十大和中央金融工作会议精神，围绕强化监管、防控风险、加快推进建设一流投资银行和投资机构，证监会出台《关于加强证券公司和公募基金监管加快推进建设一流投资银行和投资机构的意见（试行）》，并在其中第十四条提出：助力推进高水平开放。统筹开放与安全，坚持"引进来"和"走出去"并重，稳步扩大制度型开放，支持符合条件的外资机构在境内设立机构。有序推进"基金互认""ETF互挂""跨境理财通"等跨境互联互通业务试点，研究探索推进跨境经纪业务试点。支持证券公司通过投融资、财务顾问、跨境并购等专业服务助力中资企业"走出去"，积极服务企业跨境投融资便利化。

2024年4月，国务院发布《关于加强监管防范风险推动资本市场高质量发展的若干意见》（以下简称《若干意见》），《若干意见》要求坚持统筹资本市场高水平制度型开放和安全，拓展优化资本市场跨境互联互通机制等。为配合《若干意见》实施，证监会近期在广泛深入调研和听取意见的基础上，将与香港方面深化合作，采取5项措施来进一步拓展优化沪深港通机制、助力香港巩固提升国际金融中心地位，共同促进两地资本市场协同发展。

（二）实施措施

王婷（2023）将我国政府针对资本市场所采取的措施分为四大类：规则对接方面、规制协调方面、管理提升方面和标准制定方面。制度型开放具有鲜明的时代特征，且其核心内涵应该是通过国内国际制度互动，然后将其融入世界经贸和金融体系。

总的来看，我国资本市场开放实践是适应中国特色社会主义市场经济发展的根本要求，坚持服务实体经济和国家战略，统筹发展与安全，不断探索推动制度型开放的过程，也是立足国情市情，吸收借鉴国际高标准规则和最佳实践，践行制度型开放理念的进程（见图8-1和图8-2）。

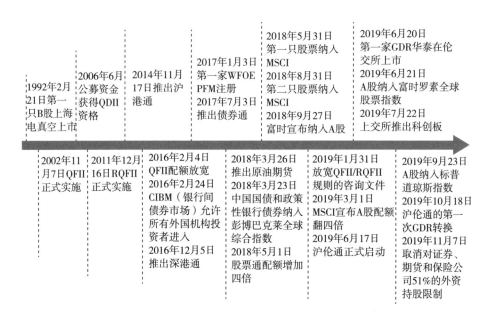

图 8-1　资本市场制度型开放措施实施时间轴（1992~2019 年）

二、资本市场制度型开放的效果评估

2014 年 11 月 17 日，沪港通正式开通。2016 年 12 月 5 日，深港通正式开始实施。沪深港通的开通是中国资本市场对外开放的重要内容，也是中国资本市场制度型开放的重要组成部分，有利于加强两地资本市场联系，推动资本市场开放。

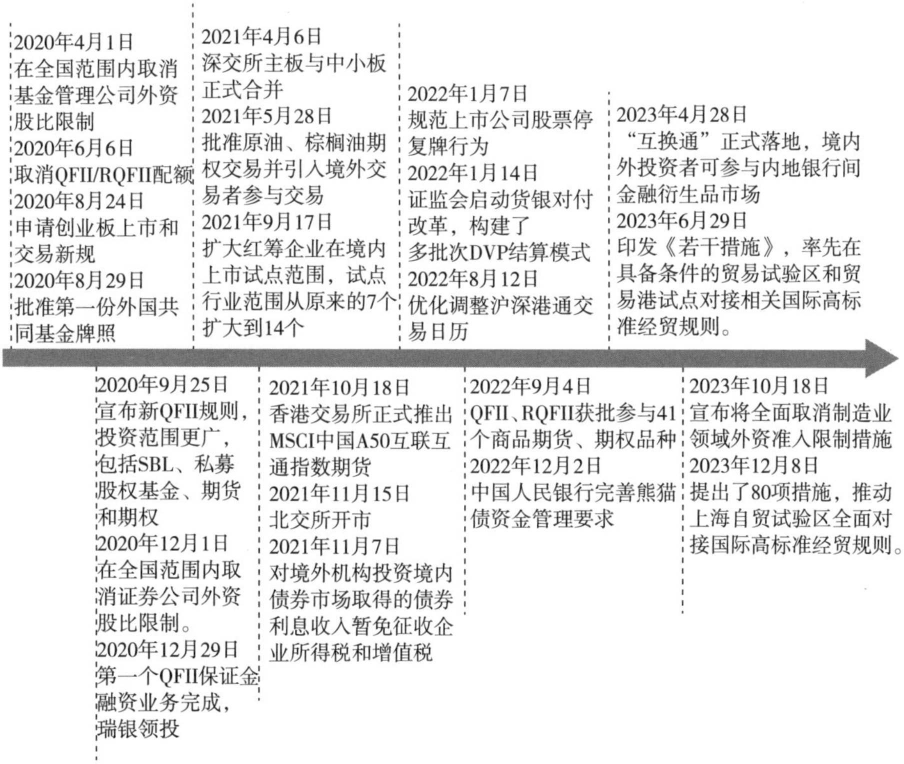

2020年4月1日在全国范围内取消基金管理公司外资股比限制
2020年6月6日取消QFII/RQFII配额
2020年8月24日申请创业板上市和交易新规
2020年8月29日批准第一份外国共同基金牌照

2021年4月6日深交所主板与中小板正式合并
2021年5月28日批准原油、棕榈油期权交易并引入境外交易者参与交易
2021年9月17日扩大红筹企业在境内上市试点范围，试点行业范围从原来的7个扩大到14个

2022年1月7日规范上市公司股票停复牌行为
2022年1月14日证监会启动货银对付改革，构建了多批次DVP结算模式
2022年8月12日优化调整沪深港通交易日历

2023年4月28日"互换通"正式落地，境内外投资者可参与内地银行间金融衍生品市场
2023年6月29日印发《若干措施》，率先在具备条件的贸易试验区和贸易港试点对接相关国际高标准经贸规则。

2020年9月25日宣布新QFII规则，投资范围更广，包括SBL、私募股权基金、期货和期权
2020年12月1日在全国范围内取消证券公司外资股比限制。
2020年12月29日第一个QFII保证金融资业务完成，瑞银领投

2021年10月18日香港交易所正式推出MSCI中国A50互联互通指数期货
2021年11月15日北交所开市
2021年11月7日对境外机构投资境内债券市场取得的债券利息收入暂免征收企业所得税和增值税

2022年9月4日QFII、RQFII获批参与41个商品期货、期权品种
2022年12月2日中国人民银行完善熊猫债资金管理要求

2023年10月18日宣布将全面取消制造业领域外资准入限制措施
2023年12月8日提出了80项措施，推动上海自贸试验区全面对接国际高标准经贸规则。

图8-2　资本市场制度型开放措施实施时间轴（2020~2023年）

（一）陆股通交易量

我们可以通过沪深港通开通后南北向资金的交易量来窥见资本市场对外开放政策加速资金的境内外流通（见表8-2）。

表8-2　沪深港通历年数据

年份	2016	2017	2018	2019	2020	2021	2022	2023
北向累计净买入（亿元人民币）	1477.78	3475.16	6417.34	9934.77	12024.09	16345.78	17245.97	17683.02
南向累计净买入（亿港元）	3863.04	7262.46	8089.42	10582.78	17304.04	21848.00	25710.81	25074.62
成交合计（万亿元人民币）	1.49	4.22	7.04	11.93	25.98	35.4	29.51	—

资料来源：Wind，《中国证券监督管理委员会年报》。

根据港交所统计数据，沪深港通 2023 年的表现持续强韧稳健，北向和南向交易平均每日成交金额分别达 1083 亿元人民币和 311 亿港元。

通过收集的数据可以发现，资本市场开放使得境外投资者持有 A 股市值逐年上升，且占比在 2020 年前逐年攀升，2020 年后基本保持稳定伴有小幅回落（见表 8-3）。

表 8-3　北向资金数据

年份	北向资金累计净买入金额（亿元）	沪深股通投资者持有 A 股市值（万亿元）	占 A 股总流通市值的百分比（%）	占 A 股总市值百分比（%）
2014	685.70	—	—	—
2015	870.99	—	—	—
2016	1477.78	0.19	0.47	0.37
2017	3475.16	0.53	1.19	0.94
2018	6417.34	0.67	1.90	1.54
2019	9934.77	1.43	2.97	2.42
2020	12024.09	2.34	3.64	2.93
2021	16345.78	2.76	3.68	3.01
2022	17245.97	2.24	3.38	2.84
2023	17683.02	2.13	3.16	2.75

资料来源：Wind.

（二）债券通交易量

根据香港交易所公布的数据，债券通北向通 2023 年平均每日成交金额再创新高，达 400 亿元人民币，较 2022 年上升 24%。由图 8-3 可以看到，债券通北向通 2017 年开通以来，其全年成交额从 2018 年的 0.88 万亿元一直保持增长态势，截至 2023 年，北向通的全年成交额已经达到 9.97 万亿元。

根据 2023 年《中国债券市场概览》中所提供的数据，截至 2023 年末，共有 1124 家境外机构主体进入银行间债券市场，持有银行间债券 32349.30 亿元（包含全球通与香港债券通模式）。境外机构投资者在中央结算公司的托管量为 3.14 万亿元，占境外投资者在银行间市场总托管量的 97.06%（不含同业存单）。

截至 2023 年末，境外投资者在中央结算公司托管债券 3.14 万亿元，同比上升 0.82%，全年累计增持 254 亿元。其中，境外投资者持有国债和政策性金融债

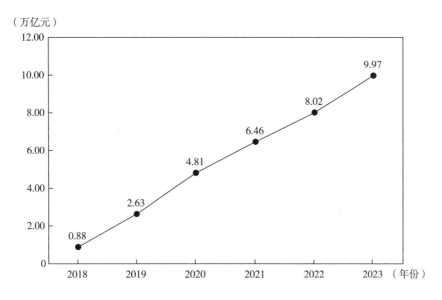

（万亿元）

图 8-3 2018~2023 年北向通全年成交额

资料来源：Wind.

券分别为 2.29 万亿元和 7872 亿元，分别占其在中央结算公司持债总量的 73% 和 25%。

2021~2023 年境外机构持有我国债券数据如表 8-4 所示，可以发现 2022 年相比 2021 年各项持债数据均有所下降，但 2023 年则基本与 2022 年保持稳定，或有少许回升。

表 8-4 境外机构持债数据 单位：万亿元

指标	2021 年	2022 年	2023 年
境外投资者在中央结算公司托管债券	3.68	3.11	3.14
境外机构持有国债金额	2.5	2.3	2.29
境外机构持有政策性金融债金额	1.1	0.74	0.79
境外机构通过全球通在中央结算公司持有债券	2.76	2.53	2.45

资料来源：中国人民银行。

随着资本市场的发展，我国资本市场上公司发行公司债的金额也保持着上升态势，如表 8-5 所示。

表 8-5　公司债发行金额　　　　　　　　单位：万亿元

年份	公司债	一般公司债	私募债
2011	0.13	0.13	—
2012	0.26	0.25	0.01
2013	0.17	0.14	0.04
2014	0.14	0.08	0.06
2015	1.03	0.53	0.50
2016	2.79	1.30	1.49
2017	1.10	0.56	0.54
2018	1.66	1.01	0.65
2019	2.55	1.09	1.46
2020	3.37	1.53	1.85
2021	3.45	1.64	1.81
2022	3.10	1.48	1.62
2023	3.86	1.45	2.41

资料来源：Wind.

（三）海外 IPO

在海外 IPO 方面，雪球网报告数据显示，2023 年，中资企业香港市场上市 65 起，较 2022 年减少 10 起。港股市场上市的中资企业，均选择港交所主板。中资企业港股 IPO 合计募集资金 396.54 亿元，较 2022 年下滑 52.52%。同年，中资企业在美股市场完成上市 33 起，较 2022 年增加 14 起。中资企业美股上市募集资金 61.16 亿元，较 2022 年增长 40.41%。

国内 A 股市场历年的 IPO 数据如表 8-6 所示。

表 8-6　A 股市场历年 IPO 公司数目及首发募集资金金额

年份	IPO 统计	
	首发家数（家）	首发募集资金（亿元）
2010	331	4776.77
2011	271	2598.49
2012	146	992.80
2013	2	NA

续表

年份	IPO 统计	
	首发家数（家）	首发募集资金（亿元）
2014	119	640. 65
2015	216	1546. 24
2016	226	1493. 85
2017	436	2293. 79
2018	105	1378. 15
2019	203	2532. 48
2020	432	4778. 66
2021	524	5426. 43
2022	428	5868. 86
2023	313	3565. 39

资料来源：Wind.

（四）银行贷款

在银行贷款方面，通过数据可以发现，2010~2023 年，银行总贷款金额和公司贷款金额均不断上升（见表8-7）。这也反映了前文所述，随着金融业的开放，企业可以获得更多银行信贷，进而缓解其融资约束。

表 8-7　银行贷款数据　　　　　　　　单位：亿元

年份	贷款总额	公司贷款
2010	435707. 90	334821. 28
2011	507523. 88	385412. 95
2012	590612. 85	440389. 37
2013	674041. 10	491901. 08
2014	783286. 31	563341. 86
2015	771446. 60	500193. 85
2016	876523. 46	537788. 08
2017	976855. 91	591490. 01
2018	1109139. 36	640098. 01
2019	1250038. 19	695179. 47
2020	1411559. 69	780532. 59

续表

年份	贷款总额	公司贷款
2021	1581738.15	864879.39
2022	1748065.48	968765.29
2023	1710175.68	987899.00

资料来源：Wind.

（五）国际指数的纳入和市场制度

国际知名股票指数明晟（MSCI）、富时罗素、标普道琼斯已将中国 A 股纳入其中，而债券指数彭博、摩根大通、富时罗素也已将中国国债和一系列相关债券纳入其指数之中。中国股债资产相继被纳入国际指数，外资持续流入我国的资本市场，这都反映了中国资本市场对全球投资者的吸引力在不断增强。

而在增进国际交流方面，证监会也积极参与到相关国际标准的研究与制定工作中来。我国在资本市场实践中所摸索总结出的一系列具有中国特色的市场制度，也在国际上得到了认可。例如，境内股票市场的"识别码模式"监管制度，虽然与国际通行规则不同，但却有助于保护投资者并监测市场风险，这一制度得到了 IOSCO 成员国的高度重视，也受到了国际货币基金组织和世界银行的肯定，已成为具有一定国际共识的"中国经验"。

可见，在 2020 年开始的新发展格局逐渐构建的过程中，资本市场制度型开放政策措施稳步推进，主要在陆股通、债券通、海外 IPO、纳入国际指数等方面有着显著成果，一方面促进了市场的国际化和市场要素的国际接轨，另一方面促进了国内金融繁荣，如银行贷款的增加。

第九章

新发展格局下离岸金融
制度型开放研究

第一节　离岸金融发展与高水平对外开放

一、离岸金融发展理论

离岸金融是指在一国或地区内，非居民实体进行的金融活动。它的主要特点包括：一是资金来源和去向均在本国境外；二是业务对象为非居民，可获得税收、外汇管制、准备金率等方面的监管豁免；三是离岸账户与在岸账户相对隔离，资金流动受限。离岸金融对非居民具有重要意义，一是规避所在地区的管制和税收，降低交易成本；二是促进资金和金融工具的跨境流动；三是满足非居民实体的跨国金融需求；四是为有外汇需求的企业提供融资渠道；五是推动所在地区发展成为国际金融中心。

（一）离岸金融中心形成的理论阐释

一直以来，学者们从制度套利、网络效应、路径依赖、全球化、监管竞争等不同角度阐释离岸金融中心的形成。

制度套利理论指出离岸金融中心的发展源于其能够提供比在岸金融中心更有利的监管和税收环境；企业和个人利用不同司法管辖区之间的制度差异来获取利

益。一些学者通过估算全球公司税收避税导致的收入损失分布，发现低收入和中等收入国家在 GDP 比例上遭受的损失更大，凸显了国际税收体系的不平等性（Cobham & Jansky，2018）。有学者利用新的国别报告数据，分析跨国公司利用"税收天堂"进行利润转移的模式，确认了主要的公司"税收天堂"，并量化了通过这些地区转移的利润规模（Garcia-Bernardo et al.，2021）。

网络效应理论强调离岸金融中心的成功往往是基于自我强化的，随着更多的参与者加入，中心的价值和吸引力不断增加，形成正反馈循环。有学者分析网络效应在离岸金融中心增长中的作用，通过定量研究网络效应对离岸金融中心发展的影响，指出网络连接度是离岸金融中心增长的关键因素，强化其自我增强的特性（Sağlam & Yalta，2016）。一些学者区分全球 FDI 网络中的"真实"和"虚假"投资，更准确测算了全球 FDI。

路径依赖理论解释了为什么某些地区成为主要的离岸金融中心，认为历史因素、早期决策和初始条件对离岸金融中心的长期发展路径产生持续影响。有学者分析离岸金融与全球治理的关系，以"税收游牧"概念探讨国际社会如何应对离岸金融挑战（Vlcek，2017）。

全球化理论指出，随着全球化进程加快，资本流动更加自由，离岸金融中心作为全球金融体系的重要节点而发展起来。部分学者研究全球隐藏财富的规模和影响，通过系统性估算了全球离岸财富规模，指出全球约 8% 的家庭财富藏在"避税天堂"，导致显著的税收损失和不平等加剧（Zucman，2015）；一些学者识别全球公司所有权网络中的离岸金融中心，将离岸金融中心分为"管道型"和"接收型"，指出少数几个国家（如荷兰、英国）作为主要的"管道"，而小型岛屿国家通常是最终的"接收者"（Garcia-Bernardo et al.，2017）。

政治经济学理论关注权力结构和利益集团如何影响离岸金融的发展，强调政治决策和经济利益之间的相互作用。一些学者根据最新公布的经济统计数据，估算了各国在离岸避税地拥有的家庭财富数量及其差异性。

监管竞争理论认为各司法管辖区通过提供有利的监管环境来吸引金融业务，导致了一种"逐底竞争"的现象，推动了离岸金融的发展。比如有学者通过开发新方法来追踪"消失"的公司利润，研究跨国公司利润转移的规模和影响，发现约 40% 的跨国公司利润被转移到低税率国家，导致高税率国家大量税收损失（Tørsløv et al.，2018）。也有学者使用新的数据源评估反避税政策的效果，通过分析"避税天堂"的国际银行存款情况，指出国际反避税措施切实减少了"避税天堂"的银行存款,但效果有限(Menkhoff & Miethe,2019)。

信息不对称理论指出离岸金融中心往往提供高度的隐私和保密性,利用信息不对称来吸引客户,尤其是那些寻求避税或资产保护的客户。有学者研究国际反避税政策的效果,通过系统性评估 G20 打击"避税天堂"行动的效果,发现 G20 行动导致一些"避税天堂"存款减少,但大部分资金转移到未受影响的"避税天堂"(Johannesen & Zucman,2014)。

(二)两大类离岸金融中心的特征与影响因素

政府主导型与市场自发型离岸金融中心比较如表 9-1 所示。

表 9-1 政府主导型与市场自发型离岸金融中心比较

内容	政府主导型离岸金融中心	市场自发型离岸金融中心
典型例子	新加坡、迪拜国际金融中心(DIFC)、卢森堡、爱尔兰(都柏林)、上海自由贸易试验区	伦敦、纽约、香港、开曼群岛、瑞士(苏黎世、日内瓦)
形成动力	政府战略规划和政策支持	市场需求和历史演变
关键推动因素	战略规划 法律和监管框架 税收政策 基础设施建设 人才政策 国际合作	历史因素 地理位置 市场需求 金融创新 网络效应 适应性监管
政府角色	主导规划和实施	提供支持性环境,适应市场需求
发展特点	有明确的发展时间表和目标 政策支持力度大 发展速度可能较快 可能存在政策依赖	发展过程更加自然和渐进 市场力量起主导作用 适应性和灵活性强 创新驱动明显
优势	政策环境稳定 基础设施完善 监管框架清晰	市场机制灵活 创新能力强 国际化程度高
挑战	可能缺乏市场活力 创新动力不足 对政策变化敏感	监管挑战 市场波动风险 国际竞争压力大

资料来源:笔者整理。

(三)政府主导型离岸金融中心的形成过程

下面这些内容是政府主导型离岸金融中心形成的关键推动因素,新加坡、迪拜国际金融中心等地在此基础上形成国际离岸中心,我国离岸金融中心建设本质上也属于此种模式。

1. 战略规划是政府主导型离岸金融中心发展的基石

一些研究强调了政府战略在离岸金融中心发展中的关键作用。以新加坡为例，其"金融中心 2025"计划不仅延续了之前战略的成功，还进一步聚焦于金融科技、绿色金融和数字化转型（Lai & Karen，2018）。这种长期、连贯的战略规划为新加坡金融业的持续发展提供了清晰的方向。

2. 健全的法律和监管框架是离岸金融中心吸引国际资本的关键

部分研究表明，灵活而严格的监管环境对金融创新和稳定至关重要（Christopher et al.，2018）。以卢森堡为例，其投资基金法的不断完善不仅吸引了大量国际资金，还确保了金融体系的稳定性。新加坡金融管理局（MAS）的成功则展示了独立监管机构在平衡创新与风控方面的重要性。

3. 税收政策是政府吸引国际金融业务的有力工具

有学者指出，税收优惠仍然是离岸金融中心吸引资金流入的主要原因之一，但同时也强调了国际税收合作的重要性（Garcia-Bernardo et al.，2021）。爱尔兰的 12.5%公司税率曾经是其竞争优势，但在全球最低税率协议的背景下，爱尔兰已同意将税率提高到 15%。这表明离岸金融中心需要在国际税收合作和保持竞争力之间寻找平衡。

4. 现代化的基础设施对金融中心的发展至关重要

一些研究强调了数字基础设施在目前的金融中心竞争力中的核心地位（Huang & Yeung，2022）。迪拜国际金融中心（DIFC）不仅投资于物理基础设施，还大力发展 5G 网络和区块链技术，为金融科技公司提供了理想的创新环境。

5. 人才是金融创新的核心驱动力

一些学者认为，灵活的移民政策和本地人才培养计划对金融中心的持续发展至关重要。新加坡的外国人才计划不仅吸引了国际金融人才，还通过知识溢出效应提升了本地人才的技能水平（McGregor et al.，2021）。同时，新加坡政府也加大了对本地金融教育的投资，如设立新加坡管理大学金融科技创新中心。

6. 国际合作在提升金融中心全球影响力方面发挥着关键作用

一些研究强调，在全球金融治理日益复杂的背景下，积极参与国际金融组织和建立跨境合作关系变得尤为重要（Voeten，2014）。例如，新加坡积极参与东盟金融一体化进程，并与伦敦等传统金融中心建立了密切的合作关系，这些举措显著提升了其国际影响力。

（四）市场自发型离岸金融中心的形成过程

下面这些内容是市场自发型离岸金融中心形成的关键推动因素，中国香港、开曼群岛等地区在此基础上形成国际离岸金融中心，其中具有不可替代的自然因素。

1. 历史因素在市场自发型金融中心的形成中起着关键作用

有学者研究了历史路径依赖对金融中心发展的深远影响。伦敦作为全球领先的金融中心，其地位在很大程度上源于其作为前殖民帝国金融中心的历史积累。同样，纽约的崛起与美国在"二战"后的经济实力和美元的国际地位密不可分（Cassis et al.，2016）。

2. 地理位置仍然是金融中心发展的重要因素

部分学者研究指出，尽管数字技术的发展降低了地理距离的重要性，但优越的地理位置仍为金融中心提供了独特的优势。香港作为连接中国内地和国际市场的桥梁，其地理位置优势显著促进了其金融中心地位的形成和巩固（Pan et al.，2018）。

3. 市场需求是驱动金融创新和金融中心发展的核心力量

一些研究强调了市场需求对金融中心形成和演变的重要性。开曼群岛作为离岸金融中心的崛起，正是对国际投资者对低税率和高度隐私需求的回应（Manning，2018）。同样，伦敦的欧洲美元市场的形成也是对美国监管限制的市场反应。

4. 金融创新是市场自发型金融中心发展的核心动力

相关研究指出，金融创新能力是决定金融中心竞争力的关键因素。伦敦金融城在金融衍生品、绿色金融等创新产品的开发上的领先地位，不仅巩固了其全球金融中心的地位，还推动了全球金融市场的发展（Wójcik & Ioannou，2021）。

5. 网络效应在金融中心的形成和发展中起着重要作用

一些研究强调了金融机构和相关服务业集聚对金融中心发展的重要性。随着越来越多的金融机构和人才聚集，形成良性循环，进一步强化金融中心的地位（He & Yu，2016）。这种集聚效应不仅提高了效率，还促进了知识溢出和创新。

6. 适应性监管是市场自发型金融中心保持竞争力的关键

相关研究强调了监管创新对金融中心发展的重要性（Arner et al.，2020）。香港证监会在金融科技方面的适应性监管就是一个很好的例子，这种灵活的监管方式有助于促进创新，同时维护金融稳定。同样，英国金融行为监管局

（FCA）的监管"沙盒"计划也展示了适应性监管在促进金融创新中的作用。

二、离岸金融发展与高水平对外开放的关系

在探讨中国离岸金融发展和参与国际金融规则制定的理论基础时，我们可以从规则、规制、管理和标准四个层面进行多维度分析。

（一）从规则层面分析，比较优势理论为我们提供了一个有力的分析框架

李嘉图的比较优势理论虽然最初应用于国际贸易领域，但其核心思想同样适用于金融服务业。中国在特定金融服务领域，如大规模基础设施融资或数字支付技术等方面可能具有独特的比较优势。离岸金融中心的发展为这些优势提供了一个国际化的展示平台，使中国金融机构能够在全球范围内充分发挥其专长。然而，值得注意的是，金融服务业的比较优势可能较为动态且易变，过度依赖某些领域的优势可能导致经济结构失衡。因此，在参与国际金融规则制定时，需要权衡短期利益和长期可持续发展。离岸金融的发展可以帮助中国发挥其在特定金融服务领域的比较优势（Wójcik et al.，2018）。例如，中国可能在跨境支付、数字货币等领域具有优势。通过参与国际金融规则的制定，中国可以确保这些优势得到充分发挥，从而在国际金融分工中占据有利位置。

（二）从规制层面分析，制度经济学为我们提供了重要的理论支撑

诺斯等学者强调的制度对经济发展的重要性在金融领域尤为突出。建立符合国际标准的金融监管制度不仅可以降低信息不对称，减少交易成本，还能显著增强国际投资者的信心，促进跨境资本流动。同时，良好的制度环境也将为中国金融机构的海外拓展提供有利条件。

建立符合国际标准的金融监管制度可以降低交易成本，增加市场效率（Chen et al.，2020）。这不仅有利于吸引国际资本，也能促进中国金融机构"走出去"。离岸金融中心的发展可以提高金融中介的效率，根据金融中介理论，高效的金融中介可以降低信息不对称，优化资源配置（Allen et al.，2020）。这有助于提高中国金融市场的国际竞争力。然而，在追求制度完善的过程中，需要平衡监管与创新之间的关系，确保监管制度既符合国际标准，又能适应中国的实际国情和发展阶段。

（三）从管理层面考虑，内生增长理论为我们提供了新的视角

罗默等提出的内生增长理论强调知识、人力资本和技术创新在经济增长中的关键作用。在金融领域，这一理论可以解释为何提升金融机构的国际化管理水平

如此重要。引进先进的管理经验和技术可以显著提高金融机构的运营效率和风险管理能力,而高素质的国际化人才则能推动金融创新,开发新的金融产品和服务。然而,在这一过程中,需要注意本土市场需求与国际标准之间的平衡,并关注技术创新可能带来的就业结构变化。离岸金融的发展可通过提升金融机构的国际化管理水平,引进先进技术和管理经验,提高金融部门的生产力,进而推动整体经济增长(Boako et al.,2017)。

(四)从标准层面分析,网络外部性理论为我们提供了独特的洞见

网络外部性理论虽然最初用于解释技术标准的采用(Katz & Shapiro,1994),但同样适用于金融标准的推广。以人民币国际化为例,随着使用人民币进行结算的国家和机构数量增加,其作为国际货币的价值将呈指数级增长(Adrian et al.,2021)。积极参与国际金融标准的制定不仅可以确保这些标准与中国金融体系兼容,降低未来的适应成本,还能在标准制定过程中获得更多的话语权和经济利益。然而,推广新的金融标准面临着现有既得利益者的阻力,且需要大量资源投入,短期内可能难以看到明显回报。

第二节 离岸金融发展与金融业制度型开放

一、离岸金融发展与金融业制度型开放的关系

(一)离岸金融发展促进金融业制度型开放

首先,由于离岸金融市场需遵循国际通行规则和惯例,能吸收借鉴国际金融监管、会计、法律等先进制度,因此离岸金融通过引进国际先进金融制度和实践促进金融业制度型开放。

其次,由于离岸金融具有业务面向境外非居民实体开放、允许境外机构在境内设立离岸金融机构、为外资金融机构在境内从事离岸业务提供便利等特点,发展离岸金融业务可提高金融业开放程度。

最后,离岸金融发展可以助力境内金融市场国际化,培育形成国际水准的金融中介服务能力,为金融业提供多元化的国际业务空间,从而可以促进金融业制度型开放。

（二）金融业制度型开放推动离岸金融发展

金融业制度型开放优化离岸金融监管框架，推动离岸金融发展。主要表现为，进一步放宽离岸业务的准入和经营许可，理顺并完善跨境金融监管协调机制，与国际监管标准接轨，消除监管套利空间。

同时，金融业制度型开放改革离岸金融市场准入制度，这些制度包括放宽离岸金融牌照准入限制；鼓励外资金融机构在境内设立离岸业务总部；支持符合条件的国内外金融机构设立离岸银行、保险、信托公司等。

而且，金融业制度型开放通过完善离岸金融基础设施推动离岸金融发展，通过建设集中的离岸金融交易平台、优化跨境资金流动和结算体系、提升离岸金融数据通信等基础设施质量的方式推动离岸金融发展。

二、离岸金融发展对金融业制度型开放影响机制

（一）离岸金融以产品服务创新促进金融制度创新

1. 引入新型金融产品和服务

离岸金融市场因其高度自由化和创新活跃的特点，常常率先推出新型金融产品和服务模式，如离岸衍生品、离岸资产证券化产品等。离岸衍生品市场创新方面，包括丰富多样的离岸衍生产品种类（利率、汇率、股指等）、灵活的衍生工具创新和组合交易、先进的期权定价模型和风险管理技术。离岸资产证券化创新方面，包括信贷资产证券化产品（ABS/MBS等）、另类资产证券化产品（基础设施 REITs 等）、证券化结构创新（信用增级、现金流重新分配等）。这些创新经验和做法将通过制度型开放渠道传导至境内金融市场，推动金融产品和服务创新。

2. 推动金融监管制度改革

离岸金融中心通常采取相对宽松的监管政策吸引金融机构入驻。在制度型开放过程中，可借鉴国际先进监管理念和做法，通过优化现有监管框架，完善风险监测和压力测试机制等，不断提高金融监管的科学性和有效性，具体方式有，一方面借鉴离岸金融风险导向监管理念，构建基于风险的监管框架，同时加强跨部门、跨市场监管协调；另一方面完善风险资本监管标准，包括资本充足率计量、逆周期资本缓冲等。

3. 优化金融市场基础设施

发达离岸金融中心拥有完备的交易系统、中介服务体系等金融基础设施。我

国可通过对接离岸金融市场,学习和引进其先进的交易制度、清算交收机制等,提升境内金融市场的现代化水平,比如优化高频算法交易系统、多资产电子交易平台等证券集中交易系统,引进专业化的结算、清算和存管机构、资产评估、信用评级、财务咨询等中介机构,构建中介服务体系。

(二) 离岸金融以资本项目和服务贸易开放推动金融业开放

1. 促进资本项目开放

离岸金融业务的自由化特征有助于我国逐步放宽资本项目管制,实现跨境资本流动自由化。同时,离岸金融发展会加速人民币国际化进程,促进人民币资本项目的可兑换性。目前来看,其途径主要有,一方面放宽资本项目限制,扩大QDII/QFII投资额度和范围、允许境外机构借入和发债;另一方面推动人民币自由兑换,离岸人民币市场发展、人民币作为投资和储备货币。

2. 推动金融机构对外开放

离岸金融中心凭借优惠的税收、监管等制度环境,吸引了大量外资金融机构进驻。通过对标离岸金融市场开放程度,我国可不断放宽金融机构市场准入限制,加快金融业内资外援改革步伐。比如不断放松放宽外资金融机构准入限制,扩大业务范围、提高股权比例上限,尤其是这些年中央不断出台各种离岸相关政策,大力支持国内金融机构"走出去",设立离岸分支机构、收购或控股外国金融企业。

3. 加快金融服务贸易开放

离岸金融发展为贸易提供多元化的跨境金融服务,包括离岸保险、离岸理财等服务出口,以及外资金融咨询、评级等服务进口,这些服务涉及创新性金融服务贸易政策,这些政策试验促进制度调整,逐步推进我国金融制度型开放。

(三) 离岸金融聚集人才提升金融业国际竞争力

1. 离岸金融发展形成的国际人才流动带来知识转移与制度创新

国际领域的金融等方面人才在离岸金融中心工作,将带来国际先进金融理念、业务模式和风控标准,这些专业知识融入本土金融生态,产生知识溢出效应。这种效应可以加速金融机构对国际通行规则的理解和吸收,推动金融监管框架与国际接轨,从而在制度层面实现与全球金融体系的有机衔接。

2. 离岸金融发展聚集金融人才,提升跨境金融服务能力,推动实质性制度开放

高素质国际金融人才有丰富的跨境业务经验和全球网络资源,能够帮助中国金融机构开发符合国际标准的金融产品,优化跨境投融资服务流程。人才聚集不

仅要求相关制度环境做出调整，更倒逼监管部门在跨境资本流动、外汇管理等方面实施更加开放包容的政策，形成以人才需求为导向的制度改革路径，从而促进金融开放由简单的业务准入转向深层次的制度融合。

从长远来看，离岸金融发展形成的国际化人才生态，使得本土金融人才有更多机会与国际金融精英交流与合作，也能够快速提升国际视野和专业素养，还能掌握国际金融规则的运作逻辑，从而使政策制定等发挥积极作用。因此，这有助于培养中国自身的国际金融人才队伍，为制度型开放提供持续动力。

第三节 离岸金融发展现状与问题

一、全球离岸金融发展现状

离岸金融中心起初作为国际资金交易的成本洼地，提供简单的规则和监管约束较少的环境，吸引跨境资金交易。离岸金融中心的发展主要原因是规避所在国的管制和税收，为离岸公司提供保密权利，不对外披露公司股东、股权比例、收益状况等信息。早期的离岸金融中心如伦敦欧洲美元市场和香港离岸市场，主要规避美元管制和贸易管制。从 1993 年到 2008 年国际金融危机爆发前，全球主要离岸金融中心交易规模年均增速保持在 20% 左右。据报道，截至 2022 年底，全球离岸财富约为 11 万亿美元，预计到 2027 年将增长到 13 万亿美元（BCG，2023）。随着全球反避税、反洗钱、经济实质申报等政策措施的不断深入推进，促使离岸公司资金跨境交易行为越来越规范。例如，OECD 推动的税务改革，实施 15% 的最低企业税率标准，以及共同申报准则（CRS）机制的实施，提高了金融账户信息的透明度。

表 9-2 反映了全球排名前十离岸金融中心的交易规模情况。

表 9-2　全球主要离岸金融中心交易规模

离岸金融中心	2017 年 （万亿美元）	2022 年 （万亿美元）	2027 年 （万亿美元）	2027 年 排名	复合年增长率 （2022~2027 年） （%）	2022 年主要 来源地区
瑞士	2.1	2.4	2.8	2	3.0	西欧

续表

离岸金融中心	2017 年 （万亿美元）	2022 年 （万亿美元）	2027 年 （万亿美元）	2027 年 排名	复合年增长率 （2022~2027 年） （%）	2022 年主要 来源地区
中国香港	1.2	2.2	3.1	1	7.6	亚洲（除日本外）
新加坡	0.9	1.5	2.3	3	9.0	亚洲（除日本外）
美国	0.9	1.1	1.3	4	3.6	中南美洲
英国	0.7	0.9	1.0	5	2.6	西欧
海峡群岛和马恩岛	0.6	0.6	0.7	7	2.2	西欧
阿联酋	0.4	0.5	0.8	6	9.6	中东
卢森堡	0.4	0.5	0.6	8	3.1	西欧
开曼群岛	0.3	0.4	0.5	9	4.0	北美
巴哈马	0.3	0.4	0.4	10	4.3	北美

注：复合年增长率平均值=4.9%。

资料来源：《BCG Global Wealth Report，2023》。

在时间上，从整体增长趋势来看，所有离岸中心从 2017 年到 2027 年都呈现增长趋势，反映了全球离岸金融业务的持续扩张。其中增长最快的是新加坡、阿联酋和中国香港，2022~2027 年复合年增长率分别为 9.0%、9.6% 和 7.6%，远高于 4.9% 的平均水平；增长较慢的是海峡群岛和马恩岛、英国，增长率分别为 2.2% 和 2.6%。从排名来看，中国香港从 2017 年的第二位上升到 2027 年的第一位，超过瑞士；新加坡快速上升，预计 2027 年将成为第三大离岸中心；传统强国如瑞士和美国的地位有所下降，尽管绝对数值仍在增长。

在空间上，中国香港和新加坡作为亚洲（不包括日本）的主要金融中心，增长迅速，反映了亚洲经济和财富的快速增长；西欧仍然是重要的金融中心集中地，瑞士、英国、海峡群岛和马恩岛以及卢森堡都位列前十，但欧洲中心的增长率普遍低于亚洲和中东地区；阿联酋作为中东地区的代表，增长率高达 9.6%，显示了该地区作为新兴金融中心的潜力。不同地区的离岸中心服务于不同的客户群，反映了全球金融业务的地域专业化。

上述数据表明，亚洲和中东金融中心的快速崛起，可能反映了全球经济重心的东移；传统西方金融中心虽然仍然重要，但相对增长较慢；小型离岸金融中心（如开曼群岛、巴哈马）继续在全球金融体系中扮演重要角色；整体行业保持稳定增长，平均复合增长率为 4.9%，表明离岸金融业务仍有发展空间。

二、我国离岸金融发展现状

总体来讲，我国离岸金融发展模式属于政府主导型，这是立足实际，根据我国国情做出的最优选择。

（一）发展历程

1. 萌芽阶段（1989 年左右）

1989 年，人民银行批准招商银行深圳分行开展境外资金借贷、外汇买卖等离岸金融业务。深圳其他银行也开始开展离岸存款、贷款、外汇交易、信用证等传统业务。

2. 试点扩展阶段（20 世纪 90 年代后期至 21 世纪初）

2002 年，交通银行、浦东发展银行、招商银行和深圳发展银行获得离岸业务资格，这是离岸业务从深圳地区向特定银行扩展的阶段。2009 年 7 月，国家外汇管理局发布《国家外汇管理局关于境外机构境内外汇账户管理有关问题的通知》，允许境内银行为境外机构开立境内外汇账户（即 NRA 账户），这在一定程度上具有离岸业务的功能。2010 年，国务院发布《关于进一步做好利用外资工作的若干意见》，支持开展跨境贷款、人民币结算等试点。后面，推出 NRA 人民币账户，允许境外机构开立人民币结算账户，这标志着离岸业务扩展到了人民币领域。

3. 政策支持阶段（2010 年后）

2012 年，人民银行发布了《境外机构人民币银行结算账户管理办法》，对离岸人民币业务的开户、使用等作出规范。2015 年国务院颁布《进一步推进中国（上海）自由贸易试验区金融开放创新试点加快上海国际金融中心建设方案》明确了上海自贸区与上海国际金融中心联动建设的 40 项措施，在上述政策的指引下，上海总部创设了本外币合一的自由贸易账户体系，并以此为依托开展了跨境融资、跨境同业存单、黄金国际板等创新业务。2016 年 5 月，人民银行发布了《境外机构投资者投资银行间债券市场备案管理实施细则》，允许境外机构投资者通过交易柜台方式进入银行间债券市场，标志着银行间债券市场的对外开放。同年，最高人民法院即发布了《最高人民法院关于为自由贸易试验区建设提供司法保障的意见》，并在上海设立了上海金融法院及上海国际仲裁中心，为自贸区发展离岸业务的法治化、国际化、便利化的营商环境作出积极贡献。

4. 重点布局阶段（2018 年后）

2022 年 5 月，人民银行发布《关于进一步便利境外机构投资者投资中国债券市场有关事宜》推进银行间和交易所债券市场对外开放。2023 年 6 月，国务院颁布《关于在有条件的自由贸易试验区和自由贸易港试点对接国际高标准推进制度型开放的若干措施》，进一步推进服务贸易自由便利，鼓励离岸金融业务发展。同年 11 月，国务院印发了《全面对接国际高标准经贸规则推进中国（上海）自由贸易试验区高水平制度型开放总体方案》，全面推进上海自贸区金融开放对标国际高水平规则。

（二）我国离岸金融发展现状

1. 我国主要离岸市场

当前我国四个主要离岸金融市场的地位与特点如下：

香港是国际金融中心，香港离岸金融市场发展较早且规模庞大。其在离岸人民币业务方面占据领先地位，是全球最活跃的离岸人民币业务中心，凭借与内地紧密联系以及自身发达的金融体系，在离岸人民币业务上具有独特优势，近几年发展放缓，面临来自其他离岸市场的竞争。

上海是内地最大的金融中心城市，也是国际金融中心，上海在离岸金融领域发展较快。其特点表现为：一是人民币国际化进程为上海离岸金融市场注入新动力；二是凭借自贸试验区等政策红利，上海离岸金融业务种类日益丰富；三是还需进一步提高开放度，扩大与国际金融市场的联通。

深圳是国内最早开展离岸金融业务的城市，深圳离岸金融有先行优势。其特点如下：深圳金融体系较为完备，为离岸金融提供良好基础；毗邻香港，与港资金融机构合作密切，有利于发展离岸业务；但整体规模和影响力仍较有限，与香港、上海有一定差距。

海南是国家重点打造的离岸金融中心，海南离岸金融处于建设初期。其特点表现为：凭借自贸港政策以及区位优势，具备发展离岸金融的潜力；但离岸业务规模较小，金融基础和监管配套有待加强；需要引进优质境内外金融机构，增强离岸金融市场活力。

各地区离岸金融市场发展有所侧重，相互竞争又相互促进。香港依托国际化优势，上海和深圳依赖金融实力，而海南则寄望政策利好。未来需加大改革开放力度，提升国内离岸金融市场的国际影响力。

2. 中国离岸金融指数

中国离岸金融指数是一个旨在全面反映中国离岸金融现状与未来发展趋势的指数。它基于详尽的数据编制，包含宏观经济金融环境、传统离岸金融业务、创新离岸金融业务、离岸金融生态环境、离岸金融风险防控等5个一级指标和30多个二级指标，全面覆盖了离岸金融的各个方面（邓志超，2024）。

中国离岸金融指数如表9-3所示。

表9-3　中国离岸金融指数

指数名称＼年份	2022	2021	2020	2019	2018	2017	2016	2015	2014
宏观经济金融环境	19.12	19.34	20.34	17.82	17.66	17.76	17.92	16.54	17.00
传统离岸金融业务	11.37	12.78	13.91	17.25	18.51	22.71	23.67	20.02	26.50
创新离岸金融业务	25.38	25.31	23.11	19.86	19.12	16.88	15.90	16.38	18.00
离岸金融生态环境	22.47	21.71	21.55	21.07	20.14	18.30	17.81	17.43	17.40
离岸金融风险防控	9.05	7.39	9.88	9.44	9.96	9.29	8.75	7.18	5.00
总体指数	87.39	86.54	88.79	85.43	85.38	84.94	84.04	77.54	83.90

资料来源：《中国离岸金融指数报告（2023）》。

从表9-3可以看出，中国离岸金融市场在2014～2022年呈现出显著的结构性变化和整体增长态势。总体指数从2014年的83.90上升至2022年的87.39，尽管期间存在波动，但仍保持了稳健的上升趋势。这一趋势反映了中国离岸金融市场的持续发展和日益成熟。另外从分向指标来看：

宏观经济金融环境指数呈现波动上升趋势，从2014年的17.00增至2022年的19.12，反映了中国整体经济和金融环境的持续改善，尽管近年来面临一些挑战；传统离岸金融业务指数呈现明显下降趋势，从2014年的26.50下降至2022年的11.37；这一趋势表明中国金融业正经历从传统模式向创新模式的转型。

创新离岸金融业务指数显著上升，从2014年的18.00增至2022年的25.38，尤其是2017年后增长加速，凸显了中国在金融创新领域的快速发展；离岸金融生态环境指数稳步上升，从2014年的17.40增长至2022年的22.47，表明中国离岸金融的整体生态环境不断优化。

离岸金融风险防控指数虽有波动但总体上升，从2014年的5.00增长至2022年的9.05，反映了中国在金融风险管理方面的持续努力和进步。

值得注意的是，2020 年多项指标达到峰值，可能与全球经济环境的剧烈变化有关，随后虽有回调但仍维持在较高水平。

（三）人民币离岸金融发展情况

根据表 9-4 中主要离岸人民币市场的业务规模。香港作为传统的离岸人民币中心，继续保持其领先地位。其人民币存款规模达 9392 亿元，同比增长 12.40%；贷款业务更是呈现出 130.00% 的显著增长，达到 4410 亿元。香港在人民币支付清算方面尤为突出，规模达 159 万亿美元，同比增长 17.70%，凸显了其作为主要人民币离岸中心的核心地位。

表 9-4　主要离岸人民币市场业务规模情况

国家或地区	人民币存款（亿元）	存款同比（%）	人民币贷款（亿元）	贷款同比（%）	人民币外汇交易（十亿美元）	外汇同比（%）	人民币支付清算（万亿美元）	清算同比（%）
中国香港	9392	12.40	4410	130.00	43216	19.60	159	17.70
新加坡	2350	33.50	—	—	8037	23.50	7.6	11.40
英国	935	−7.80	334	28.80	83116	3.40	11	−0.80

资料来源：《人民币国际化白皮书（2024）》，中国银行。

新加坡展现出快速的发展态势，尤其在存款业务方面表现亮眼。其人民币存款达 2350 亿元，同比增长 33.50%，增速在三大中心中最快。此外，新加坡在外汇交易增速上也领先，达 23.50%，反映出其作为新兴人民币离岸中心的巨大潜力和活力。

英国（主要指伦敦）在人民币国际化进程中扮演着独特角色。尽管其存款规模相对较小（935 亿元）且同比下降 7.80%，但在人民币外汇交易方面表现卓越，规模高达 83116 十亿美元，远超其他两个中心。这一数据充分体现了伦敦作为全球金融中心在货币交易方面的优势和深厚基础。

综合分析表明，离岸人民币市场呈现出多元化和差异化的发展趋势：一是市场分工日益明确，香港专注于存贷款和清算业务，新加坡快速增长显示其巨大潜力，而伦敦则在外汇交易领域保持绝对优势。二是发展不均衡性，各中心在不同业务领域的表现差异显著，反映了全球金融市场的复杂性和各地金融环境的特殊性。三是持续增长趋势，除个别指标外，大多数业务领域呈现正增长，印证了人民币国际化进程的持续推进。四是竞争与互补并存，各离岸中心既在某些领域存在竞争，又在整体上形成互补，共同推动人民币国际化进程。

（四）香港离岸市场中的数字稳定币

港元稳定币的发展背景植根于香港作为全球第四大金融中心的战略地位，其完善的金融基础设施和法律体系为此提供了有利条件。自1983年实施的美元联系汇率制度为港元稳定币奠定了坚实的价值基础，同时香港作为全球最大离岸人民币业务中心的角色进一步增强了其在国际金融体系中的重要性。此外，全球区块链技术的迅速发展为金融创新开辟了新的可能性，预计市场规模将呈现显著增长。

香港金融管理局正在积极推进港元稳定币的发展与监管，这一举措反映了香港作为国际金融中心在数字金融创新领域的战略布局。金管局于2023年4月启动了稳定币"沙盒"测试计划，公布了首批参与机构名单，包括京东币链科技（香港）有限公司、圆币创新科技有限公司，以及渣打银行（香港）有限公司、安拟集团有限公司和香港电讯有限公司的联合申请。这些机构获准在特定范围内测试其业务模式，并就未来监管制度与金管局展开对话。截至2023年底，参与机构已完成初步测试，并向金管局提交了详细的业务计划和风险评估报告，标志着港元稳定币发展进入了实质性阶段。

1. 港元稳定币主要应用场景

港元稳定币的应用场景涵盖了支付结算、金融创新、跨境贸易和数字经济等多个领域。其在提高交易效率、促进金融市场发展、推动国际贸易和支持数字经济转型等方面展现出巨大潜力。一是支付与结算，港元稳定币在日常交易和跨境贸易结算中展现出显著潜力。香港电讯有限公司的"沙盒"测试成果凸显了其在小额支付领域的高效性。二是金融产品创新，作为金融衍生品的基础，港元稳定币有助于拓展金融市场的深度和广度。渣打银行（香港）有限公司基于港元稳定币的利率互换产品的成功实施印证了这一点。三是跨境贸易便利化，港元稳定币在促进共建"一带一路"国家的贸易和投资方面发挥着重要作用，这从香港与相关国家不断增长的贸易总额中可见一斑。四是数字经济支持，港元稳定币作为数字金融工具，对推动资金流动和技术创新具有重要意义，这与香港数字经济占GDP比重的持续增长相呼应。

2. 港元稳定币风险评估

港元稳定币风险可从三个主要方面进行评估：一是储备资产风险，金融管理局要求稳定币须由优质、高流动性的储备资产全额支持，比如，Tether因储备资产管理不透明而受到处罚的案例凸显了此类风险的重要性及其潜在的法律和监管后果。二是运营风险，稳定币发行人需建立健全的风险管理体系，比如，Terra/Luna 崩溃事件导致的巨额市值损失凸显了稳定币技术设计和运营风险管理的关键性，强调了建立有效风险防控机制的必要性。三是法律与合规风险，发行人必须严格遵守监管要求，特别是在反洗钱和反恐融资方面，比如，参与"沙盒"测试机构在合规系统建设上的大额投入反映了合规成本的实质性，同时也说明了合规风险管理的复杂性和重要性。

3. 港元稳定币监管框架

金融管理局构建了全面性、审慎性和前瞻性的港元稳定币监督框架。该框架通过牌照制度、严格的监管要求、"沙盒"测试和国际合作等多维度措施，旨在促进稳定币市场的健康发展，同时有效管控潜在风险：一是金融管理局计划实施稳定币发行人牌照制度，并在 2023 年 1 月发布的《稳定币监管架构咨询总结》中提出了具体要求，包括稳定币发行人需满足至少 1 亿港元的最低资本要求。二是金管局制定了涵盖业务计划审查、风险管理、反洗钱措施等多方面的监管要求。2023 年金管局共审查 15 份稳定币发行申请，其中 5 份获准进入"沙盒"测试阶段，反映了监管机构对稳定币发行的严格审核。三是金管局允许机构在监管"沙盒"内测试稳定币发行，以评估其可行性和潜在风险。2023 年，5 家参与机构累计发行约 10 亿港元稳定币用于各种场景测试，这为制定更加精准和有效的监管政策提供了实践基础。四是金管局积极建立跨境监管合作机制，2023 年中国香港与新加坡签署的金融科技创新谅解备忘录，包括对稳定币等数字资产的监管合作，体现了在全球化金融环境下国际协作的重要性。

三、我国离岸金融制度型开放体系及效果

（一）我国正在构建的离岸金融市场制度体系

第一，法律法规体系建设方面，各自由贸易试验区正加快出台涉及离岸金融、航运服务等领域的地方性法规，比如《海南自由贸易港航运发展条例》等。

第二，监管体制方面，各自由贸易试验区积极探索建立跨部门联动的离岸金融监管协调机制，其中《海南自由贸易港建设总体方案》提出要"建立健全符合国际通行规则的金融监管体系"。

第三，管理方面，离岸人民币政策方面，《全面对接国际高标准经贸规则推进中国（上海）自由贸易试验区高水平制度型开放总体方案》明确支持上海开展人民币境外投融资、计价结算；各自由贸易试验区提出对符合条件的企业给予企业所得税优惠，比如海南实行较低的 15% 企业所得税和个人所得税税率，一些离岸金融业务免收或降低相关合同的印花税等；人才政策方面，《全面对接国际高标准经贸规则推进中国（上海）自由贸易试验区高水平制度型开放总体方案》提出吸引海内外人才措施，将放宽离岸金融等领域人才的户籍、准入等限制。

第四，标准方面，人民币跨境支付系统（CIPS）服务功能得到不断提升，参与机构不断增加。

目前，中国正在为上海、海南等地区建设离岸金融中心制定相应的政策体系，但在完善法律法规、强化监管等方面还有较大工作需要推进。完善制度体系有利于提升中国离岸金融市场的国际竞争力。

（二）从金融制度环境状况看我国离岸金融制度型开放

对于离岸金融制度型开放的衡量，一般用衡量金融制度环境状况的金融保密程度（Financial Secrecy Index，FSI）来表示①。金融制度环境状况与离岸金融发展存在密切关系：

有学者从税收竞争的角度考虑，认为金融保密程度高的国家可以避税，从而吸引更多的离岸财富，促进离岸金融发展（Zucman，2013）；另外，金融保密为监管套利提供了便利，金融保密为金融机构提供更多规避监管的机会（Nesvetailova & Palan，2010）。因此，金融保密程度与离岸资金流动量高度正相关，高金融保密程度国家往往吸引更多的跨境资金流动（Alstadsæter et al.，2018）；而且这种相互作用的过程中会出现各种新的金融产品和服务从而实现金融创新，使得离岸金融中心保持竞争力（Wójcik，2013）。所以，金融保密程度高的国家或地区往往更容易成为离岸金融中心（Garcia-Bernardo et al.，2017），然而高金融保密程度国家的金融体系可能对全球金融稳定构成风险，因为它们可能成为系统性风险的隐藏源头（Cobham et al.，2015）。可见，一方面，比较保密的金融制度环境与活跃的离岸金融活动、更多的跨境资金流动、更强的税收竞争力以及更多的金融创新相关联；另一方面，也可能带来监管挑战和全球金融稳定风险。

---

① FSI 衡量一个司法管辖区对全球金融保密问题的贡献程度，它结合定性和定量数据，反映一个地区在金融透明度和信息共享方面的表现。FSI 由两个主要部分组成：保密得分，基于 20 个保密指标（Secrecy Indicators）计算得出，范围从 0（完全透明）到 100（完全保密）；全球规模权重：根据该地区在全球离岸金融服务中的份额计算。该指标主要用于监测全球范围内金融透明度政策的变化，以及对离岸业务的吸引力。

从全球金融制度环境来看，金融保密程度的整体上升，比如 2015~2022 年，大多数国家的 FSI 值呈现上升趋势（见图 9-1）。这可能反映了全球金融体系日益复杂化，以及各国在吸引国际资本方面的竞争加剧。传统的离岸金融中心（如瑞士、中国香港、开曼群岛）的 FSI 值在近年来有所下降，这可能是由于国际社会对税收透明度的要求提高，这些地区不得不调整其金融政策。中国、新加坡等新兴经济体的 FSI 值呈现上升趋势，表明这些国家在全球金融体系中的重要性正在增加。

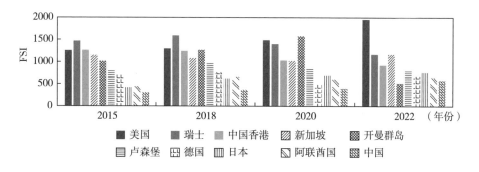

图 9-1　部分国家金融保密程度比较

资料来源：Tax Justice Network.

从中国情况来看，FSI 值持续上升的趋势，从 2015 年的 312 持续上升到 2022 年的 578，增幅达到 85%，是增长最为显著的国家之一，主要是因为：近年来中国加快了金融市场开放步伐，包括股票和债券市场的对外开放，这可能增加了其金融体系的复杂性；随着人民币国际化进程的推进，离岸人民币市场的发展增加了中国金融体系的保密程度；中国在金融科技领域的快速发展可能带来了新的监管挑战，增加了金融体系的复杂性。不过，从该指标来看，我国还不能像离岸金融发达的国家或地区那样成为避税或监管套利者的天堂，当然我们可以以更合法合规的方式为全球金融交易提供服务，发展离岸金融。

第四节　我国离岸金融制度型开放体系方向

我国是政府主导型离岸金融发展模式，离岸金融制度型开放体系建设是金融业制度型开放体系建设的重要内容，也是建设国际金融中心，实现人民币国际化的关键。

一、全球离岸金融体系面临范式转换

有学者认为当前离岸金融体系面临范式转换，即从传统的"避税天堂"模式向"法律新区"模式的演进（姚辰，2024）。这一转变反映了全球金融监管环境和市场需求的深刻变化，同时也体现了离岸金融中心在国际金融体系中角色的重新定位。

第一，从市场需求的角度来看，随着全球金融监管环境的日益复杂化，跨国公司和国际投资者对离岸金融市场的需求已经超越了单纯的税收优惠（Binder，2019）。他们更加重视稳定、透明和可预测的法律和监管环境，这种需求的转变成为推动范式转换的内在动力。

第二，法治变革发展是推进范式转换的关键。商事金融领域的法治建设已成为各国离岸金融体系竞争的焦点。通过提供高质量的法律和监管框架，离岸金融中心能够显著增强其市场吸引力，这不仅有利于吸引国际资本，也有助于提升其在全球金融治理中的话语权。

第三，国际监管合作的加强也是促进这一范式转换的重要外部因素。G20、OECD、FATF 等国际组织推动全球金融监管协调，要求离岸金融市场建立更加有效和透明的监管架构（Moon，2018）。这种趋势促使传统的"避税天堂"不得不向更加规范和透明的"法律新区"转型，以适应国际社会的新要求。

二、中国离岸金融制度型开放体系方向

在离岸金融体系从"避税天堂"向"法律新区"的范式转换的背景下，探讨离岸金融市场制度型开放体系的构建，仍要从规则、规制、管理和标准四个层面考虑。

在规则层面，可在党的二十届三中全会提出制定金融法的基础上，考虑制定"离岸公司法"体系，探索离岸金融的管辖权标准。另外，可利用地方立法变通权进行离岸金融相关立法，并探索引入不同法系的商事金融法治环境（姚辰，2024）。积极参与国际组织的监管框架制定，响应国际透明度标准和全球税收改革倡议，并探索与其他离岸金融中心的合作。

在规制层面，主要关注监管框架、风险管理和监管"沙盒"。一是应构建差

序监管格局，采取以原则监管为主的模式，探索差异化监管构造；二是设置资金与产品"阀门"，建立跨境资本流动等金融风险的防范机制，探索数据跨境流动机制；三是将离岸金融市场作为试验新金融产品和服务的环境，探索数据分类分级保护制度。

在管理层面，重点关注公司治理、信息披露和内部控制。一是探索离岸公司法中董事责任的限制与免除机制，研究提名董事和法人董事制度的应用，探索新的公司治理模式；二是平衡信息披露要求与离岸金融市场特性，探索适合机构投资者为主的信息披露机制（张煜泰，2023）；三是关注经济透明度和法律确定性，探索平衡监管需求和市场效率的内部控制机制。

标准层面主要涉及国际标准对接、会计准则和技术标准。一是对接保密、税收等领域的国际监管要求，探索与国际接轨的数字身份认证制度和电子发票跨境交互标准；二是构建可信赖的会计准则和信息披露标准，探索适合离岸金融市场特性的会计准则（王清粤，2024）；三是探索数字贸易规则和数据跨境流动机制的技术标准，研究金融科技应用的技术标准。

三、探索数字稳定币在离岸金融体系构建中的应用

（一）数字稳定货币在离岸金融体系建设中的功能和作用

可通过适当引入人民币稳定币的方式推进离岸金融中心的发展。基于以下方面的功能和作用，数字稳定币是推动离岸金融市场现代化和效率提升的催化剂，能快速提升离岸金融发展水平（张鑫硕，2022）。

第一，数字稳定币在提升离岸市场流动性方面发挥着重要作用，其全天候交易特性打破了传统金融市场的时间限制，为市场参与者提供了更加灵活的资金调配选择。这种高流动性不仅能够吸引更多的国际投资者，还能显著增加市场深度和广度，从而增强离岸金融中心的国际竞争力。

第二，数字稳定币的应用有望优化离岸支付结算体系。通过去中心化的技术架构，数字稳定币能够实现近乎实时的跨境转账，大幅简化支付结算流程，降低交易成本。这种优化对于提升离岸金融中心的运营效率和国际竞争力具有重要意义。

第三，数字稳定币为离岸金融产品创新提供新的可能性。基于智能合约的自动化金融产品、跨境贸易融资解决方案等创新型金融服务的出现，不仅能够满足市场参与者日益多样化的需求，还能够提升离岸金融中心的创新能力。

第四，数字稳定币可成为推动离岸金融市场国际化的重要工具，通过在全球范围内推广使用某一数字稳定币，可以扩大该币种的国际影响力和使用范围，这对于希望提升本国货币国际地位的国家具有重要的战略意义。

第五，数字稳定币可推动离岸金融基础设施的全面升级，包括支付系统、清算系统、交易平台等关键基础设施的数字化转型。这种升级不仅能提高离岸金融体系的运行效率，还能增强其应对未来金融科技发展的适应能力。

第六，数字稳定币可作为有效的风险管理工具，对于与特定法定货币挂钩的数字稳定币，它可以在新兴市场货币面临波动时成为一种避险资产，有助于维护离岸市场的稳定性（张明等，2024）。

（二）数字货币在离岸金融体系建设中的应用方向

数字货币发展给离岸金融中心建设带来新的机遇，可从应用场景设计、风险评估以及监管框架三个维度深入探讨数字稳定币在离岸金融体系中的应用方向。

1. 从在应用场景来看，数字稳定币展现出多元化的潜力

在跨境支付和结算领域，基于数字稳定币的实时全球支付网络有望显著降低交易成本和时间，提升离岸金融的运营效率。对于离岸资金池管理，智能合约驱动的自动化管理系统可优化资金使用效率，为金融机构间的流动性管理提供新的范式。在贸易融资方面，区块链支持的智能信用证系统能够提高透明度和效率，而数字稳定币支持的供应链金融解决方案则有助于降低中小企业的融资成本。而且，数字稳定币在促进离岸投资产品创新和债券市场发展中有巨大潜力，为投资者提供多样化的资产配置选择，同时简化发行和交易流程，提高市场流动性。

2. 数字稳定币伴随着各种风险

信用风险方面，数字稳定币发行机构的信用状况和资产储备充足性是关键考量因素。流动性风险涉及大规模赎回情景下的应对能力以及与传统金融资产的兑换效率。操作风险主要集中在智能合约和区块链系统的安全性、可靠性以及数字钱包和私钥管理等方面上。法律和合规风险则体现在数字稳定币在不同司法管辖区的法律地位和跨境应用可能面临的挑战。宏观层面，需要评估数字稳定币大规模应用对离岸金融体系稳定性的影响，以及其在国际政治经济格局中可能引发的地缘政治风险。

3. 鉴于数字稳定币应用的复杂性和潜在风险，须有针对性地构建监管框架

其一，首要任务是建立跨国监管合作机制，协调不同司法管辖区的监管政策，制定全球数字稳定币监管标准（练卓文和魏希，2024）。其二，风险防控方

面，需要制定严格的发行机构准入标准和持续监管要求，建立健全的储备资产审计和披露机制；反洗钱和反恐融资（AML/CFT）框架需要进行调整以适应数字稳定币的特性，同时开发基于区块链的实时交易监控系统（杨松，2023）。其三，消费者保护方面，应制定信息披露标准并建立投资者教育和纠纷解决机制。其四，为维护金融稳定，需要设计数字稳定币的宏观审慎监管框架，并建立跨境流动的监测和管理机制（刘东民和宋爽，2020）。其五，技术监管层面，应制定智能合约和区块链系统的技术标准和安全要求，定期评估和审核技术基础设施。

第十章

新发展格局下金融业制度型
开放行业案例研究

第一节　国际银行业制度型开放案例研究

　　韩国与中国同处东亚文化圈，也经历过约 40 年的经济起飞时期，产业结构也有相似之处，总体来看，其发展阶段和金融服务业开放领先中国 15～20 年。韩国从 20 世纪 60 年代中期开始经历了 30 多年的经济高速增长，1963～2000 年其 GDP 年均增长率高达 9.2%。除 1980 年的轻度衰退之外，韩国经济只是在亚洲金融危机全面爆发的 1998 年有 -5.1% 的负增长。1994 年韩国人均 GDP 突破 1 万美元，1996 年加入了发达国家俱乐部（OECD），2006 年突破 2 万美元，2023 年其 GDP 总量达 1.71 万亿美元，人均 GDP 为 33121 美元。

一、经济起飞时期韩国银行业发展和自由化改革

　　韩国的现代银行业发端于 19 世纪末，1967 年大通曼哈顿银行在韩国设立分行，成为韩国第一家外资银行分行。韩国形成了"以本土银行为主导，外资银行参与"的银行业体系。韩国银行业主要有两类机构，即商业银行（Commercial Bank）和专业银行（Special Bank）两类，其中商业银行由全国性银行、地方性银行和外资银行组成，而专业银行实际为国家财政支持的政策性银行。根据韩国

银行（Bank of Korea）2018 年 12 月发布的《韩国金融体系》年度报告①披露，2017 年底韩国共有 8 家全国性银行（其中 2 家互联网银行）、6 家地方性银行、38 家外资银行，以及 5 家专业银行。此外，韩国还有 3600 多家非银行存款机构（Non-bank Depository Institutions），包括互助储蓄银行、信用合作社、邮政储蓄机构等。此外，韩国金融机构还包括金融投资服务商（Financial Investment Services Providers）、保险公司、公共金融机构（Public Financial Institutions）和其他金融机构等。2017 年底，银行业总资产占金融机构总资产的 51.8%。

韩国的金融自由化和金融服务业对外开放开始于 20 世纪 80 年代初期，主要原因是经济快速增长产生了各种结构性问题，如通货膨胀和金融系统运行机制僵化等。为了建立一个更好的银行管理体系，1981~1983 年，所有全国性的银行都被私有化，限制其内部自主管理权限的一些监管规则也大大减少。此外，由于放松了对金融市场进入的限制以促进金融机构之间的竞争，1982 年和 1983 年成立了 2 家全国性银行（新韩银行和韩美银行）、12 家投资金融服务公司、58 家互助储蓄和金融公司以及 1 家投资信托公司。1988 年和 1989 年，成立了第 8 家全国性银行东华银行，以及 2 家专门为中小企业提供服务的银行——东南银行和大同银行。还建立了大量非银行金融机构，包括 5 家当地投资信托公司和 11 家当地租赁公司。

利率自由化也开始于 20 世纪 80 年代初期，通过引入银行贷款利率差别化制度和放宽一般金融市场工具的发行利率，缩小指导性政策性金融和一般金融之间的利率差距。1988 年 12 月采取了一系列广泛的利率自由化措施，包括废除对贷款利率设定上限的规定，但不包括指导政策贷款和两年及以上期限的长期存款利率。然而，利率自由化引发的价格日益不稳定产生了不利影响，如市场化利率和管制利率之间的差距过度扩大。从那时起，受管制的利率继续存在，利率自由化进程实际上后退了。20 世纪 80 年代，金融自由化也伴随着金融市场对海外的逐步开放，包括允许外资银行开设更多分行，允许国际人寿保险公司在韩国设立分公司、成立合资公司或当地子公司。

政府对金融部门的监管和干预一直持续到了 20 世纪 90 年代，金融业竞争力和效率低下的结构性问题仍未得到解决。此外，美国等发达国家要求开放韩国金融市场的压力越来越大，人们也越来越意识到需要提高国内金融业的竞争力。政

---

① 资料来源于韩国银行官方网站，为时间最近的一版。

府制定了一项计划，以促进加速金融自由化和对外开放。1991 年 3 月颁布了
《金融机构合并和转换法》，8 家投资金融公司通过合并或独立转换为 2 家全国性
银行（韩亚银行和宝来银行）和 5 家证券公司。1992 年 11 月韩国和平银行成
立，主要为工薪阶层提供金融支持，1996 年 7 月又有 15 家投资金融公司转变为
商业银行。国民银行和住房商业银行这两家专业银行分别于 1995 年 1 月和
1997 年 8 月重组为商业银行。1995 年 4 月引入了分期付款融资制度，向购买耐
用品、住房和机械设备等高端产品的消费者提供贷款。

1991 年 8 月，韩国确定并宣布了一个"四阶段金融自由化"的计划，目标
是再次推行 20 世纪 80 年代未实现的利率自由化计划。通过在计划的前三个阶段
实施放松管制措施，到 1997 年，除银行活期存款和少于 7 天的公司免费存款等
特定日交易利率以及一些政府贷款利率外，大部分利率已经放开。1992 年 1 月，
海外投资者被允许在一定范围内对韩国上市股票进行直接投资。1997 年 12 月，
韩国从有管理的浮动汇率制度过渡到自由浮动汇率制度，全面放松对海外汇款的
管制，实现了外汇兑换自由化，资本账户开放基本完成。

二、亚洲金融危机后韩国银行业的改革和开放

1997 年爆发的亚洲金融危机对韩国金融体系造成巨大冲击，与金融自由化
和过快的对外开放进程有关。在缺乏适当的金融基础设施和监管放松的情况下，
金融机构之间的竞争导致了过度借贷和资本的大规模流入，危机爆发后的资本外
逃又使经营陷入困境的金融机构境况雪上加霜。韩国政府筹集并注入了约 160 万
亿韩元的公共资金，银行数量从 1997 年底的 33 家下降到 2005 年 6 月的 19 家。

1997 年金融危机之后，韩国政府意识到了自身银行机构在经营、风控方面
存在明显不足。为了加强金融机构的竞争力，当局允许金融机构提供更多样化的
金融服务。1998 年 9 月银行被授权出售受益凭证，2000 年颁布了《金融控股公
司法》，为银行的混业经营提供了政策依据。1999 年，为禁止大股东施加不当影
响，对大股东的交易和信贷发放实施了更严格的规定，还规定了金融机构成为主
要投资者的标准及其最低资本要求。2000 年 1 月，为了改进现有的外部审计制
度，投资银行和商业银行以及证券公司、保险公司和资产管理公司等，必须建立
以外部董事为中心的董事会制度，并设立审计委员会。2002 年 4 月，韩国对
《银行法》和《金融控股公司法》进行了修订，通过将个人持有银行或银行控股
公司有表决权股票的百分比限制从 4% 提高到 10% 等变化，放宽了对金融机构所

有权的限制。

在对外开放方面，韩国逐渐放开了外资持有本国银行业比例的限制，外资甚至可以100%持股本土银行。2002年之前，韩国对外资银行的政策优惠明显优于本土资本，出现了大量外资收购陷于困境银行经营权的案例。截至2004年末，韩国上市银行的外资持股比例平均达到50.2%，远高于1997年末的16.4%，外资银行资产占行业总资产的比例也达到22%。

经过一系列金融改革和开放措施之后，目前韩国银行业实行的是混业经营制度。韩国商业银行的业务可分为基本业务（Inherent Business）、附带业务（Incidental Business）和辅助业务（Ancillary Business）三类，每项业务的范围由《银行法》及其执行法令规定。其中，基本业务主要有存款、贷款、发行债券和外汇交易业务等。附带业务包括付款担保、票据承销、互助分期贷款（Mutual Installments）、保理、保管以及作为代理人执行收款和付款等。商业银行无须申请就可以经营基本业务和附带业务。辅助业务中有的需要根据相关法令申请许可，这包括证券承销和销售、回购协议下的证券交易，以及专注于集合投资、投资咨询、投资交易、投资经纪、信托、银行保险和信用卡业务等；其他辅助业务包括根据相关法令允许银行从事的业务，如并购经纪或代理业务、证券投资和贷款交易以及商业和外贸票据销售等。

在1997年亚洲金融危机后，为应对韩国金融业不同业态存在大量交叉且复杂程度日益加深的情况，1998年成立金融监督委员会，并承接了原中央银行监管银行的职能。1999年，韩国成立金融监督院，依据《金融监督机构设立法》对包括外资银行在内的金融业实行统一监管。2008年，韩国对金融监管体系进行改革，将金融监督委员会与隶属财政企划部的金融政策局合并，纳入专门负责反洗钱和恐怖融资监管的韩国金融情报分析院，成立了直属总理管辖的、独立行使职权的韩国金融服务委员会。根据新的改革方案，韩国建立了以金融服务委员会为引导，金融监督院主导落实，中央银行和金融情报分析院参与的监管体系。这也是在韩外资银行需面对的主要监管部门。

金融服务委员会是金融监督院和金融情报分析院的指导监督部门，职责具体包括草拟金融法案并提交国会审议，制定并修订金融监管有关规定，对金融机构的设立、合并、转换进行审批等。

金融监督院主要职责是监督包括政策性银行、商业银行、证券公司和保险公司在内的所有在韩国的金融机构，其中对外资银行的监管由隶属金融监督院的特殊银行监督局负责具体执行。金融监督院是对在韩国的外资银行最主要和最直接的监管部门。

金融情报分析院是韩国专门负责对 AML/CFT（反洗钱和打击恐怖主义融资）进行监管的机构。职能涵盖从金融机构处收集、分析可疑交易和现金交易报告，制定和执行 AML/CFT 政策，监控金融机构是否践行 AML/CFT 的职责等。

三、在韩国的外资银行的监管待遇及韩资银行的国际化经营

外国银行分行大多以本国资金而非国内存款为基础运营，当韩国因 20 世纪 70 年代初的石油危机等缺乏外汇资金而陷入困境时，它们为引进外资做出了巨大贡献。截至 2017 年底，38 家外资银行中共有 45 家分行在韩经营，因为大型银行合并后多余的分行被关闭，而且许多外资银行在 1997 年亚洲货币危机后关闭了在韩国的分行。按国籍划分，在韩国的外国银行有 10 家欧洲银行、6 家美国银行、6 家中国银行和 4 家日本银行。

外国银行的韩国分行在与国内银行不同的商业环境中运营，因为它们仅限于某些业务，并被排除在韩国银行（BOK）旨在控制流动性的公开市场业务之外。然而，由于作为银行业自由化的一部分，对外资银行的限制有所放松，它们的经营环境与韩国银行几乎相同（见表 10-1）。2017 年底，在韩国的 38 家外资银行总资产 238.77 万亿韩元，较 2008 年的 306.26 万亿韩元下降 22.03%，在韩国的外资银行总资产占韩国银行业总资产的 8.82%。2017 年，在韩国的外资银行不良贷款率为 0.21%，实现 5 年连续下降，并显著低于韩国本土商业银行。外资银行资产质量表现优异与其风险偏好有直接关系。在韩国的外资银行更倾向于办理风险较低的大公司信贷业务，基本不参与不良率相对较高的中小企业融资和个人零售业务。

表 10-1　在韩国的外资银行监管框架

监管要求[①]	监管标准	备注
资本充足率	≥8%	
贷款存款比（韩元）	≥100%	
外币流动性覆盖率	≥60%（国内银行≥100%）	
大额授信总额限制	5 倍股权资本	国内银行同样适用
单一客户授信限制	股权资本的 25%	
因商业目的持有房地产限制	股权资本的 60%	
证券收购限制	股权资本的 60%	

续表

监管要求①	监管标准	备注
国内持有资产保护	超出营运资金	仅适用外资银行
当分支机构关闭时国内负债偿付责任	国内居民债务应该优先偿付	
持有外汇头寸的限制	低于股权资本的50%	国内银行同样适用
外汇衍生品杠杆率上限（2010年10月）	上个月资本的250%以下（2016年8月生效）	国内银行为40%
宏观审慎稳定税（2011年8月）	非存款外币债务的0.02%~0.1%	
外币贷款使用限制（2010年7月）	禁止使用外币对国内用途贷款	国内银行同样适用
投资"泡菜债券"的限制（2011年7月）	限制投资在韩国境内发行的外币计价债券	

注：①本栏括号内是监管要求开始执行时间。

资料来源：韩国银行《韩国金融体系》（2018）。

　　几乎是伴随韩国银行业市场的自由化改革和对外开放，韩国银行的国际化经营进程也在同步进行。韩国银行业在20世纪90年代曾有过进军海外市场的尝试，但在经历了外汇危机和信用卡混乱期后逐渐收缩。21世纪以来，随着韩国国内经济增速放缓，各大银行间的竞争加剧，为寻求新的利润增长点，韩国银行业再次将目光转向海外市场。尤其是2008年的全球金融危机之后，主要韩资银行纷纷在中国、越南、印度尼西亚等新兴市场开设分支机构。从2008年到2017年，韩国本土银行在境外设立法人数量持续增长，由25家发展为50家，境外分行由93家增至181家。韩国本土银行海外资产在2017年末达到1048.8亿美元，同比增长9.4%。2017年韩国本土银行从境外获取的收入为8.06亿美元，同比增长23.9%。总体来看，现阶段韩国本土商业银行国际化程度和全球布局还不能完全满足韩国大型企业"走出去"和国际化的需求，这也给其他国际性银行或全球性银行带来了业务机会。

　　据韩国政府的统计数据，截至2023年末，韩国国民银行、新韩银行、友利银行、韩亚银行、NH农协银行五大银行的海外员工已达2465名，与3年前相比增加了19%。截至2023年末，韩国各家银行在海外设置的各类分支机构遍布40多个国家和地区，总数达到202家。其中隶属五大银行的有116家，按分支机构的形态划分，共有39个当地法人、63个分行和14个事务所。五大银行的海外资产超过198万亿韩元，约占五大银行总资产的8.3%。

2023 年，韩国五大银行在海外获得的收益达到 13 万亿韩元，比 3 年前增加了 2 倍。五大银行的跨国化指数（TNI）平均值为 15%，比上年增长了 1 个百分点。TNI 是用来综合评价银行国际化程度的重要指标，全球主要银行的 TNI 指标均超过 40%，这说明韩国银行业开拓海外市场还有很长的路要走，但也意味着韩国银行业在海外市场有着巨大的增长空间。

第二节　国际保险业制度型开放案例研究

一、国际保险业制度型开放经验

（一）国际保险业主要类别

国际保险业根据准入模式进行分类，可以分为三类：

1. 区域市场的独立准入模式

比如美国，保险公司必须首先在其注册成立地所在州申领执照，其次在其希望开展保险业务的每个州申领执照。提交给注册成立地所在州以外的其他州的执照申领申请称为"拓展申请"。每个州的执照颁发标准差异很大，欲在多个州申领执照的保险公司必须分别符合这几个州的不同要求。

2. 联邦和区域两级准入模式

比如加拿大，保险法人公司准入管理政府部门是 The Office of the Superintendent of Financial Institutions（OSFI）。OSFI 负责评估和审查拟建保险公司申报资料，并向加拿大联邦财政部提供建议以供审批。加拿大联邦财政部负责批准保险公司的成立申请。此外，一旦该申请获得批准，OSFI 还负责新建立的保险公司进行监督和管理。根据加拿大联邦法律的规定，省级监管机构拥有对保险产品销售法规的管辖权。保险公司必须在各省获得相关营业许可才可以向该省居民销售保险产品。

3. 集中准入模式

比如英国、德国、瑞士、日本和韩国。大部分国家均不存在独立的保险监管部门，如德国的联邦金融监管局、瑞士的金融市场监管局、韩国的金融委员会，负责所有金融机构的监管和准入审批。英国的保险法人公司受审慎监管局和金融行为监管局双重监管，审慎监管局向保险公司发放经营许可证。而日本是由内阁总理大臣负责保险营业执照的审批及撤销的。

（二）国际保险业制度型开放经验

1. 美国保险业制度型开放

在市场准入和经营许可方面，除了美国联邦法律、各州法律和 WTO 各成员国的承诺之外，美国并未对境外保险机构进入本国保险市场采取过多的限制。相反，美国在法律上对境外保险机构给予充分的市场准入机会和完全的国民待遇。

在拓展国外市场方面，尤其是"二战"后，美国保险业借日本和欧洲各国恢复经济的良机，迅速占领各国市场，提供财产、健康和人寿保险三大类产品，形成了全球化的保险经营网络。目前，美国保险公司在国外的保险业务主要受分公司所在国法律的约束，美国法对此并不作一般规定，仅在投资限额上有所限制。例如，《纽约保险法》规定：纽约人寿保险公司在美国境外辖区取得执照营业后，该保险公司除其他对外投资外，还可以对该辖区进行投资，但金额不得大于以下两项金额较大者：①在辖区订立的保险合同的准备金和负债之和的 1.5 倍；②法律允许该保险公司在该辖区的投资额。也就是说，美国对于保险业的监管，无论是准入还是输出，都没有较大的限制，采取比较自由的监管方式。

美国保险业制度型开放经历了几个阶段，1930～1960 年，美国政府严格控制保险市场，对保险业采取比较严格的监管方式，包括但不限于禁止银行、证券、保险混业经营，由各州对各州的保险企业进行监管等。1961～1990 年，美国逐渐放宽对保险市场监管并大力发展海外市场。一方面，美国各州为提高本州保险公司竞争实力，纷纷放松了保险费率和险种的管制，极大地促进了保险产品的创新。同时，美国保险监管机构放松了对保险机构设立的限制，包括境外保险公司的市场准入。管制的宽松促使保险业形成自由竞争局面，促进了保险公司效率的提高，扼制了市场垄断竞争的形成。另一方面，"二战"后美国对西欧国家提供的大量援助由保险公司为其保驾护航。1961 年，美国国会通过了《对外援助法案》，建立了美国海外投资保险制度，并于 1969 年进行修订，设立"海外私人投资公司"，专门承担美国私人海外投资保证和保险业务。1991～2001 年，继续放松外资和境外保险机构的市场准入，允许金融业混业经营。美国各州法律允许非美籍个人或机构建立保险公司，但是仍有 30 个州的法律限制或禁止向被政府实体拥有或控制的保险公司颁发执照。这一情况从 1991 年以后有所改观，科罗拉多州、纽约州和加利福尼亚州分别于 1991 年、1993 年和 1994 年放松了管制，在一定条件下允许向政府实体拥有或控制的保险公司发放执照。1999 年，美国总统克林顿签署了《格莱姆—里奇法》（Gram-LeachAct，GLA），GLA 取消了金融业分业经营的限制，允许保险公司、证券、银行混业经营，允许成立金融控股公司。同时，该法案允许联邦政府对保险业立法，并禁止州级法规干涉混业等。GLA 法案的出台极大地促进了银行业、证券业和保险业的竞争，尤其是银行和证券涉足保险业，加剧了保险业的产品结构和服务水平的变革，刺激了金融衍生品的快速发展，同时也开创了联邦机构监管保险业的先例。2001～2007 年，混业经营使保险业迅速发展，金融衍生品的发展超出了保险监管的能力和范围，监管的缺失导致的金融系统风险引发了次贷危机。次贷危机使美国重新审视保险的对外开放政策和监管方式。2009 年 6 月 17 日，政府颁布了《金融监管改革：新基础》（Financial Regulatory Reform，FRR）。根据 FRR，美国成立了隶属于财政部的全国保险办公室，弥补了美国保险监督官协会（NAIC）在法律权限上的不足，使保险监管宏观层面上有了权威的调控机构，促进了未来保险监管的发展。后危机时代，美国保险业对外开放政策的调整主要围绕抵抗金融危机进行。其对外开放的内容主要有三点：一是缩减已亏损的保险公司在其他国家的保险规模，出售保险公司控股的旗下分公司或减持股份，以筹集资金维护美国本土保险公司的正常运转；二是进行保险监管改革，这是现今美国保险业发展的主题；三是美国保险业着手解决自身监管问题的同时，积极同其他国家进行保险监管合作，促进世界范围内保险市场的健康发展。

美国保险制度的开放是指在法律上对外国保险服务提供者给予充分的市场准入机会和完全的国民待遇。美国保险市场的开放相对于其他国家而言程度更高，然而，这种高度开放的保险市场仍然没有给予外国保险服务商无限制的完全市场准入，依然存在着隐性壁垒。具体而言，如果外国保险公司想获得在美国各州的营业执照，必须在每个州申请获得执照，个别州还规定只有持有其他州执照的保险公司才允许申请本州经营许可，这种营业许可程序本身就是一种市场准入壁垒。同时，美国对未按美国法律注册的非寿险外资公司以"跨境提供"方式获得的保费征收 4% 的联邦执照税，从而提高了外国保险公司获得营业资格的门槛，增加了外国保险公司在美国保险市场的运营成本，并以此降低其竞争优势。通过这一点也能看出，虽然美国保险业并没有设立较高的准入限制，但并不代表外资企业可以轻松进入美国保险市场，另外针对跨境公司征收的额外税费也在一定程度上提高了门槛。

通过对美国保险制度型开放案例的分析，对于我国保险业开放有一定的借鉴意义。保险业开放是大势所趋，我国保险监管部门也在一直推动高质量开放，而开放准入限制不是一蹴而就，需要循序渐进。无论是对准入公司的资格核查，还是对后续外资保险公司在我国开展业务时的严格监管，均需要监管部门在一开始就提前考虑到，设立相关标准，从而保证本国消费者的资产安全。美国联邦与各州的双重监管，是针对不同的地区特点设立不同的监管策略，我国地域较广，在考虑监管策略上也可以借鉴美国的这种方式，根据不同地区的经济发展水平、保险深度、保险密度等指标，推出符合地区特点的监管策略，但需要特别注意的是，在国家总体监管层面要设立一个最低限制，即各地区的监管要在符合国家监管的基础上再实施。

2. 韩国保险制度型开放

自 20 世纪 80 年代中期以来，韩国经历了两次开放保险制度型开放，第一次开放从 1986 年韩国政府同意美国保险公司进入国内寿险市场开始，至 1996 年加入 OECD（经济合作与发展组织）前夕。这次开放是以允许外资进入韩国寿险市场为中心的开放，是量的开放，经过此次开放，韩国寿险公司从 1986 年的 6 家发展到 1993 年的 33 家。第二次开放从 1996 年加入 OECD 开始持续至今，这次开放以取消经济需求测试（ENT）、放宽展业渠道、允许混业经营为主要内容，是质的开放，此次开放不但没有使公司总数增加，反而由原来的 33 家减少到 22 家，其中内资公司减少 13 家，外资或合资公司增加 3 家，但保险市场逐渐成熟，管理较严格的保险公司的经营水平及业绩不断提高，而经营管理水平较差的公司，特别是在第一次开放中设立的内资公司，逐渐退市。

1995 年，韩国将营业网点的许可制转变为备案制；1996 年，废止了 ENT 制度；1998 年底废除境外保险人在韩设立办事处的许可制，将以前烦琐的审批程序变为登记备案程序；2000 年，对设立保险公司最低资本金 300 亿韩元的要求做了调整，降低了设立专业保险公司的资本金标准。如专业火灾保险、特种保险公司最低资本金要求为 100 亿韩元；专业海上保险公司最低资本金要求为 150 亿韩元；专业汽车保险公司最低资本金要求为 200 亿韩元；其他保险公司最低资本金要求为 300 亿韩元。如从事上述两种专业保险时，分项目资本金要求超过 300 亿韩元时，仍按 300 亿韩元计算，这一调整可以使更多的保险主体参与保险市场竞争，并为投保人提供更加专业的保险服务。

为准备加入 OECD，应对保险市场的对外开放，增强保险业的自律竞争能力，韩国政府果断废止了与公司内部经营相关的事前保险监管方式，建立以事后评估为主的保险监管体系，确立保险机构的责任经营体制。这个评估体系也经历了演变。早期的评估方法以相对评估为主，其评估结果不能准确反映保险机构的绝对经营水平；侧重于计量评估，难以反映综合的经营状况，主要以过去一年的经营业绩进行评价，评估结果难以准确反映目前的经营状况，未考虑到各种风险（特别是市场风险）的影响，评估结果一般用于监管和检查，利用程度较低。鉴于评估体系存在的问题，韩国政府于 2000 年 4 月引进美国对金融机构的经营状况评估制度，即 CAMEL 式评估制度，该制度包括资本充足性（Capital Adequacy）、资产质量（Asset Quality）、经营管理能力（Management Administration）、收益性（Earnings）以及流动性（Liquidity）。同时，政府对报告书的评估方式进行了全面改革，提高经营评估结果的利用率，强化以防范风险为主的评估体制。经营状况评估制度的主要内容是：重点评估偿付能力额度及资产质量，强化以防范风险为主的经营管理质量；建立偿付能力额度、民间经营评估、预警相结合的偿付能力监管体制；将定期检查和经营状况评估相结合，并对评估结果采取适时纠正措施等。评估等级分为"优秀""良好""普通""脆弱""危险"5 个级别，对于综合评估等级"优秀"的企业，通过缩小检查范围来给予优待；对于综合评估等级"危险"的企业，则采取经营改善劝告、经营改善要求等行政措施。

3. 越南保险制度型开放经验

经过 8 年的"革新"，1994 年，越南政府颁布 100/CP 号议定允许成立非寿险保险公司，同时，允许外国保险公司在越南设立代表处，但未批准任何有经营行为的实体，可以说仅仅是意向性地开放。直到 1994 年，保越集团的垄断位置才被打破。在接下来的两年内，一系列国内非人寿保险公司与外国保险公司的代表处成立并开始经营。国内的有胡志明市保险公司（保明 . Bao Minh 股份保险公司，1994 年 12 月 28 日成立）、Petrolimex 石油保险股份公司（Pijico，1995 年 6 月 15 日成立）、保龙保险公司（Bao Long，1995 年 7 月 11 日成立）、石油保险公司（PV，1996 年 1 月 26 日成立）等；国外保险公司的联络处有美国国际保险集团（AIG）、AGF、AXA-UAP、GAN。这表面国际上各大保险公司逐渐意识到越南是一个有发展潜力的市场。

1996 年，保越集团推出了一些经过多年研究和测试的寿险产品，让越南保险市场上的险种更加全面，这反映了越南融入全球化的趋势。虽然早就允许合资保险经纪人在越南开业（越南 AON 保险经纪公司），但是直到 1996 年，越南才

允许成立越外合资保险公司。同年 8 月 5 日，保越与日本东京海上火灾保险公司
（Tokyo Marine and Fire Insurance Co.）合资成立越南国际保险公司（VIA）。
1997 年 11 月，联合保险公司（UIC）由保明保险公司（51%股权）、日本明治安
田保险公司（Meijii Yasuda Fire Insurance Co.）（24.5%股权）和日本三井海上火
灾保险公司（Mitsui Marine and Fire Insurance Co.）共同经营。1999 年 10 月，第
一家越外合资寿险保险公司-Bao Mini CMG 保明人寿保险责任有限公司成立。

　　同年，越南政府再次放松保险市场管制，允许 100%外资保险公司在越成立，
但是只允许从事人寿保险业务。国际上著名的英国保诚人寿保险集团
（Prudential）是第一家进入越南市场的外国保险公司。从 1999 年至 2000 年，已
有 4 家外国保险在越南设立子公司，分别是英国保诚人寿保险集团（Pruden-
tial）、法国 Prevoir 人寿保险公司、纽约人寿保险公司（New York Lire）、加拿大
宏利人寿保险公司（Manulire）。

　　2001 年，越南进入加入世界贸易组织（WTO）最后谈判过程中，年初越南
政府出台"经营保险法"。经过十几年的市场开放，越南终于有了第一个具体的
法律规定。2001 年，《越南——美国双边贸易协定》开始生效，这个协定对美商
以及外商很有利，外国保险公司更有信心进入越南市场。

　　在这个阶段，外国公司纷纷进入越南市场，5 年内，一共有 7 家 100%外国
保险公司进入越南。其中，有 3 家非寿险公司：越南 Groupama 保险公司
（2001）、QBE 保险公司（2002）、AIG 非人寿保险公司（2005）；2 家寿险公司：
ACE 人寿保险公司（2005）、美国 Liberty 寿险公司（2006）；2 家外商经纪公司：
Grassavoye 保险经纪公司、Marsh 保险经纪公司。除此之外，越南还批准成立
2 家合资保险公司。随着保险公司的数量增加，市场上的险种也日益增加，竞争
越来越激烈，服务水平越来越高。

　　在经过 10 年的开放之后，从保越公司 1 家起步，发展到 37 家（2 家国有公
司、16 家股份公司和 19 家外资公司）。越南保险业以年平均 34%的速度增长，
虽然越南保险市场的起步比较晚，但是与其他发展中国家相比，发展更快，开放
程度更高。

　　2007 年，经过 10 多年激烈的谈判，越南正式成为世界贸易组织（WTO）的
成员。根据入世的承诺，外商可成立 100%外资寿险（健康险除外）及产险公
司，各项强制性保险（包括：机动车第三人责任险、建筑工程保险、安装石油天
然气工程及对公众及环境有高危险性施工计划之施工工人保险等）除外。自

2008 年 1 月 1 日起, 才解除该限制, 入世后第 5 年, 外商保险公司可设立非寿险业务活动的分公司。

自此, 越南已核准 3 家新的寿险公司成立, 包括中国台湾地区的国泰人寿、新加坡的 Great Eastern 人寿及韩国的南韩人寿; 产险部分核准 2 家, 分别为中国的富邦产险及日本的 Sumitomo。同年, 有 4 家本地产险业者取得执照, 显示出业界看好越南保险市场发展。

由于从 2008 年 1 月 1 日起, 越南对保险服务取消全部限制, 很多外国公司纷纷申请进入该市场。虽然 2008 年全球经济以及越南遭遇一场金融次贷危机, 但是到 2009 年底, 市场上新设立了 10 家保险公司, 其中有 4 家有外资。截至目前, 越南保险市场上 49 家保险公司, 有外资因素的保险公司 27 家, 其中有 12 家非寿险公司、10 家寿险公司及 5 家保险经纪公司。外资保险公司的形式有联营公司, 也有 100%独资公司。随着越南保险市场的开放, 外资保险公司对越南保险市场及越南经济的贡献也逐渐增加。

(三) 国际保险制度型开放经验的启示

基于上述案例, 其他国家或地区保险业开放给我国的经验主要为:

1. 坚持分阶段和逐步深入开放的原则, 协调相关开放政策

(1) 关于市场准入和退出, 我国中资保险公司数量较少, 同时也只有少数公司在全国各省份普遍设有机构, 在多数地区, 仍然是垄断市场。取消按行政区划设立保险机构的规定, 放宽现有保险机构的地域经营限制, 是当务之急, 但也应防止无序的盲目开放。韩国第一次开放的教训值得我们吸取, 基于对外开放先对内开放的出发点, 韩国政府放松市场准入的条件, 国内一些寿险公司在缺乏对保险业的事前周密准备或专业性的情况下贸然进入市场, 面对多家保险公司的激烈竞争, 递延费用的突然增加, 导致财务安全性受到很大威胁, 最终使得 13 家内资保险公司在金融危机中倒闭。

因此, 我国在对外开放过程中, 应制订符合实际的时间表, 对于内控制度完善、管理符合国际标准的现有公司, 加快分支机构入市步伐; 对于机制落后、管理松懈的公司, 督促其改进机制, 提出加强内控管理的要求, 提高资产质量, 尽快适应市场需要。避免匆忙设立机构, 防止递延资产的增加, 形成新的负担, 影响偿付能力。制订专业保险公司设立的标准, 鼓励设立专业的保险公司。同时, 鉴于我国地域辽阔, 应建立以省 (自治区、直辖市) 为单位的保险分支机构经营区域管理体制, 逐步过渡到经营区域完全自由化。

随着开放步伐的加快，保险公司的破产、并购等市场退出行为将逐渐增多，而目前并没有可以依据的、操作性较强的程序，健全保险公司、保险机构退市规程成为必要。通过制定并颁布这样的规程，打破社会上存在的保险机构"只有设立没有撤销（破产）"的观念，无形之中增进了投保人的风险意识。

（2）关于业务范围，我国保险公司只能经营保险业务，不能经营其他金融业的非核心业务，相比之下，我国商业银行充分利用其网络资源，不仅可以代理销售保险商品，而且可以代理证券业务。因此，有必要摒弃分业经营的观念，鼓励保险公司与银行共同开发并销售产品，更好地为客户提供综合金融服务。针对我国保险资金运用管制的严格性，为适应市场需要，满足保险公司"投资于产品市场竞争力强、收益稳定的项目和行业"的要求，应逐步放宽资金运用渠道；同时，取消保险公司投资其他金融行业的限制，允许以子公司形式介入银行、证券等金融领域。

（3）为了推动保险市场的开放，应清理不利于开放的保险监管法律法规。废止干预保险公司经营的事前监管法规，如产品开发、费率厘定、营业场所审查等，消除保险公司的依赖思想，避免"监管部门包办，出现问题监管部门负责"的现象，提高保险公司的自律经营意识。

从美国保险市场对外开放的发展来看，依然存在着为维护本国保险公司利益的市场准入壁垒。而中国保险市场正处于对外开放的关键时期，开放的程度应该根据其市场容量、法律完善程度、市场成熟程度和监管的有效性等因素来决定，应该遵循坚持"分阶段和逐步深入开放"的原则，协调相关开放的政策，不宜一步到位。促进保险市场在合理的范围内进一步开放，由放松市场准入的广度开放向加强市场管制的深度开放转变。

我国保险业进入全面对外开放的新时期，按照加入 WTO 的承诺，我国保险业对外资保险公司开放全部地域和除有关法定保险以外的全部保险业务，保险业已按照加入 WTO 承诺基本实现了全面对外开放。

根据我国保险市场的发展程度和地区之间的发展差异，应以中西部地区为试点，适当地放宽外资准入限制，并向外商出让部分市场份额，以带动中西部地区保险市场规模和质量的大幅提升。在有效监管的前提下，中西部地区可以适当提高外资在合资寿险公司中的持股比例，有助于外资寿险公司灵活运用市场策略发展该地区的寿险业务；外资产险公司可以在一定范围内经营有关法定保险业务，例如交强险等；放宽对外资保险经纪持股比例和业务等若干限制。

首先，这样做可以充分发挥外资保险公司的业务优势，鼓励其将先进经验和技术带入国内市场；其次，率先开放国内中西部保险市场，缓解外资保险公司要求中国进一步开放保险市场的压力，限制外资保险公司过度进入国内保险市场；再次，充分协调中西部与东部保险市场的发展，率先在中西部地区放宽市场限制，提供优惠政策，鼓励外资保险公司进一步设立保险经营机构，重点推进中西部地区的保险业务发展；最后，以中西部地区的发展模式和经验为依托，逐渐开放东部发达地区的市场准入限制，实现保险市场的全面开放。

2. 积极开展保险业的国际交流合作

在保险业已进入全面开放时代的情况下，逐步实现对外开放向国际合作转变。积极开展国际交流合作，提高国际影响力，增强在国际保险规则制定中的话语权（主要是通过国内保险市场开放的广度和深度来实现）。进一步提高国际合作水平，借鉴外资公司的管理、经验和技术，尤其是在偿付能力体系的建立和保险市场风险监控等领域加强合作，增强创新能力，加快推进保险业创新体系建设。

加强与金融稳定委员会（FSB）和国际保险监督官协会（IAIS）的保险监管合作。金融稳定委员会（FSB）已制定新的监管条例，建立监管联席会议机制，将全球30家大型金融机构的运营纳入监管范围，迈出了历史性的一步。为了进一步明确监管联席会议的职能，监管机构之间的关系以及监管联席会议的建立时间和形式等问题，IAIS在第16届年会上通过了《将监管联席会议用于集团监管的指引文件》。该文件旨在加强保险监管的国际协调与合作，加强对大型跨国金融集团的监管。宏观审慎监管将是重中之重，监管范围扩大到各集团内部的实体和不经营业务的控股公司，监管措施实现不同地域和业务领域的标准统一。我国作为IAIS的成员国，应加强与各国保险监管机构在信息共享、政策研究、国际保险集团监管等领域展开更广泛的合作，充分利用国际组织多边合作交流平台，密切跟踪全球金融发展动态和风险变化，共同防范全球性的金融风险。

加强与境外各国家和地区保险监管机构的合作，特别是与美国、欧盟、英国、日本等国家进行沟通，加强信息交流和共享，防范国际风险跨境传递，通过国际合作完善保险监管，重点关注境外保险机构和外资保险公司境外母公司的财务状况，及时化解风险。应与重点地区和公司的保险监管信息交流部门签署保险监管合作协议，进一步确保信息的高效传递与畅通，同时也确立了保险国际合作的有效途径。此外，逐步提高跨境保险业务监管能力，建立健全防范化解风险的长效机制，重点监测风险点较为突出的公司和地区，加强保险市场调控，防止个别国家保险市场风险演变成系统风险。

3. 加强事后的综合监管是今后工作的主题

（1）加快监管手段电子化进程。韩国事后监管，特别是对于财务方面的监管依赖发达的电子手段。我国各保险公司内部已基本具备了实现电子网络管理的条件，而监管手段仍然处于手工操作阶段，容易造成信息失真。因此，应要求保险公司尽快实现电子化管理，加快实现保险监管部门对于保险公司财务状况的实时监控，保证信息的完整性和真实性，以及政策的准确性和针对性。

（2）引进保险企业评估制度。对我国保险企业的评价主要集中于保费规模和市场占比，而对于其综合能力评价相对较少。因此，应借鉴韩国的评估模式，结合我国保险业的实际情况，建立能够真正反映我国保险企业偿付能力、资产质量、经营管理能力、收益性、流动性的评估体系。根据评估结果，适时采取针对性监管措施，对于评估等级较高的公司给予优待，给予评估等级较低的公司以警告、处置等行政措施。

（3）引进标准责任准备金制度和标准退保金制度。随着保险价格（费率）的自由化，保险公司的价格竞争将更为激烈，为避免保险公司制订费率的随意性，应引进针对预定利率的标准责任准备金制度，针对利率确定型和利率联动型产品分别制订不同的预定利率限额和责任准备金计算提取标准；引入针对预定营业费用率的标准退保金制度，设定退保金的最低限额。

4. 保护投保人、被保险人的利益是监管工作的目标

（1）建立保险信息公告制度。所有监管工作都应该围绕"保护投保人、被保险人的利益"这一目标开展，而加强公告制度建设，对投保人而言是最有益的。保险信息公告应包括保险公司信息公告和保险监管信息公告。前者应包括公告保险公司的经营状况、业务流程、产品介绍，后者应包括对保险公司的评估报告和日常监管信息，便于投保人充分了解保险公司实力，充分对比各种产品的特点，更好地选择适合自己的公司及产品，保护自己的权益。

（2）培养投保人、被保险人的保险意识、风险意识。我国保险消费者（特别是个人消费者）的保险意识和风险意识较弱，一般情况下是通过熟人、关系人介绍保险产品，继而购买保险产品，对于保险公司了解很少，还存在"保险公司不可能倒闭"的心理，有的甚至在不清楚产品内容的情况下购买产品，导致保险纠纷不断增多，一旦保险公司经营不善，可能引发社会问题。因此，应通过媒体宣传等方式，不断增强保险消费者的保险意识和风险意识，使消费者掌握保险常识，成为

成熟的消费者，自主选择保险公司和保险产品，并自己承担由此产生的损失。

5. 在保障本国保险业发展的基础上开放保险市场

引入外资的目的是让本国保险市场保持高度自由，防止大型企业在某一行业或区域垄断，为保险业注入新鲜血液，激发行业内良性竞争。但也要在一些领域保障本国保险公司的行业领头地位，以应对外资公司带来的挑战。

6. 精进本国保险，努力开拓出口市场

在高质量对外开放，引进外资保险公司的同时，提升本国保险公司的保险水平，积极寻找出口机会，向国外输出保险服务，抢占世界保险份额。首先，要努力改善保险形象，对出口国市场进行深入调查，根据当地经济发展状况、保险业开放政策、公众收入以及消费习惯等因素评估市场潜力，学习出口国优秀保险公司经验。其次，要提供创新和高质的商品，在费率、理赔金额、年龄、性别等方面分等级制定精细的计划，细分市场。最后，还要开展宣传活动，加强从业人员培训，遵守出口国当地政策等。

二、国际保险业制度型开放的挑战和应对

（一）美国保险业的开放挑战和应对

2022 年在美国经营的外资人寿保险公司数量为 102 家（见表 10-2），略少于 2018 年的 105 家。外资人寿保险公司数量占美国人寿保险公司总量的比重逐年上升，从 2018 年的 13.6% 上升到 2022 年的 14.0%。

表 10-2　2018~2022 年美国外资人寿保险公司数量

指标＼年份	2018	2019	2020	2021	2022
美国人寿保险公司总数（家）	773	761	747	737	727
外资人寿保险公司数量（家）	105	98	93	93	102
比重（%）	13.6	12.9	12.4	12.6	14.0

从外资人寿保险公司的国家分布来看（见表 10-3），大多数国家在美国的人寿保险公司数量保持稳定，例如加拿大的人寿保险公司在美国一直保持在 25 家左右。欧洲国家除英国的公司数量有所上升，其他国家的公司数量都有所减少或保持不变，法国和瑞士的减少幅度最大。

表 10-3　2018~2022 年美国外资人寿保险公司数量的国家分布　单位：家

地区 ＼ 年份	2018	2019	2020	2021	2022
百慕大群岛	14	14	14	17	24
加拿大	27	26	23	25	25
开曼群岛	10	10	9	7	9
法国	8	3	3	3	3
德国	5	5	5	5	5
日本	16	16	16	14	15
荷兰	4	3	2	2	2
巴拿马	1	1	1	1	1
西班牙	1	1	1	1	1
瑞士	14	12	12	11	10
英国	5	7	7	7	7
总数	105	98	93	93	102

实际上，自 20 世纪 90 年代中期以来，美国市场上的主要外国企业一直是这些国家。2022 年在美国经营的寿险公司中，加拿大控制了 25 家公司；百慕大群岛控制了 24 家公司；日本控制了 15 家公司；瑞士控制了 10 家公司；开曼群岛控制了 9 家公司；英国控制了 7 家公司；德国控制了 5 家公司；法国控制了 3 家公司；荷兰控制了 2 家公司；巴拿马控制了 1 家公司；西班牙控制了 1 家公司。

从外资人寿保险公司的资产来看（见表 10-4），2018 年~2022 年外资人寿保险公司资产占美国人寿保险公司总资产的比重下降，2018~2021 年一直处于下降趋势，2021~2022 年才有所回升。百慕大群岛、加拿大、德国、日本、瑞士的人寿保险公司的资产在 2018 年到 2022 年有所增长，而其他的人寿保险公司的资产都有所下降。

表 10-4　2018~2022 年美国外资人寿保险公司资产的国家分布

单位：百万美元

地区 ＼ 年份	2018	2019	2020	2021	2022
百慕大群岛	156495	170597	213697	334455	448272
加拿大	363099	380189	436482	456066	496605
开曼群岛	50323	58205	66627	39190	42597

续表

地区 \ 年份	2018	2019	2020	2021	2022
法国	197142	2177	2030	1810	1919
德国	170255	187702	204192	205375	193171
日本	154162	177179	187333	200633	203187
荷兰	201204	214535	233783	238338	196587
巴拿马	121	123	131	132	134
西班牙	59	59	65	59	58
瑞士	40003	37950	39157	41583	40728
英国	24265	283109	312476	51288	51748
总数	1575329	1511825	1695974	1568929	1675006
行业资产比重（%）	22.5	20.0	20.8	18.1	20.2

美国的保险开放政策旨在抵御金融危机，其开放政策包括以下三个方面：第一，缩小已发生损失的保险公司在国外的承保规模，通过变卖其所持有的分支机构或减少其持有的股票，来筹措资金维持美国本土保险公司的运营；第二，保险监管进行变革，这是当前美国保险业发展的主旋律；第三，美国保险业在解决自己的监管问题的同时，也应积极地与各国开展保险监管方面的合作，以推动全球保险市场的健康发展。

基于此，美国采取如下措施来应对挑战：

1. 保险监管改革

金融危机爆发以后，美国认为对保险行业的管理和监管比以往更加重要，为了应对金融危机，化解系统风险，确保金融系统有效运转，2009 年 6 月，在《金融监管改革：新基础》（FRR）的基础上，政府提出《联邦保险办公室法案》（Federal Insurance Office Act，FIOA），该法案拉开了美国保险监管改革的序幕。FIOA 主张：在财政部内设立全国保险办公室（Office of National Insurance，ONI），加强保险监管的基础建设和开发，全面监测、收集保险业信息，代表美国参与国际保险事务研讨，协调国际保险事务，并将重点大型保险公司列入一级金融监管名单进行调研，向联邦储备银行提出建议。该法案出台的初衷是：第一，增加保险信息的透明度，强化对被保险人权益的保障；第二，强化美国各州之间、各州及联邦金融监管部门之间的协调，并增强美国与其他各国之间的合作；第三，要坚持审慎推进金融创新，以技术保障、全方位监管为基础，推动保险产品创新，实现稳健发展。

新设立的全国保险办公室的监督方针是：监督保险行业的系统性风险；各保险公司的资本金要充裕，资产、债务结构要合理；有效统一保障保险产品与业务；加强州保险业与联邦保险业监管的统一；强化对保险公司及控股公司并表监管；加强国际合作与协调。联邦保险办公室的设立，不只是为了讨论美国州与州和其他国家之间的保险协定，也是为了制订新的联邦管制政策，以限制原先各州间的相互独立的保险管制体系。除此之外，联邦保险办公室还能对各州保险业的监管进行直接干涉。

然而，这项议案一推出，便遭到了多方的质疑，主要集中在以下两点：第一，保险机构授权不足，尽管可以对保险公司的运营情况进行审核，并对其提出建议，但却无权直接实施监督；第二，法案并未针对由保险公司引起的系统风险制定出适当的监管对策，例如在保险公司面临破产时，无法及时地为其提供后续支持与解决办法。当然，大部分的观点都是对保险办公室的功能与职责进行补充完善的。但是，该法案能否真正实现对保险业的有效监管，以及能否防止重大保险企业在金融危机中发生系统性风险，都需要进行深入的探讨，这就是美国政府一直没有通过该法案的原因。

在进行了将近两年的调查之后，美国财政部于 2011 年公布了关于建立联邦保险咨询委员会的消息。该委员会的使命之一是帮助联邦保险办公室的成立做准备，帮助联邦保险办公室和财政部从各州的保险监督官获取专门的技术和管理经验。从这一点可以看出，美国政府在制定《联邦保险办公室法案》时十分谨慎，以保证金融体系的健康和稳定，同时兼顾了所有因素。另外，美国还将继续推行有关保险业税制改革的实施，这一举措会对引入的外资保险公司征收双税，使其在美国的经营受到新的阻碍，进而削弱其在美国保险业的竞争能力。

2. 保险监管合作

美国通过召开各种会议和合作项目等形式，广泛地交换了关于保险业监管的信息。美国保险监督官协会（NAIC）在 2010 年号召加强国际保险业监管的合作，邀请了来自中国、印度、韩国、黎巴嫩、波黑、泰国等国的 13 名保险监督官到美进行有关保险教育与监督管理方面的合作。这一协作项目已经在密苏里州堪萨斯开始，其目的是使每一个参加国家都知道美国保险行业的监管规则，以及监管规则在各州的技术运作和适用。举办此次秋季合作计划的美国州和领地包括哥伦比亚特区、爱荷华州、密歇根州、密苏里州、纽约、北卡罗莱纳州、俄克拉荷马州、宾夕法尼亚州、得克萨斯州和弗吉尼亚州。

3. 创新合作模式

美国把政策性保险与商业性保险相结合，开创了一种新型的国际保险合作方式。在巨灾保险领域，瑞士再保险业通过参数保险计划的方式，向多国政府、国际开发银行及非政府机构提供定制的风险分担机制，使其能够有效地抵御巨灾事件带来的经济损失。瑞士再保险公司于 2010 年与美国阿拉巴马州保险基金签署了一项具有历史意义的伙伴关系，为其巨灾型飓风原保险提供为期 3 年的参数保险保障。这是美国政府首次采用"参数保险"这一创新性的办法，与瑞士签订协议后，能够根据飓风的风速迅速获得用于支付紧急费用的资金。所支付的款项可以被投保人用于任何目的，如紧急救灾开支，弥补税款损失，以及因投保费用上升而提供补助。

（二）新加坡保险业的开放挑战和应对

作为东盟地区保险业发展最为成熟的国家，新加坡不但在保费收入上位居东盟第一，而且在亚洲地区位居第五，排在中国、日本、韩国、印度之后。新加坡作为东盟和世界上的保险中心，也是世界著名的自由贸易港。根据新加坡金融监督局（MAS）的统计，在 2020 年，新加坡保险公司的保费收入总额为 612.53 亿美元，人均的保险费为 10772.92 美元，相比之下，同期全职雇员的工资中位数是 54408 美元。新加坡的保险业是一个高度竞争的市场，世界上最大的保险公司都在新加坡建立了分支机构。目前，新加坡的保险业已经达到了饱和状态。新加坡是一个不到 730 平方千米、人口也不到 580 万的国家，截至 2020 年，保险公司已经达到 113 家。面对日益激烈的市场竞争，新加坡保险企业只有把目光投向海外，才能获得更大的发展空间。

根据 MAS 的统计，在 2011 年新加坡保险市场上，90 家保险（集团）公司中，有 71 家是开展境外业务的，比重达到 78.89%。2015 年，109 家保险业（集团）企业中，有 79 家开展境外业务，比重达到 72.48%。从这一点来看，新加坡保险公司的增量占开展境外业务的企业增量的比例，基本都是平稳的。

对同一家保险集团的财产和人寿保险公司进行合并。根据 MAS 的统计，2020 年，新加坡共存 113 家保险（集团）公司，包括 9 家从事财险和寿险的综合原保险公司、9 家综合再保险公司、52 家单一财产原保险公司、23 家单一财产再保险公司、17 家单一人寿原保险公司、3 家单一人寿再保险公司。在实际运作状况中，除其中 4 家公司未开展业务外，从事境外业务的企业共有 85 家，占营业公司总数的 77.98%，其中 74 家同时经营本地业务，11 家专注于境外业务。

根据市场上对所有保险公司的统计，2020 年新加坡保险业的保费总收入达到 612.53 亿美元，根据其业务类型的不同，可以将其分为财产和人寿保险；根据其业务来源地的不同，可以将其分为本土业务和境外业务。而且这两种业务的下一层次又相互重叠。新加坡的境外保险业已占据 23.58% 的市场份额，几乎 1/4 的保险业务都来自国外。新加坡的财产再保险以 106.94 亿美元的保费收入占据境外业务的最大份额，占据新加坡境外财产险业务和整体财产险的比例分别为 92.48% 和 66.06%。

在此基础上，将新加坡境内所有保险公司的相关资料进行整合，得出 2020 年各险种的保费收入在新加坡境外保险业务中所占的比例。首先是财产保险，财产保险所占的比例最高，达到 49.34%；其次为责任险，所占比例为 16.65%；汽车保险占到 15.23%。而我国各险种的构成差异较大，同期的车险保费占比达到 60.70%，而企业财产保险和责任险则只有 3.61% 和 6.63%。机动车辆保险是我国财产保险市场上所占比重最大的一类，欧美等发达地区也普遍是"车险为主"的保险结构。在寿险产品中，非分红类保险产品所占的比例最高，为 82.89%；其后是占比 7.11% 的投资连结险。而年度内的分红保险则无业务量。从广义上讲，非分红保险包括意外险、短期健康险，以及不具备储蓄与投资功能的人寿保险。这类保险大多为单一保障保险，一般不设有"单独投资账户"或"投资款"，因而在一个国家的人寿保险市场中，这类保险一般是保费较少的一类保险。可以看出，新加坡境外人寿保险市场的保险结构与其他各国的保险结构有较大的不同。因此，无论是在财产方面还是在人身保险市场，新加坡境外保险市场的结构都具有其自身的特点，这表明境外业务有别于本国的保险业务，是一项特殊的保险业务，不能用普通的业务思维去看待。

在新加坡保险业的 113 个保险企业中，有 61 个企业的境外业务保费收入超过了本地业务收入，占到了 71.76%，境外业务是其最重要的经营领域。除收入外，新加坡的保险公司还可以通过境外运营来获取盈利。在 74 家同时从事本地和境外经营的企业中，有 35 家企业的境外净收入比本地业务高。在 2020 年的特殊经济形势下，98 家经营本地业务的保险企业中，亏损的比率达到了 36.73%，而专注于境外保险业务的企业亏损比例只有 27.27%。

20 世纪 80 年代中叶以来，新加坡所获得的巨大发展成就刺激了东南亚其他的国家，它们纷纷出台了更多的优惠政策，加快了建设国际金融中心的步伐。但也导致东南亚地区因过度借贷、非居民投机，最终引发了一场波及整个东南亚的金融风暴。正是因为新加坡严格地将境外和本国的金融市场区别开来，才使得1997年东南亚的经济危机没有给新加坡的经济造成毁灭性的冲击。但是，泰国、马来西亚、菲律宾、印度尼西亚在应对这场金融危机的同时，也采取了更加开放的金融体制，这对新加坡的境外金融业务的发展产生了一定的冲击。

新加坡金融管理局制订了详细的政策计划，并于1999年5月推出十余年来最大规模的银行业改革计划。取消外国投资者在本地银行所持股份不得超过40%的限制，并取消银行股份双轨制；将符合条件的境外银行可贷金额从3亿新元提升至10亿新元，大幅增加互换资金的流动性，推动债券市场的发展。

自2000年1月开始，外国机构办理新加坡投资人的最低交易金额，由最初的500万新元调整至50万新元；逐渐放宽交易佣金的控制，并由各家券商自行厘定佣金率；鼓励外资企业到新加坡进行股票、债券等有价证券发行，并在新加坡证券交易所上市，并积极开发新型的金融衍生品，提升新加坡资本市场在东南亚乃至全球的影响力。

新加坡要求保险公司将本地账户与境外账户分开运营，分为SIF（Singapore Insurance Business Fund）和OIF（Offshore Insurance Business Fund）两个独立的账户，SIF为本地市场账户，专门记录国内保险业务，OIF为境外市场账户，专门记录国外保险业务。新加坡境外再保险与非寿险市场的资产总量远超本土保险市场，若不将境内和境外分开，极易出现政策套利现象，而且境外保险市场的资产规模将会对本土保险市场造成极大影响。新加坡采用了内外严格分离型模式。一方面，通过实施优惠政策提高境外市场的吸引力，从而满足了外国企业规避监管的需要。另一方面，由于境外市场与本地市场的分离，使得进入境外保险市场的保险公司都需要开设一个专用账户，所有的境外交易都要通过这个账户来完成。这样的监管模式使新加坡金融管理局可以分别监管境外和境内经营，并有效地减轻境外市场对本地市场的影响。

开展境外经营的一个主要动力就是在境外经营时，可以享受到充分的税收优惠。通过一系列的优惠措施，如免税或低税率来支持海外保险的发展。比如，要对境外的保险业务实行政策性的特别优惠。我国对于境外保险业务，在税收上没有专门的税制安排，其所适用的税率与本土保险业务相同，不分地域、不分险种。而新加坡对境外再保险业务则实行免收营业税政策，其所适用的所得税也是按照不同业务类型而有不同规定。自保公司业务、农业保险、海上责任险与船体保险等业务免税，其他征税类的业务，税率最多不超过10%。例如，在2020年，由于特殊的经济形势，新加坡在该年度出现了更多发生亏损的保险公司，但即使是这样，本地的税务负担也不算太重。除去缺少统计数据的企业，99家相关的企业在本地经营上的累计纳税金额大约是8580.80万美元，除以税前收益，整体税率大约是3.57%，只有41家企业支付了税款成本，比例是41.42%。以上情形反映了新加坡作为一个国际自由贸易港的低税率，相比之下境外保险业务的实际缴税情况要少得多。在剔除了资料缺失的企业后，84家海外企业中，仅有25家需缴纳税金，比例只有29.77%。也就是说，目前在新加坡经营境外保险业务的企业，几乎有70%是免税的，这对于境外保险公司到新加坡开展境外保险业务来说，是很有吸引力的。

（三）日本保险业开放挑战和应对

日本保险业的竞争情况是：大部分的市场份额被本土公司占据，财产保险公司更为严重，外资非寿险公司占据较少的市场份额。日本目前的人寿保险公司共有42家，其中21家是本土人寿保险公司，17家是外资人寿保险公司，4家是非人寿保险公司的寿险子公司。保费收入排名前5的寿险公司为日本生命（14.5%）、明治安田生命（11.9%）、第一生命（9.5%）、日本邮政保险（8.3%）、住友生命（7.6%），合计占寿险行业总保费的51.7%。财产保险公司的市场占有率更集中，根据2018年的数据，东京海上日火灾保险（29.3%）、SOMPO保险（22.9%）、MS&AD集团（29.7%），合计占比高达81.8%，为净保费规模的前三名，均为日本本地保险企业。在日本寿险市场上，外资保险公司占有约20%的市场份额，是重要的参与者，而外资保险公司在非寿险市场上所占的比例比较小，2017年数据显示仅为7.5%。

1990年，日本经历了股票、房地产价格暴跌、国内利率不断下跌，保险业也出现了利差损失的衰退期；由于国内的经济泡沫破灭，加上美国的持续压力，日本开始了全面的金融开放，并于1993年废除了外资企业持股合资企业不得超过50%的限制。日本于1996年颁布的《保险业法》，标志着保险业的全面开放，主要表现为：一是实行保险业市场进入自由，允许其他的行业参与，并允许寿险和非寿险兼业经营；二是放开保险产品的开发与定价自由；三是放宽保险产品的销售渠道。从那以后，外资保险公司纷纷加大了对日本的投资力度，纷纷以并购、合资等方式加强对日本市场的渗透。

日本保险业对外开放过程中主要应对方式体现在：

1. 外商独资企业、分支机构和代理公司数目迅速增加

日本自从 1996 年完全开放保险市场后，外资人寿保险公司与非人寿保险公司的数目都有所上升，尤其是人寿保险公司的增长更为显著，从 1993 年的 3 家增至 2013 年的 15 家，现在已趋稳于 13 家，数目占到 25%；而财产保险公司则从 3 家增加到了 7 家，已占到了 15% 左右。日本在金融开放之后，实行了从分业经营到混业经营的转变，在此基础上，寿险公司、财产险公司可以通过子公司的方式在相互间开展业务。在放松监管当年，日本已经有 13 家财产保险公司成立了人寿保险子公司，所以我们也可以看出，寿险公司的数量比财产保险公司的数量增加得快。截至 2017 年，日本人寿保险公司（包括境外分支机构和代理机构）共有 54 家，包括内资公司 38 家、外资公司 13 家、国外分公司及代理机构 3 家；共有 58 家非人寿保险公司，包括 29 家内资公司、6 家外资公司、23 家国外分公司及代理机构。

外资财产保险公司的市场占有率仅有 5%。从 1996 年开始，日本的外资保险公司的保费收入在不断增长，同时其在国内的市场占有率也在不断提高。从财产保险市场来看，从 1996 年开始，外资保险公司的市场份额逐渐从 2.65% 增长到 2012 年的 5.08%，但是这一比重一直很小，本土财产保险公司仍然保持着大约 95% 的市场份额。更进一步地从细分险种的收入表现来看，外资保险公司除在个人意外伤害保险领域占有超过 20% 的市场份额外，其余细分市场的保费份额均不足 5%，其主要原因是日美保险谈判结束前，只有"第三领域"保险向外资非寿险公司开放，长期的监管保护对行业格局产生深远影响。

外资人寿保险的市场占有率迅速增长，超过了 20%。外资人寿保险公司在日本保险市场中占有的比重呈"先升后降再升"的趋势，已成为日本寿险市场中举足轻重的力量。自开放后，外资保险公司在日本寿险市场上所占的比例急剧上升，从 1997 年的 3.8% 上升至 2000 年的 9.6%，2007 年更是达到了顶峰，达到 25% 以上。外资人寿保险能快速发展的一个重要因素是，在 21 世纪初期，由于泡沫经济破灭和经济不景气，特别是在高预定利率的偿付高峰下，巨大的利差损失导致了许多本土人寿保险公司的倒闭。1997~2001 年，共有 9 家，其中以人寿保险公司居多，在并购热潮中，外资人寿保险公司纷纷接手国内倒闭的国内保险公司，使得外资保险公司的市场份额不断攀升，曾经达到 25% 以上，这大大提高了外资保险公司的保费收入。从 2008 年开始，伴随着日本经济泡沫破裂带来的

冲击消退和国际金融危机的冲击，外资人寿保险公司的市场占有率下降到了20%，国内保险公司仍占有很大的市场份额，而大型保险公司受到的冲击相对较小。近年来，外资保险公司在日本的市场占有率也在逐步增加。这也从一个侧面反映出日本保险业的高度开放，内资企业和外资企业在国内外的竞争中处于博弈状态，并且在各个阶段都取得了一定的平衡。日本保险业一直以来都是高度集中的状态，从整体来看，外资进入日本寿险市场后，成为主要的市场主体，挤压了一些中小型保险企业的市场份额。前六大寿险公司的市场占有率超过60%，高峰时达到了70%，排名前五的都是日本本地企业，而美国的家庭生命则排在了第六位，且2012年，前6强的六家公司的保费收入已经达到了63%，这说明了日本保险业的开放并没有给本土的寿险公司带来太大的冲击。

非寿险业的市场集中度相较寿险更高，是规模经济效应十分显著的业务，日本前四大保险公司（日本损害保险公司、东京海上日动保险公司、三井住友海上火灾保险及爱合宜日生同和保险）的合计市占率持续高于80%，并且三井住友海上火灾与爱合宜日生同和保险公司同属MS&AD集团，可见日本损害保险市场集中度很高。

纵观日本保险市场发展的历程可以发现，经过多年发展，在众多险种上，日本保险市场已经相对成熟，外资险企进入日本市场后，由于对日本保险市场了解不深，难以在传统险种上获得突破，于是将目光放在了日本市场的潜力上。通过挖掘日本保险市场的潜力，以较为创新的第三类保险争夺市场份额，在与本土公司的竞争中形成竞争优势。

2. 财产保险的险种结构较为稳定

20世纪70年代之前，日本是以火灾保险为主，70年代以后，随着机动车数量的增加，机动车辆保险已成为第一大险。截至2016年，交强险和商业险所占比例加起来已达到57%左右，而火灾保险比例则降到了16%。在金融业开放之前，日本的第三类保险，如人身伤害保险、健康保险和个人综合保险，还没有得到充分的发展。随着日本在1996年全面对外开放后，开始允许人寿保险、财产保险公司通过子公司从事第三类保险业务，外资公司进入后，很难撼动传统保险市场，很快就开始涉足新的第三类险种，责任险、信用保险、个人综合险等险种的保费在不断增加，但依然占比很小，从金融自由化改革至今，日本的财产保险行业已经进入了成熟期，各个险种的收入结构都保持了一个比较稳定的状态。

3. 人身保险业务的重点是医疗保险、死亡保险

日本在保险业完全开放之初，大约90%的家庭都参与了人身保险，从快速增长转向稳健发展，外资公司难以从中获利丰厚。在日本的老龄人口不断增多，经济和居民收入增速较慢的情况下，中老年消费者的保险需求就成了寿险市场的主要发展方向，外资公司将日本尚未成熟的健康险、医疗险等作为其主要竞争力的产品。美国家庭生命于1974年引入"癌症保险"后，日本的医疗保险及癌症保险的有效保单数不断增加，至2017年，已达3677万份和2446万份，仅次于终身寿险保单数量。但从保费规模上来看，依然是以定期保险和终身寿险为主，在2017年的新单保费中所占比重分别为47.5%和19.2%，在有效业务的保费规模中所占的比重为32.6%和21.3%，并且还在不断增加。

4. 营销渠道

营销渠道方面，随着科技进步、金融自由化改革的推进及外资保险公司的带动，日本寿险业营销渠道自20世纪90年代起逐渐多元化，邮购渠道、代理店渠道和其他渠道（包括公会、网销、电视、电话销售等）逐渐发挥更大作用。

财产保险的销售渠道以代理店为主，对外开放对其影响不大。代理店主要是兼业或独家代理两种模式，从1996年起，代理店的数目由近60万家降至19万家左右，而其员工数量却在不断增加，从1996年的117万人上升到2017年的207万人；尽管员工数量快速增加，人均保费收入贡献有所下降，从1997年的881万日元下降到了2013年的448万日元。自日本金融开放以来，虽然放宽了保险经纪业务的限制，但保险经纪人数量仍较少，部分外资企业运用差异化的风险定价方式，以电话的方式销售机动车辆保险以及其他险种，也给日本保险业的营销方式注入了新的活力。但是，保险公司通过代理店进行销售的财产保险产品所占的份额一直保持在90%以上，其他渠道所占的份额依然很小。

（四）韩国保险业开放挑战和应对

外国投资者的加入对韩国的竞争格局产生了一定影响。韩国保险业开放后，亚洲金融危机袭击韩国，15家人寿保险公司纷纷倒闭。国外人寿保险公司在进入市场之后，逐渐发展壮大，市场份额逐渐上升。在2008年金融危机之前，韩国人寿保险产业一直受到来自外国投资者的冲击，同时国内市场竞争环境也发生改变。韩国前三大人寿保险公司在韩国的市场占有率从2005年的65.8%下降到了54.7%，而外国保险公司在2008年的市场份额则从2005年的17.3%上升到了20.9%。2008年，外国公司受到了金融危机的严重冲击，经营状况不断恶化，一

些外国保险公司纷纷撤出，外国人寿保险公司所占的市场份额也大幅下滑，2015 年占比跌到 12.4%。2008 年金融危机之前，外国财产保险公司所占的比例大幅上升，而在金融危机之后，外国财产保险公司的市场份额略有降低，最后趋于稳定。

本地寿险龙头份额有所下降，主要受本地中小险企挤占，受外资影响不大。截至 2018 年底，韩国寿险市场共有 24 家险企，其中 15 家为本地公司、9 家为外资险企。2018 年，韩国寿险实现保费收入 110 万亿韩元，其中国内寿险公司实现保费收入 89 万亿韩元，占比 80.7%；外资寿险公司实现保费收入 21 万亿韩元，占比 19.3%。2018 年，前 3 家韩资寿险公司三星生命（SamsungLife）、韩华生命（HanwhaLife）、教保生命（KyoboLife）市场份额累计 46.52%。韩国寿险市场的龙头公司份额一直呈下降趋势，2002 年到 2012 年份额从 74.8% 下降至 50%，近5 年小幅下降 3 个百分点至 2018 年的 46.5%，主要是由中小公司挤占，外资影响较小。

韩国的外国财产保险公司在数量和规模上呈现出明显的偏离，并且其人均生产能力比本土企业要低。到 2017 年年底，韩国的保险公司总共有 32 家，其中就有 18 家是外资企业。外资保险公司规模较小、市场知名度较低、分支机构不健全、本地保险企业间竞争激烈等因素导致了外资保险公司数量与保费规模的背离。从员工数量的角度来看，员工数量排名前 5 的均为本地公司，分别是三星火灾海上保险（SamsungFire）、DB 财产保险（DBInsurance）、现代商船（Hyun-daiMarine）、韩华财产保险（HanwhaGeneral）、KB 财产保险（KBInsurance），员工数量合计占比 65.2%。外资险企中规模最大的 AXA 员工数量仅占 5%。由于规模经济效应，外资财产险公司人均产能小于本地公司，2017 年外资财产险公司员工数量市占率为 8.11%，但外资财产公司保费收入市占率仅为 2.29%。

韩国政府废除了对保险公司内部管理的事前监督制度，转而建立了以事后评价为主的保险监督制度。通过实施保险公司的责任型管理制度，韩国政府加强了对保险公司经营状况的监督和管理。2000 年 4 月，引入了美国的"CAMEL"评价体系，修订了资产评估报告，提高了评估结果的利用效率；加强了以预防风险为导向的评价体系，使评价结果更加全面和准确；构建了偿付能力限额、民间经营评估和预警相结合的偿付能力监管体系。

（五）中国台湾地区保险业开放的挑战和应对

中国台湾保险业起始于 19 世纪。第二次世界大战后，日本对中国台湾的殖民统治宣告结束，1945 年，中国台湾设立了保险业监督管理委员会，负责管理日本在殖民时期所经营的 26 家保险公司。自 20 世纪 50 年代以来，由于采取"统治经济"的方针，管制更加严格。到了 20 世纪 50 年代后期，有关部门开始集中精力引进市场机制，并采取有限的自由与开放政策。

80 年代以前，中国台湾对外资保险公司实行了禁止进入的政策，并在此期间通过完善法规和制度建设等手段，对国内保险业进行了大力支持，并培育了其竞争力。80 年代初期，随着中国台湾经济实力的提升，人们对保险业的要求也越来越高，中国台湾保险业逐渐走向成熟，再加上本身的经济成长和产业结构的调整，使得保险业完全开放。1986 年，中国台湾与美国进行双边经贸会谈时，为了争取全面优惠税率，准许美国保险公司来中国台湾设立公司，但要求单一外资股东所持股份不得高于 30%，而所有外资股东不得高于 49%；中国台湾因其经济成长较好，本土保险公司日趋成熟，其经济稳健成长及产业结构调整，加速其金融服务业发展之需求，而实施了全面开放。1993 年，中国台湾为进一步提升国内保险业的竞争能力，大力推动设立民营保险公司，尤其是寿险公司的建立，使国内保险业更具竞争力；鼓励中国台湾企业到境外投资，最大投资额不得超过其资本总额的 5%，同时放宽保险企业赴内地投资的限制。

1994 年，以加入关贸总协定（GATT）为契机，中国台湾宣布对所有外资保险公司开放市场，取消外资保险公司参与台资保险公司股权比例的限制，外资保险公司在中国台湾设立分公司条件限制也逐步放宽。1995 年中国台湾地区取消了合资保险公司外方股东股权比例的限制，放松分支机构的设立标准或审批制度、取消业务限制，内资与合资企业基本处于同等待遇。完全对外开放后外资公司数量快速增长后又回落，受金融危机影响重创，外资无法撼动中国台湾保险行业的既有格局。

自从 1995 年中国台湾保险业完全自由化以来，中国台湾的外资保险公司数目在短时间内大幅增长，一年之内就从 23 家增至 27 家，1999 年更是达到顶峰，包括 18 家外资人寿保险公司和 10 家财产保险公司，与之相应地，国内的人寿保险公司一共有 16 家、财险公司有 18 家。中国台湾于 2001 年制定了《金融控股公司法》，规定银行、证券、保险三家公司可以共同运作，并可进行跨界合作；2004 年以来，中国台湾大力推动金融集团民营化、大型化和国际化，在这一大背景下，金融企业进行了大规模的重组和并购，更多的是境内外的合资公司被收购。2000 年以来，外资寿险公司的数量一直在减少，2008 年金融危机之后，一些外国寿险公司因为经营的压力而纷纷撤离中国台湾，而中国台湾的本土人寿保险公司却发展很快，到 2019 年 4 月，内外资寿险公司的数目分别达到 23 家和 5 家，财产保险公司的内外资分别为 17 家和 7 家，外资保险公司数量占比下降。

从市场占有率来看，中国台湾外资保险公司的保费收入亦是如此，先是上升，接着又下降。中国台湾地区的外资人寿保险公司，其保费收入所占的比例在开放初期有所上升，但从 2006 年开始，却出现了急剧下滑，从 9% 降到 3%，而本土人寿保险公司的保费收入却在不断增加，并在市场中占有很大的比重。而在财险领域，外资保险的市场份额只有 3% 左右。

中国台湾保险业，是高度集中化的格局，前五大寿险公司占据了 60%～70% 的市场份额；财产保险市场占有率排名前五的企业占据的市场份额一直保持在 40% 左右，并且近几年呈上升态势。从 2004 年开始，国泰人寿的市场占有率就一直保持在 20% 左右，位列第一；从 2009 年以来，国泰人寿、富邦人寿、南山人寿一直占据着寿险市场份额的前三名，市场份额合计保持在 50% 以上；中国台湾本岛的人寿保险公司，市场占有率居前五位，总占有率保持在六成以上。外资的加入，并没有对中国台湾主要保险公司的市场份额构成威胁。

中国台湾在 1987 年之前，以养老险为主，美资企业的介入，将增值型终身寿险推上了市场的主导地位，之后又因医疗险和年金险所占的比例不断增加，寿险市场的产品才逐渐变得丰富起来。90 年代以来，医疗保险有了较大的发展，从 1991 年的保费占比只有 3% 增长至 2001 年接近 14%，此后一直保持在 10% 的水平；这一现象的产生，主要是由于中国台湾自 1995 年起推行的全民健康保险，涵盖中国台湾所有民众，并带有一定的强制性质，因此，中国台湾的人寿保险市场的投保率迅速上升。1997 年底，中国台湾已有 2049 万全民健康保险参保人口，占应保人口的 96.26%。年金险的发展源于中国台湾在本世纪初期中国台湾放开年金险的政策，欧美发达保险业的先进经验被引入，在原有的年金保险基础上，险企积极探索具有投资性质的年金保险产品，年金险逐步成为中国台湾寿险市场的重要组成部分，至 2010 年，年金险所占比重已达 22.79%，目前约为 10%。

中国台湾的人寿保险市场集中度较高，从 2017 年数据可以看出，其中前三名的保险业者占据了 53.8% 的市场份额，而前五名的保险业者则占据了 72.3% 的市场份额，且都是本土企业。而外资保险公司的市场占有率却很低，只有 0.5%，由此可以看出 20 年来保险行业的开放是一次失败。不过，对中国台湾地区的外国投资者的投资也为改革和活跃市场起到了一定的推动作用。在产品上，美资人寿保险公司于 1987 年进入中国台湾后，积极发展增值型终身寿险，随着我国台湾地区人口老龄化问题日益凸显、储蓄型保险市场发展缓慢、养老保险覆盖人口不足等问题的出现，增值分红终身寿险替代养老险成为市场主流。2000 年以后，中国台湾又推出了可变额年金险等投资型保险，到 2011 年，年金险已占到中国台湾地区寿险保费收入的 22.5%。

非寿险业务方面，车险始终是第一大险种，1998 年中国台湾财政主管部门公布《强制汽车责任保险法》，将中国台湾地区所有机动车辆全部纳入强制保险，带来了产险投保率与保费收入的突飞猛进。车险业务占比在 1999 年达到 60%，之后随着其他非车险种的快速发展，占比逐渐下降至 54% 左右。在保险业对外开放后的一段时间内，债务险、担保和信贷险保费占比提升显著，2003 年时占总保费比重分别为 5.3%、2.4%；债务险保费逐年增加，到 2018 年，已占非寿险保费收入的 8.39%；另一种发展很快的保险，就是事故险，2000 年，中国台湾开始允许经营人身伤害保险，外资公司也开始进入这一领域，在 2004 年，事故险的保费占比迅速攀升到 6.23%，到 2018 年，这一比例已经上升到 11%。

第十一章

新发展格局下金融业制度型
开放国别案例研究

第一节 美国金融业制度型开放：
历史进程与经验启示

美国是最大的发达国家，其实施的金融制度型开放战略在很大程度上引领了全球金融开放潮流的发展，因此分析其金融制度型开放的历史进程具有很强的代表意义。本节回顾美国金融自由化改革及金融开放进程，并按各时期美国金融发展的特征，对其进程划分阶段，并分析在推进金融制度型开放战略过程中遭遇的金融风险和危机问题，以此得到有助于中国推进金融制度型开放进程的有益启示。

一、美国金融制度型开放的进程：阶段与特征

伴随着资本自由流动的美元国际化启动于 20 世纪初期，而美国其他维度的金融开放则集中发端于 20 世纪 60 年代末期，这一进程的逐步推进也启动了世界范围内的金融开放浪潮。下文中我们将对美国金融制度型开放进程进行一个简要的梳理，并按金融开放改革启动前、后金融业的状况，将美国金融发展与开放史大致划分为以下六个阶段：

（一）20 世纪 30 年代之前：金融体系基于自律原则进行混业经营

从美国的金融发展史来看，早期美国在相当长的一段时间内，一直反对对金融业采取集中化控制，金融体系实行自律原则，因而金融业的稳健性、流动性及服务规范都缺乏严格统一的规定（张渝敏，2006）。在这段时期美国的金融业实行的是"混业经营"——商业银行除了可以进行传统的存贷业务之外，还可涉足于证券投资、信托理财、保险、租赁等其他金融业务。

这种银证保混业经营的状态一直持续到 20 世纪 20 年代。直到 1929 年 10 月 29 日，美国股市发生大崩盘（Stock Market Crash），继而引发银行的挤兑风潮，导致全美 1/3 的银行纷纷破产，进而诱发了金融危机。而金融危机的发生又进一步地威胁到与破产银行相关的众多企业的正常经营，乃至生存。企业的生存危机又引发了信用链条的断裂，最终导致美国信用体系遭到了毁灭性的破坏。这一系列"多米诺骨牌"式的连锁反应引发了美国经济史上著名的经济大萧条（Great Depression）。1929 年的美国金融危机不仅给美国的经济发展造成了巨大的创伤，还导致了发端于 20 世纪初期的美元国际化进程[①]的倒退——美元在全球外汇储备中的占比急剧下降，直到 1938 年才重新超过了英镑的占比[②]。

（二）20 世纪 30~60 年代：经济大萧条导致的以"分业经营"为基础的严厉金融管制

20 世纪 30 年代，以金融危机为先导的经济大萧条给美国经济造成了极为严重的打击。自 1929 年股灾发生之后，美国于 1931 年成立了专门的调查委员会针对性地研究经济大萧条的诱因。其研究结果表明：银行、证券公司、保险公司三者的混业经营，尤其是银行业和证券业相互间在资金运用和机构设置上的混合，

---

① 美元国际化的进程回顾：1900 年，美国联邦政府通过"金本位法案"，自此起，美元开始登上国际金融舞台，与英镑争夺核心国际货币的地位。此后，美国利用地缘优势，与 20 多个拉美国家共同建立了"美元货币区"，并逐步扩大美元的使用范围。由此，逐渐形成英镑、美元、法郎"三足鼎立"的国际货币体系。美元取代英镑和法郎成为第一位的国际主导货币，还依赖于两次世界大战。这两次世界大战则显著地加速了美元的国际化进程："一战"帮助美国由净债务国转变为了世界最大的债权国，在 1919 年"一战"结束之际，美国拥有的黄金储备已占世界总量的 40%；而"二战"期间，美国累积的黄金储备进一步攀升，"二战"末期，美国的黄金储备已占全球总量的 59%。凭借这一黄金储备占比，在 1944 年 7 月举行的布雷顿森林会议上，提出了完全反映美国利益的"怀特计划"，以"双挂钩"的机制，确立了美元在"二战"后国际货币体系中的主导地位。"二战"后，由于英镑在国际金融市场中的份额依旧很大，为扩张美元在国际金融、贸易领域充当计算、结算货币的范围与规模，美国推出了著名的"马歇尔计划"，通过向欧洲提供 130 亿美元的无偿援助资金，用于购买美国制造的商品，以此将美元推向欧洲市场。该计划及其相应的配套措施，有效地助推了美元在欧洲各国的流通，为完全、彻底地取代英镑巩固了基础。

② 实际上，早在 1924 年，美元在全球外汇储备中的比重就已超过了英镑。

是诱发 20 世纪 30 年代美国经济危机的重要原因。因此，其总体结论是：商业银行不应参与证券投资的交易业务。在此研究结论下，美国后续制定了一系列以分业经营为原则、以维护金融体系稳健经营为首要任务的金融法规。例如，1933 年美国国会通过了《格拉斯·斯蒂格尔法》（Glass Steagall Act），自此美国金融业由之前的混业经营进入到分业经营的状态。同一年，美联储也确立了《联邦储备制度 Q 条例》，禁止对活期存款支付利息，并对定期存款和储蓄存款的利率加以了限制；接着，在 1934 年，国会又颁布了《1934 年证券交易法》；之后，又相继颁布了《联邦住房贷款银行法》《国民住房贷款法》《投资公司法》《投资顾问法》等一系列法案。这系列金融法规的颁布在逐步强化商业银行与投资银行业务分离等银证保分业经营准则的同时，也为美国形成金融分业经营、分业监管的制度框架奠定了坚实的基础。自美国金融业进入分业经营状态以来，美国商业银行、储贷协会、证券公司、保险公司等各类型金融机构各自都进行专业化经营，各司其职。金融机构经营业务的简单化和经营范围的缩小化使得金融业运行的风险极大地降低。可以说分业经营系列法案的颁布，对稳定美国的金融秩序、促进战后经济的复苏与繁荣起到了积极的作用，也使得美国金融业在 20 世纪 30~60 年代这段时期内总体上处于稳健经营的平和状态。

（三）20 世纪 60 年代末至 80 年代：金融创新与金融监管的博弈不断推进金融开放的进程

20 世纪 30 年代以来实施的分业经营、跨州经营限制、利率管制等一系列严格的金融管制措施，自 20 世纪 60 年代中后期开始产生了对美国金融业乃至经济发展的束缚力，从而逐渐显现出了其负面效应。其主要原因在于：其一，20 世纪 60 年代中期以来，以固定汇率为基础的布雷顿森林体系逐步瓦解，同时以浮动汇率为基础的牙买加体系开始形成①，美国金融业的外部经营环境面临着巨大的变化——利率、汇率风险的加剧使得在严格金融管制下的美国金融机构面临极大的经营困境；其二，1933 年起实施的"Q 条例"禁止美国商业银行进行跨州经营，因此金融机构仅限于分割本国乃至本州的金融市场，极大地束缚了金融机

---

① 由于布雷顿森林体系存在不可避免的内在缺陷，到了 20 世纪六七十年代，美元危机频频爆发。当时的尼克松政府迫于美元危机频发，于 1971 年宣告停止美元与黄金间的等价兑换，这直接导致了以美元为中心的布雷顿森林体系在 1973 年的彻底瓦解。然而，布雷顿森林体系的瓦解并未削弱美元国际货币的主导地位，反而强化了美元的影响力。因为 1976 年签订的"牙买加协议"，使得黄金非货币化了，这事实上帮助美元消除了最大的竞争对手，美元凭借其强大的政治经济和军事实力、高度发达的资本市场等优势继续占据国际货币体系的主导地位（李志刚和修晶，2010）。

构向外拓展业务的脚步。然而，自 20 世纪 60 年代末以来，英国、德国、法国、日本等国逐步进入了战后的经济快速复原和发展期，各国间的贸易活动日益频繁起来，随之而来的便是对国际金融服务需求的急剧增加。国际市场上对金融服务需求的剧增与美国金融机构在国内扩展业务受到金融管制条例的束缚，二者之间形成了鲜明的对比。

在金融管制的消极作用开始逐步显露出来的背景下，为规避利率、汇率剧烈波动带来的经营风险，美国商业银行开始带头进行了以利率和汇率为对象的金融创新活动，针对利率风险创造了可变利率存单、可变利率贷款、远期利率协议等金融工具，同时针对汇率风险创造了货币互换协议、外汇期货合约、外汇期权合约等金融衍生工具。这些金融创新从 20 世纪 60 年代开始，70 年代日益活跃并成为时代特征，许多重大的金融产品创新都产生于这个时代；到 80 年代逐渐蔓延至全世界，形成全球趋势和浪潮（张渝敏，2006）。与此同时，为了规避金融管制条例对美国金融机构跨州进行业务扩展的限制，花旗银行率先绕过国内金融法规的管制，开始走出国门，拓展国际市场，积极地在海外设立分支机构，这样运作不仅不会受到国内法规的限制，更为花旗银行在国际金融市场上抢占一席之地奠定了良好的基础。花旗银行拓展海外市场的成功使得美国其他众多的商业银行纷纷效仿，进军国际金融市场。到 20 世纪七八十年代之时，美国的银行已在国际银行业中占据了领先的地位。

如果说上述金融创新只是基于规避某种风险或绕过某种限制的初衷而进行的，那么 20 世纪 70 年代中后期的金融工具创新的目的便不仅限于此，而是逐步发展成为一种有意识的主动规避监管的创新。例如，20 世纪 60 年代起，由于市场利率超过了管制利率的最高限，存款性金融机构的资金来源急剧下降，威胁到存款性金融机构的生存和发展。为了主动规避美联储对利率的管制，商业银行开发出了可转让支付命令账户（NOWs）、自动转账服务账户（ATS）、大额可转让定期存单（CDs）、货币市场存单（MMCs）、货币市场存款账户（MMDAs）等新型金融工具。在此背景下，来自金融市场主体的金融创新与来自监管当局的金融监管之间展开了激烈的较量，二者之间的不断博弈成为推进美国金融业快速发展乃至加速金融开放进程的内在动力：面对层出不穷的金融工具创新，美国政府也逐步意识到利率管制等过度的金融管制条例限制了金融机构经营的灵活性，降低了运营效率，不利于增进存款人和存款性金融机构等利益主体的福利，因此，从 20 世纪 70 年代起，美国政府就在理论和思想上为放松金融管制做了诸多准备。

譬如，1970年由尼克松批准成立了"金融机构和金融管制总统委员会"，在对现行金融制度进行深入研究的基础上，依据金融机构的自由平等竞争能提高资源配置效率的基本信条，提出了使金融机构具有灵活性、金融业务开放和打破商业银行与非银行金融机构业务分工的一系列建议；1973年尼克松政府又起草了一份《关于金融制度改革的咨文》提交国会（殷孟波和曹廷贵，2000）。随着政策面的放松管制倾向，美国金融创新的趋势愈发不可阻挡，银行持股公司的发展又进一步地动摇了美国原先的单一银行之和双轨银行制。在此大背景下，美国国会于1980年批准通过了《存款机构放松管制和货币控制法案》（即《1980年银行法》），这成为半个多世纪以来美国金融制度一个历史性的转折点。其规定到1986年4月完全取消定期存款和储蓄存款的利率上限，并规定除住宅贷款、汽车贷款等少数例外，对贷款利率一律不加限制，从而较彻底地实现了利率自由化，并形成以联邦基金利率为基准利率的市场利率管理制度。这为美国走向金融开放迈出了最实质性的一步，同时也在很大程度上缓解了存款性金融机构资金来源的压力。紧接着，国会又于1982年通过了《加思·圣杰曼存款机构法案》，该法案在援助存款机构的同时，进一步地消除了各类型金融机构在业务上的分工，并在事实上打破了禁止商业银行跨州经营的限制。

可以说，20世纪80年代初的这两个法案的颁布，是美国逐渐解除金融管制的重要性标志。自此以后，美国政府就从多个方面入手采取了种种放松管制的措施，如允许储蓄贷款机构购买商业票据、公司债券以及垃圾债券在内的有价证券，并允许向住宅以外的不动产贷款。此外，还于1980年、1981年相继放松了对储蓄贷款机构自有资本比率的限制并为提高储蓄贷款机构的资信，促进其资金筹措，存款保险机构还将对其存款保险限额由4万美元提升到10万美元。在存款保险的担保下，储蓄贷款机构便在存款保险限额内吸纳存款，并运用这些存款进行不动产贷款或购买垃圾债券等高回报的投资，这些高风险的投资项目为储蓄贷款机构逐渐累积了巨大的经营风险。

（四）20世纪80年代末~90年代末：金融管制的进一步放松与金融开放程度的不断提升并举

自20世纪80年代末以来，美国金融监管当局对金融业的各项管制条例进一步放松，尤其是在对银行经营业务限制、跨州经营限制和分业经营限制的规定方面有了全面的放松。管制进一步放松的结果，带来了美国金融开放程度的快速提升。这主要表现在以下三个方面：

1. 银行业务相比之前有了全方位拓展

银行业经营业务的全面拓展主要体现在三个方面：一是投行业务的涉足。1986 年，美联储通过了一项允许部分美国银行有限地提供部分投资银行业务的政策，之后又进一步在这一领域实施了较大力度的改革；二是保险业务的突破。监管当局允许由美国联邦政府授权成立的商业银行销售规定的保险产品并准许其经营其他之前禁止或限制经营的业务，但同时规定开展的新业务必须由一家独立的子公司予以经营；三是进军证券中介业务。除了那些得到联邦政府授权而成立的商业银行可以经营新证券的承销业务之外，20 世纪 90 年代中期，很多商业银行也已开始广泛地提供投资咨询、证券经纪等中介服务了。

2. 跨州经营限制的取消引发了银行并购浪潮

1994 年，美国国会通过了《里格—尼尔州际银行与分行效率法》和《里格—尼尔社区发展和管制改革法》，首次赋予了美国银行更大的跨州吸收存款、将跨州收购的附属银行设立为分支机构的权力（张渝敏，2006）。随着跨州经营的解禁，到 1997 年 6 月时，美国金融市场已不再如往昔一般存在着州际间的分割，而是形成了一个统一的全国性金融市场。银行间的并购浪潮也随之盛行，全美范围内的各子金融市场的融合开始全面展开。

3. 银行控股公司的成立进一步打破银证保分业经营的格局

1997 年、1998 年，美国国会解除了对商业银行、保险公司和证券公司之间相互收购的限制，为突破银证保分业经营的格局奠定了法规基础。随着金融管制法规的松动，购买一家或几家银行流通股票的银行控股公司开始发展起来，其除了能跨州乃至跨国进行业务的拓展之外，还能绕过联邦政府之前对从事证券保险、保险代理等业务的管制经营证券、保险业务，并能涉足房地产经纪等非金融行业的业务。

（五）20 世纪 90 年代末至次贷危机爆发：金融分业经营的终结与走向金融开放的新纪元

1999 年 11 月，美国国会通过了《金融服务现代化法案》。该法案的生效意味着，美国结束了自 1933 年开始实行了近 67 年的金融分业经营制度；它同时标志着美国乃至国际金融业进入了金融混业经营的新纪元。伴随着金融管制的放松，接踵而至的是，全能银行（Universal Banks）的诞生和发展以及金融开放的进程在全球范围内的全面推开。至此，美国金融业经过近 67 年的发展，已基本上具备金融制度型开放的 5 个基础性条件，分别是利率自由化、汇率自由化、金融市场开放、金融机构业务经营国际化和资本流动自由化。

进入 21 世纪以来，在宽松的金融监管制度环境下，美国涌现了大量具有高杠杆率的金融衍生工具，接连不断的金融创新以及衍生金融工具的大规模交易导致了美国经济虚拟化程度的显著上升。截至 2006 年末，美国在场内交易的金融衍生工具名义本金量约为同年 GDP 的 68 倍；2007 年末，在场外交易的外汇衍生工具的名义本金量达到 46.95 万亿美元，是美国当年 GDP 的 3.4 倍（周东洲，2010）。以信用违约互换（CDS）为例，据国际互换和衍生品联合会（ISDA）公布的统计数据，2001 年 6 月 CDS 的规模仅有 6300 亿美元，到了 2007 年底已达到 62.2 万亿美元，在 7 年时间里增长了 100 倍，这一规模相当于 2007 年美国 GDP 的 4.78 倍（刘锡良和齐稚平，2009）。在相应监管制度缺失的情况下，过度的金融开放滋生了大量金融风险，加剧了美国金融体系的脆弱性。2005 年金融衍生品创新累积的金融风险开始逐渐浮出水面。直至 2007 年 7 月，次贷危机开始全面爆发，并迅速波及世界各国。这一全球性金融危机是美国在奉行新自由主义的理念下实施金融开放政策的直接后果。刘锡良和齐稚平（2009）认为，美国在推行金融自由化的同时，打开了其他国家（尤其是新兴市场国家）金融市场的大门，以国际资本的流入为基础，使得美国以虚拟经济支撑的经济增长模式得以持续，然而华尔街自身却因普遍存在的违规、投机行为没能得到有效地监管而失去了控制。

（六）后次贷危机时代：重塑框架，改革监管，开启金融治理新方向

次贷危机后，美国深度反思金融监管系统存在的弊病，开始着力对金融监管体系进行多维改革，先后推出了意在重塑美国金融监管框架、促进创新与开放的金融制度型开放的一系列举措，为全球金融治理提供了重要参考。例如，2010 年 7 月颁布了美国金融监管历史上具有里程碑意义的《多德—弗兰克法案》。其旨在提升金融系统的稳定性与透明度，强化消费者的金融教育与保护力度，提高国民金融素养与风险防范意识，有效防范类似次贷危机的金融风暴再次上演。随后，美国于 2010 年 10 月成立了负责识别、应对系统性金融风险的金融稳定监管委员会（FSOC），2011 年 7 月又成立了防范欺诈性金融行为，保护消费者权益的消费者金融保护局（CFPB）。并于 2013 年开始实施限制银行自营交易和对冲基金投资的"沃尔克规则"，以有效降低银行系统性风险。在颁布有关法案、成立专门机构、设立行业规则的基础上，美国还进一步加强了金融监管体系的定期评估、动态调整与持续优化，为金融系统的健康、稳定与开放保驾护航。此外，美

国还通过国际货币基金组织、世界银行等国际金融机构推动全球性金融标准的修改制定，通过强化跨境金融交易监管的国际合作等多重方式积极参与全球金融治理。

二、来自美国经验的政策启示

美国以其强劲的经济实力作为实施金融开放战略的坚强后盾，通过推进本国金融开放进程，使自己跻身于金融强国之列，并成为世界重要的国际金融中心。在金融开放进度上的控制，美国采用了"松—紧—松"螺旋式放松金融管制的模式，使其金融开放的进程推进得相对稳健，最终逐步走向了高度的金融开放。然而，虽然美国金融开放战略最终取得了较好的效果，但在推进的过程中，仍然发生了 1929 年的股市危机、1987 年的储贷机构危机，乃至 2007 年爆发的全球性金融危机引发的次贷危机。总体而言，美国的经验与教训给正在推进金融开放进程的中国的主要启示如下：

（一）宏观经济稳定：金融开放的压舱石

无论是什么国家形态与类型，坚实的宏观经济基础始终是一国金融制度型开放战略成功实施的首要前提。宏观经济的初始状态是一国推进金融开放进程的重要"参照物"，它如同一面镜子，映照出一国推进金融开放进程的适宜性与风险。利率自由化、资本流动自由化必须在经济稳定、风险可控的基础上进行。一旦宏观经济遭遇外部冲击或陷入失衡状态时，金融开放的步伐应适时放缓，以免加剧经济波动，诱发泡沫风险。

（二）螺旋式放松管制：金融开放的稳健之道

金融开放往往伴随着金融自由化的深化，而这一过程中金融危机的风险亦随之增加。美国所采取的螺旋式金融管制放松模式，为我们提供了宝贵的借鉴。在推进金融开放时，应准确把握节奏，确保每一步都在政府可控范围内进行，采取试错与调整相结合的方式，把握好节奏，稳步前行，以试错式的模式稳步推行金融开放战略，避免急功近利导致系统性风险。这种模式不仅有助于降低金融危机的发生概率，还能为金融体系的稳定与发展奠定坚实基础。

（三）提升金融监管时效性：为金融开放保驾护航

从理论上说，金融开放只是放松限制竞争的规则，由于限制竞争规则的放宽，破坏了金融体系的稳定性，相反必须加强其他方面的金融规制（裴桂芬，1998）。换而言之，随着金融开放进程的推进，一国金融管制得以逐步放松，金融体系面临的复杂性和不确定性将显著增加，潜伏于金融体系的风险转换为危机的可能性将随之增大。这客观上要求我们不断深化金融监管改革，持续更新监管手段，确保监管体系的有效性与金融开放的步伐相契合，与金融开放的改革进度相匹配，从而有效遏制泡沫经济的滋生。在此过程中，金融监管的"时效性"显得尤为关键。这是因为随着金融开放进程的推进，金融的自由化程度和创新程度会随之提升，从客观上要求美国金融监管模式应及时地从监管的范围、方式和技术上进行调整，以适应新的金融体系。这种"时效性"主要体现在以下三方面：一是及时地对新型金融工具进行跟踪监管；二是及时确定对新型金融工具的监管主体；三是及时更新与新工具相匹配的监管技术。譬如，次贷危机就提醒我们，政府在实施金融开放政策时，应特别关注对高杠杆率金融交易活动的监管，就这些特定的交易和金融市场及时地设计针对性的监管机制，并对新型金融衍生工具予以及时、跟踪性监控，才可能防患于未然。

（四）存款保险制度"双刃剑"特性：诱发银行危机

存款保险制度作为金融安全网的重要组成部分，其在保护储户利益、维护金融稳定方面发挥着不可替代的作用。然而，我们也应清醒地认识到，该制度同样具有诱发金融机构道德风险的"双刃剑"特性。

因此，我们不能盲目相信并夸大其功能，要认识到存款保险制度本身具有容易诱发银行、储蓄贷款机构等参与存款保险制度的金融机构道德风险的缺陷；更不能因为一国金融体系引进了存款保险制度而忽视对银行机构的监督。1987 年美国储贷机构危机的一个重要诱因，就是存款保险机构没能及时对参加存款保险的储蓄贷款机构实施监督，及时掌握这些机构的经营状况，从而丧失了在其真实资产没有消耗殆尽之前就对其实施关闭和封存资产权力的机会，导致存款保险机构不得不动用存款保险基金来作为对储蓄者的存款返还。这启示我们，在存款保险制度下必须强化存款保险机构监督、检查的能力，建立健全快速反应机制，以便在金融机构出现问题时能够迅速介入，采取有效措施控制风险扩散，最大限度地减少存款保险基金的损失。

（五）强化政策协同：高效应对金融开放下虚拟经济挑战

金融开放以国内一定程度的金融自由化为前提，然而由美国主导的金融自由化模式，却严重扭曲了虚拟资本与实体经济的关系，直接导致了"经济虚拟化"的后果。而经济虚拟化带来的深刻变化，使传统宏观经济政策手段越来越不容易达到政策目标，政策效果变得越来越难以操控（李宝伟，2010）。在此次全球性金融危机的救助中，虽然各国政府采取央行、财政部联手出击，实施救助性干预政策的方式，但由于虚拟经济造成宏观经济运行的不确定性被放大化，从而给宏观经济政策有效发挥作用、实现调控目标造成了极大的障碍。如何在金融开放改革推进的过程中，有效地对开放政策下导致的虚拟经济进行管理是亟待我们进行深入研究的重大课题。目前，至少可以从以下三个方面入手，对虚拟经济予以更系统、更有效的管理，以保证虚拟经济在金融开放进程中适度、有序、稳定的发展：其一，要充分考量经济虚拟化对宏观经济政策传导机制的影响，并在有此考虑的前提下，实施货币政策和财政政策。其二，注重多种宏观经济政策的搭配与协调。例如，将有助于政府管理虚拟经济的金融监管政策也纳入管理经济虚拟化问题的宏观政策框架中，并将其与传统的货币、财政政策有机地结合起来，搭配使用，以发挥政策的协同效应。其三，调整并改变忽视虚拟经济因素的传统宏观调控政策，设计一些新型的宏观经济管理制度和措施，转变传统的宏观调控方式，以期充分发挥虚拟经济在一国经济发展中的"蓄水池"作用。

第二节　韩国金融业制度型开放：历史进程与经验启示

20 世纪 80 年代，金融国际化乃至全球化浪潮兴起。跟随发达国家金融开放的步伐，发展中国家也陆续启动金融自由化改革以打破金融抑制，并在金融自由化措施逐步实施的基础上，推进着金融制度型开放的进程，以期通过金融因素的增长来促进本国经济的发展。在众多的发展中国家中，墨西哥、阿根廷、巴西、智利等拉美国家金融自由化与开放进程的突出特点就是"全面且快速"，但这为其 20 世纪 80 年代的债务危机和随后 20 世纪 90 年代爆发的墨西哥金融危机营造了一个良好的"温室"。相对于拉美国家比较激进的金融自由化与开放策略，东南亚诸国的金融自由化、金融开放进程更为谨慎、缓慢。而在东南亚国家之中，韩国对金融开放从一开始就持有十分审慎的态度，对金融业采取的是渐进式的对外开放战略。从这一点来看，其又比泰国、印度尼西亚等东盟国家更为谨慎，因此其金融开放进程的推进经验更值得一贯采用"渐进改革模式"的中国借鉴。基于此，本部分尝试在回顾韩国金融自由化改革和金融开放推进措施的基础上，按不同时期韩国金融业的状态特征来对其金融开放进程予以阶段性划分，以期通过对其发展阶段的梳理，得到有益于中国推进金融开放进程的若干启示。

一、韩国金融业制度型开放的进程：阶段与特征

韩国的金融开放历程大致经历了从政府对金融直接进行干预的阶段，到金融自由化改革启动，直至在放松利率管制、降低金融机构准入限制、对外开放金融市场等一系列金融自由化措施的基础上，逐步实施金融开放战略的阶段。基于每个阶段韩国金融自由化与金融开放的程度以及金融业相应的状态特征，本文将韩国金融制度型开放进程大致划分为以下四个主要阶段：

（一）20 世纪 60~70 年代末：实行政府主导型金融干预模式

20 世纪 60 年代初，韩国政府确立了以政府为主导的经济发展模式。在这一发展模式下，韩国政府采取的是以政府干预替代市场调节的方式，将韩国全国范围内的有效资源集中用于推进本国主导产业的发展上。韩国政府对金融领域的直接干预主要体现在以下两个方面（洪宁，2002）：一是通过低利率优惠贷款和指令性贷款等政策性融资，来直接干预金融部门的资金分配；二是通过规定所谓信贷上限和统一的存贷利率来干预货币政策的实施。

（二）20 世纪 80 年代初~20 世纪 80 年代末：启动金融自由化进程，为金融开放奠定基础

随着韩国经济发展水平的不断提升，政府金融干预下产生对金融资源配置的扭曲带来的负面影响愈发显著，从而引发了对消除金融抑制的迫切要求。在这种客观要求下，韩国于 20 世纪 80 年代初启动了金融自由化的进程。1981 年初，韩国政府颁布了"十年金融改革计划"，紧随其后又出台了多项金融自由化的改革措施，以逐步放松对金融业的管制程度。在此基础上，韩国政府又实施了金融开放战略，推行金融对外开放政策。

20 世纪 80 年代韩国启动的金融自由化和金融开放进程，大致可以划分为三个主要的阶段：第一阶段是缩小政府对金融领域的行政干预，这主要包括取消利率管制并促进国有银行的民营化；第二阶段是以对外开放本国金融业务的方式在韩国的金融业引入竞争机制，以提高韩国本土金融机构在国内乃至国际上的综合竞争力；第三阶段是稳健、谨慎地开放金融市场，推行金融开放。前两个阶段主要是以一系列金融自由化改革措施的实施来启动金融自由化进程，后一个阶段是在实现一定程度上的金融自由化的基础之上，开启了韩国金融开放的进程。

1. 启动金融自由化改革：前两个阶段

在前两个阶段，韩国实施的金融自由化改革的主要内容有三个方面：

（1）减少对大多数银行及金融机构的利率管制。1982 年 6 月，韩国取消了原先对大多数政策性贷款的优惠利率（即商业银行不再承担利率偏低的政策性贷款），并从 1984 年开始在一定范围内实施弹性化的浮动贷款利率措施。此后，又在此基础上，逐步解除了对其他类型利率的管制：1984 年取消了同业银行拆借利率和非担保公司债券的发行利率限额（何喜有，1996）；1986 年，大额可转让存单的利率、有银行支付保证的债券发行利率、由存款货币银行发行的金融债券的利率均实现了自由化（孙博，2008）；1988 年 2 月，金融机构贷款利率的管制被解除，准许商业银行参照韩国中央银行的再贴现利率自主决定贷款利率水平，这标志着韩国向利率自由化方向迈出了重要的一步。

（2）在降低对商业银行行政干预程度的基础上，逐步实现国有商业银行的私有化。1982 年，韩国政府取消了之前通过信贷限额管理的方式对商业银行实施的直接信贷控制，宣布实行法定存款准备金率、再贴现率和公开市场业务三大货币政策工具，韩国中央银行对金融体系的调控开始由直接调控向间接调控体系转变。此后，政府在预算、人事、组织管理等方面对商业银行的干预逐步得到很大程度上的放松，银行在业务的经营和管理方面的自主权不断增强，从而使得银行的经营效率在这一阶段有了明显的提高。在逐步减弱政府对银行行政干预的基础上，韩国加快了国有商业银行私有化的进程：1981～1983 年，韩国政府将自己在 4 家规模较大的全国性商业银行中拥有的股权转让给私人部门，实现了这 4 家国有商业银行的私有化。加上 1972 年已经实行私有化的韩国商业银行，至此，共计 5 家商业银行的私有化进程全部完成，实现了政府在这 5 家大型商业银行股份中的退出。同时，为了防止股权过分集中于某一大型财团的手中，韩国政府还对单一股东的持股份额做了严格的规定，即要求单一股东持有数不得超过总股数的 8%。

（3）降低金融市场的准入限制，以此促进金融服务的多元化发展。自 20 世纪 80 年代初起，韩国政府开始逐步降低了非银行金融机构的成立条件，并通过各种方式大力鼓励非银行金融机构的快速发展，从此包括证券投资公司、信托投资公司、人寿保险公司、互助储蓄、财务公司等众多非银行金融机构便相继应运而生：1982 年，韩国政府放宽了对投资和金融公司、互助储蓄等非银行金融机构的准入限制；1987～1990 年，韩国陆续成立了 18 家人寿保险公司；1989 年，韩国又成立了 5 家地方性证券投资公司。在降低非银行金融机构进入金融市场的门槛限制的同时，韩国政府通过增设内资商业银行、鼓励内资银行扩大业务范围、引进外资银行并缩小外资银行业务管制范围等多种方式来促进银行业的不断发展。例如，1984 年，外资银行获得国民待遇，被批准加入韩国银行公会；1989 年韩国新成立了 3 家内资商业银行；1991 年，外资银行获准进入韩国的信托业务领域。在降低各类型金融机构进入韩国金融市场的准入限制的基础之上，韩国金融体系的金融服务得到了全方位、多元化的良好发展，各类金融机构之间也呈现出有序的良性竞争态势，同时也极大地激发了其金融业务的创新动力。

2. 启动资本市场与金融机构的开放进程：第三个阶段

在 20 世纪 80 年代韩国启动金融自由化与开放进程的第三个阶段中，韩国政府以渐进式开放资本市场、引进外资金融机构与内资金融机构向外拓展并举的方式分别启动了韩国资本市场的对外开放和金融机构开放：

（1）资本市场双向开放。作为资本市场对外开放的第一个步骤，韩国政府于 1981 年宣布了资本市场自由化的方案，从而揭开了资本市场国际化和自由化的序幕（何喜有，1996）。这里值得一提的是，虽然韩国早在 1981 年就开启了资本市场开放的进程，但其对资本市场的自由化改革从一开始持有的就是一种谨慎的态度，这一点与墨西哥的金融自由化改革战略有很大的不同。韩国政府谨慎的资本市场自由化与改革开放主要体现在其推进资本市场对外开放进程的有序性和渐进性：1981 年，"韩国投资信托"（Korea Investment Trust）建立，成为专为外国投资者进行信托投资服务的第一个信托投资基金；也是从这一年起，韩国开始准许外资证券公司到国内设立代表处；1984 年封闭式共同基金——"韩国基金"（Korea Fund）成立，并在纽约股票交易挂牌上市。通过该封闭式基金，外国投资者可以投资于韩国股市，从而迈出了韩国股市启动对外开放进程的第一步；1988 年，韩国修改了外汇管理法，使得本国居民对外国证券的投资变得合法化；1989 年，韩国政府又公布了"进一步发展资本市场的自由化计划"。在推动资本市场开放的进程中，为抵御资本市场面临的潜在风险，韩国政府同时也对金融体系的监管制度进行了相应的改革和深化。从这一点来看，韩国推进资本市场的对外开放进程相对于墨西哥、巴西等国家而言是较为稳健的。

（2）金融机构双向开放。在韩国金融机构双向开放的过程中，政府重点从以下两个方面着力来推进机构国际化进程：一是引进银行类和非银行类外资金融机构。为了促进外资的流入并试图通过外资银行机构的引入以带动内资银行的国际化，韩国政府实施了各种优惠政策来吸引外资银行的入驻，并规定外资银行免受宏观金融政策的调控。这一系列的措施最大限度保障外资银行经营自主权和灵活度，因而吸引了众多外资银行进入韩国设立分支机构。有资料显示，到1991年底韩国的外国银行分支机构已发展到70家，另有24家开设办事处（何喜有，1996）。在大力引进外资银行的同时，韩国政府也开始逐步地将外资非银行金融机构引入国内。譬如，1988年底，韩国政府公布的证券市场开放方案，就批准了自1991年起外资证券公司可以在韩设立分公司进行证券投资的有关业务。二是力推内资银行和内资非银行金融机构走向国际。随着外资金融机构在韩国业务广度、深度的提升，这种深层次的介入持续地带动着韩国金融业不断地走向制度型开放。在此背景下，韩国内资银行开始走出国门，在全球范围内广泛设立分支机构。到20世纪80年代中期之时，韩资银行已在国外开设了40多家分行，大举向海外开拓市场。在外资银行的向内涌入与内资银行的向外拓展二者形成"外进内出"的银行机构国际化格局的同时，韩国政府也加大了非银行金融机构国际化的推动力度。1982年，韩国同时修改了外汇法和证券法，韩资证券公司和信托投资公司获准在海外设立分支机构。此后，幸福、大宇等韩资证券公司便开始陆续地在东京、纽约、伦敦等世界著名的金融中心创建分公司，以期更有效地在国际金融市场上为韩国企业的持续发展募集资金。

（三）20世纪90年代初至21世纪初：在进一步放松金融管制全面加速金融开放进程

20世纪80年代，通过开放化和国际化，全球金融市场在量和质上均得到了高速、深度的发展。为了紧跟这种金融全球化的步伐，韩国政府自20世纪90年代初起通过实施进一步的金融改革计划，使得韩国的金融开放进程得以提速。1993年3月韩国新一届政府执政，一上台便制定了"新经济五年计划"，对韩国未来五年的经济发展进行了详细的规划。在这个计划中关于金融业改革的五年（1993～1997年）计划是《金融自律化与开放计划》，其主题是进一步放松金融的行政管制，推行金融自律，其改革的措施主要有进一步推进利率自由化改革、完善金融工具、加速资本市场的开放、改革外汇体制并逐步实现韩元汇率的市场化等。这些一系列措施的实施为韩国金融业带来的结果如下：

1. 利率自由化进程的提速

自1991年8月韩国政府正式公布"利率自由化四阶段改革计划"起，利率自由化方案便分别在1991年、1993年、1994年、1997年得到实施。这一阶段韩国利率自由化进程的主要特征是：商业存贷款利率、短期公司债券、政府债券、银行定息债券利率等各类型利率相继放开；其中，商业贷款利率首先被放开，其次放开的是长期储蓄存款利率，最后放开短期储蓄存款利率。随着利率自由化进程的推进，到 1995 年之时，除发放给受政府战略性保护的企业的政策性贷款之外，银行类金融机构原则上拥有对其他发放的贷款自主制定贷款利率的权力；同时，银行机构也拥有了对一年期以上定期储蓄存款制定较有竞争力的存款利率的自由权。而到 1997 年时，政府便已终止了商业银行发放政策性贷款，改由专业银行来对农、林、牧、渔业发放优惠性贷款，至此，商业银行彻底拥有了对各类型贷款定价的自主权。

2. 金融工具多元化进程的提速

随着韩国金融自由化程度的提高，韩国政府逐渐意识到必须进一步创新、完善包括金融衍生工具在内的各类金融工具，才能使得金融机构能自如地在金融市场中选择金融工具以对冲的方式来规避利率、汇率等市场风险。因此，尽管韩国政府对建设并开放金融衍生工具市场的态度审慎，但考虑到金融机构在金融开放浪潮中对冲风险、进行资产负债管理的客观需要，韩国政府对金融衍生工具发展的推进仍比较迅速：截止到 1993 年底，韩国金融衍生工具市场价值总额达 2950 亿美元，而 1994 年仅用半年的时间该市场的市值便达到 1993 年全年总值的 74.58%，总计 2200 亿美元（其中货币远期合约占 87%，与利率有关的金融衍生工具约占 11%）。单从金融衍生工具市场的市值来看，其发展速度可谓"神速"。随后，在 1996 年 1 月，韩国又启动了股指期货交易。之后，各类新型的金融衍生工具不断地被引进韩国，为韩国金融市场中金融工具的进一步丰富和完善奠定了基础。

3. 资本市场双向开放进程的提速

韩国资本市场对外开放的提速主要体现在两个方面：一是韩国本国对外投资的总量控制进一步被放松。自 1990 年起，韩国政府对对外投资的总量控制进一步放松，证券公司可达 500 万美元，信托投资及保险公司可达 300 万美元（何喜有，1996）。在政策面松动的背景下，这类型的金融机构开始积极地实施对外投资，试图通过拓展其海外投资规模来增强其国际业务的实力。有资料显示，截至 1990 年末，这类金融机构海外总额达到了 17.9 亿美元。二是进一步放开国外对韩国本国资本市场的投资。从 1991 年起，在韩的外资证券公司可从事经营业务，并被获准可从 1992 年起对韩国股市进行直接投资。1992 年 1 月，韩国股市对外的完全开放标志着韩国资本市场进入了对外开放的崭新阶段。此后，韩国资本市场对外开放的进程进一步提速。自 1994 年 12 月起，韩国政府放宽了对外国投资者投资韩国上市公司股票的持股份额——由最初的 10% 放宽到 12%，1995 年又放宽至 15%。1996 年，韩国再次进入资本市场对外开放的加速期。在这一时期，韩国政府放松了本国对外直接投资的管制，并放宽了外国投资者的金融投资范围。例如，1997 年外国投资者被允许购买国内的受益凭证；1997 年 12 月，韩国政府取消了外商投资国内债券的所有限制；1998 年 2 月，政府允许外商投资于短期的货币市场，同时允许外商向大公司发放商业贷款（孙博，2008）。

4. 外汇体制改革深化与资本账户有序开放并举启动韩元国际化进程

在韩国经济发展史中，政府为有效调拨并调控外汇，历来采取的都是较为严格的外汇管制，直到 1982 年韩国的国际收支余额"由逆转顺"之后，才开始放开对贸易支出的用汇限制，对本国居民出游的用汇支出也有了较大程度的放开。进入 20 世纪 90 年代以来，韩国贸易顺差持续为韩国带来了大量外汇盈余，为实现外汇体制改革奠定了经济基础。与此同时，金融全球化趋势的加速和韩国经济外向程度不断提升对外汇交易的需求，也从客观上对韩国外汇体制提出了改革要求。在此背景下，韩国政府顺应了市场的需求，自 1992 年 9 月 1 日起，开始实行了一种全新的外汇管理制度，从原来的肯定列表制度（Positive-list System）转变为否定列表制度（Negative-list System）。这一制度彻底打破了外汇管制，确定了"不被禁止的业务都将被允许"的原则，一改原来的"不被允许的业务都将被禁止的"规定，即除非有特别规定，否则允许所有不被禁止的外汇交易；1999 年 4 月 1 日，韩国取消经常账户交易的兑换限制（巩勋洲，2008）；2000 年底，除威胁国际和平的外汇交易之外，资本账户全面自由化（王立军，2000）。

除了在外汇管理制度方面进行了大手笔的革新以外，韩国政府在韩元汇率决定机制上也实施了大刀阔斧的改革：1990 年 3 月，韩国以"市场平均汇率制"取代 1980 年以来实行的"一篮子货币盯住制"，韩元汇率的每日波动幅度也相应得以扩大，这强化了市场对韩元汇率的自主调节作用；1997 年东南亚金融危机波及韩国，韩国危机的爆发使得韩国政府取消了对韩元日波动幅度的限制，从此韩元彻底实现了浮动汇率制。外汇管制的取消和韩元汇率市场化为韩元国际化开创了至关重要的第一步，而 1997 年韩元实现自由兑换，又为韩元的国际化提供了最重要的前提条件之一。此外，为推进韩元国际化进程，韩国政府逐步扩大了韩元结算的规模和范围：自 1993 年起，政府允许每笔 10 万美元以下的进口交易可运用韩元结算，后来又将本币结算规模扩大至 30 万美元以下；而到 1997 年时，则实现了韩元结算从贸易结算扩大到非贸易结算领域的目标。韩国政府在这些方面的努力，为韩元国际化奠定了坚实的基础。值得一提的是，由于货币国际化是一国实现金融开放的最高层次，因此相较于资本市场开放与金融机构的国际化而言，韩国政府在推进韩元国际化方面要谨慎得多。

5. 东南亚金融危机之后韩国开启了金融自由化改革和金融制度型开放的新篇章

东南亚金融危机后，韩国不是通过截断金融市场与外部联系的办法进行消极的防御，而是进行了更加大刀阔斧的金融自由化和金融开放，政府的政策重点转移到金融结构的调整和金融体制的改革上，并对金融监管体制进行了适应性调整（曲凤杰，2006）。具体而言，金融危机爆发之后，韩国之前累积的外汇储备资源消耗殆尽，基于此，韩国政府采取了更为广泛的资本市场开放和金融账户自由化的系列政策（宫占奎和冯兴艳，2006）：一是放宽了对股票投资的限制；二是取消外国购买国内债务性有价证券债券的所有管制，实现国内债券市场的自由化；三是促进外国金融机构的国内投资；四是短期金融产品的自由化；五是取消对私人海外借款的限制。此外，韩国政府还建立了更加透明的外汇管理框架体系，推出的这一系列改革措施标志着韩国自危机后开启了新一轮的金融自由化与开放进程。

（四）次贷危机席卷全球后：风险防控与扩大开放并重

自 2007~2008 年次贷危机席卷全球以来，作为高度开放经济体的韩国对危机做出了迅速响应，实施了一系列旨在应对金融市场动荡，增强稳定性，提升透明度，增强竞争力的金融改革开放举措。这些举措不仅加强了金融监管和风险防控，还推动了金融市场的深化开放和国际化。其主要特征是"强化监管"与"扩大开放"并举。

强化金融监管主要体现在以下两方面：一是韩国强化了金融风险评估和资本充足率、流动性管理的监管要求，完善风险预警系统，实时监测金融市场波动；二是韩国通过修订并完善《银行法》《证券法》《外汇交易法》等金融业关键性法律法规，维护金融市场安全稳定，为后续的金融开放提供了坚实的法律保障。

扩大金融开放主要体现在以下四方面：一是韩国于 21 世纪 10 年代初期进一步推进了利率自由化改革。二是韩国在 21 世纪 10 年代中期加速了资本账户的审慎开放，逐步放宽了资本流动限制。三是进一步放宽市场准入。一方面，吸引、鼓励国内外金融机构在韩设立分支机构，提升金融服务多样性，助推金融市场良性竞争格局形成；另一方面，放宽对外国投资者的限制，同时优化跨境金融产品与服务，吸引国际投资者。四是金融机构加大科技投入，借力大数据、人工智能，以科技赋能金融，加速金融产品与服务创新步伐。以金融业创新，跟上国际金融领域革新的步伐，保持与世界金融市场的互联互通。

二、来自韩国经验的政策启示

在一国经济发展的初期，由于市场机制欠缺，政府通常会采用金融抑制手段来达到有效控制资源配置的目的，以期为经济发展提供有力的金融支持。然而，随着市场经济体制在一国的逐步确立，金融抑制造成的金融体系发展滞后于经济发展，对经济增长形成掣肘等诸多弊端愈发凸显。因此，一国启动金融自由化进程大多以消除金融抑制为其出发点。金融自由化在不同程度弱化了金融抑制，缓解了金融管制对国家经济发展的制约效应，也为本国金融开放进程的推进起到了先导作用。总体而言，韩国金融开放历程是值得中国借鉴的，它对我们主要的启示如下：

（一）稳健筑基：智启金融开放

利率自由化、资本账户自由化必须在经济稳定的状态下进行，在宏观经济遭到外部冲击处于非均衡状态时，应暂缓自由化进程。此外，金融的自由化与开放的推进进度应参照本国金融体制的初始状态。若金融体系的基础条件较差，比如银行体系内政策性贷款占比太大，银行机构背负着沉重的低收益甚至无收益贷款的负担，则取消金融管制的步伐就应量力而行，待金融体制的初始状态能达到金融自由化的前提要求时，再行实施自由化政策。

（二）渐进式金融开放：灵活调控，稳健前行

韩国的金融自由化采取了分阶段逐步推进的方式，这为稳健实施金融开放战略奠定了良好的基础。与他国不同的是，在金融自由化措施具体实施的过程中，韩国政府会根据宏观经济对前期金融自由化政策的适应程度来适时、灵活地调整自由化的速度——当韩国宏观经济因金融自由化措施的实施而遭受冲击时，金融自由化政策就会出现反复，在一定程度上又恢复到之前的金融管制状态，待宏观经济状况企稳之后，再尝试实行金融自由化措施。韩国的经验表明，在推进金融自由化与开放的进程中若出现与预期相悖的负面效应，政府应及时调控，稳妥地使金融体系适应宏观经济的新状况。

（三）金融有序开放：循序渐进，重序为先

在1993年实施的金融业五年改革计划中，韩国的改革次序很有考究：首先是放松市场管制，发展非银行金融机构及国有银行私有化，促进竞争；其次是放开贷款利率；再次是存款利率；最后才逐步开放资本账户。潘悦（1997）对此开放次序进行了研究，认为韩国政府作出的这种顺序安排是基于当时韩国金融经济状况的客观现实而慎重确定的。先放开贷款利率是基于当时韩国的实际贷款利率已经很高，取消贷款利率管制后，贷款利率上浮的空间较小，这可以使整个经济的资金成本保持在一个可控的范围之内，从而不会对宏观经济造成太大的冲击，因此可以先开放贷款利率；存款利率而后陆续开放的主要原因是，过早开放存款利率将导致银行机构为争夺市场份额而诱发大幅调高存款利率的过度竞争，可能对银行体系稳健经营造成巨大冲击。加之当时银行仍背负着政策性贷款的"包袱"，由于银行对政策性贷款的盈亏缺乏自我调节的能力，因而在这种情况下，若贸然放开存款利率，将使得政策性贷款的资金成本剧增，导致这类贷款发生巨额亏损。因此，直到1997年韩国政府解除商业银行政策性贷款压力之时，除纯粹的活期存款（如支票、存款簿等）之外的所有存款利率才得以在1997年7月7日（Kim，1999）完全放开；在取消利率管制之后才逐步放开资本账户的原因是，资本账户自由化的前提条件之一就是利率的自由化。若一国的基准利率不是通过市场化的方式形成的，那么该国的资金成本将难以被精准地反映，从而难以起到引导资金流向的"信号灯"的作用，即管制下的利率很难准确引导资金的流入、流出。在利率管制的情况下，依旧开放资本账户便极可能违背资本账户自由化的初衷——让资本在逐利的天性下，在国内外之间自由地流动。而在这种情况下，资本账户余额呈现出的顺差或逆差也很可能难以反映真实的情况。因此，韩国政府将资本账户的自由化放到了利率自由化之后并审慎地推进资本账户开放进程是合理、稳健的。

（四）危机后果断政府干预：重塑金融稳定，速破阴霾困境

韩国的经验告诉我们，一旦危机爆发，采用政府干预、激进型、彻底性的金融改革方案，能更快地走出危机困境。20世纪90年代以来，韩国在资本市场不发达、金融体系没有建设好的条件下加快了金融自由化步伐，放松对短期资本流动限制的同时，没有建立相应的监管措施，使得短期债务迅猛增加，最终引发了金融危机（赵瑛，2010）。1997年韩国金融危机的爆发，暴露了其金融开放初期的一系列问题，其中，最大的问题在于，没能把握好金融开放的节奏，在国内金

融体系建设尚未健全的情况下，过快向外开放金融市场。危机爆发后，韩国政府积极干预，采用激进式的改革方案。虽然激进式的改革在短期内代价较高，但最有效率，使得韩国在东南亚各国中率先走出了危机困境。尽管 IMF 给韩国金融危机开的药方是减少政府干预，但事实证明，政府干预才是让韩国尽快摆脱危机困境的不可替代的先决条件（曲凤杰，2006）。可以说，韩国政府在金融危机之后采取的干预措施，对重建金融体系、稳定金融市场方面起到了不可替代的作用。由韩国的经验与教训可见，无论是在金融危机爆发之前还是之后，成功的金融自由化和金融开放都不是一个自由放任的过程，而是一个政府积极参与和引导的过程。

第三节　代表性国家金融制度型开放及其伴随的金融安全问题之比较分析

一、美、韩两国金融制度型开放进程与经验的差异性分析

美国的金融开放具有"松—紧—松"螺旋式放松金融管制的自然演进特征，与韩国在政府主导下赶超式的金融开放发展模式有着很大的不同（如表 11-1 所示）：

（一）美韩金融开放的目的差异：主动进取与被动追赶

美韩两国金融制度型开放的初始目的不同，所以立场不同。美国是为积极获取开放的巨大收益，而采取的主动性开放。韩国则是由于自身金融体系和信用制度与发达国家之间存在巨大的落差，而越不开放，越落后，越可能成为风险、危机的被转嫁者和承受者，故不得不通过开放来缩小这种差异，因而韩国启动金融开放进程是一种被动性的开放。

（二）美韩金融开放的起始点差异：高端启航与低端奋进

美韩两国金融制度型开放进程的起始点不同，从而开放的受益情况也不同。美国是站在金融业产业高端的开放，因此从开放起就受益，其开放进程就是一个获取金融开放、全球化利益的过程。而韩国则是处于金融业产业低端的开放，开放初期并不能直接获得参与金融开放浪潮的收益，甚至有可能因为自身制度落

后，遭受外部制度落差的冲击，诱发源自外部冲击的金融危机。随着开放进程的推进，通过参与到金融开放活动中，提升自身的竞争力，不断缩小与发达国家的制度落差，才能最终从金融开放中获取到开放的收益。

（三）美韩金融开放的次序差异：资本自由流动与货币国际化的先行与后行

美韩两国的形态与国情决定了其制度型金融开放存在推进维度次序上的差异。美国将资本运动和货币的国际化置于金融开放的初始阶段，即以资本市场对外开放与资本自由流动推动美元走向世界，并在美元实现国际化后，以美元的国际货币地位，引导本国开启金融市场、金融机构、金融业务等其他维度下的制度型开放进程；而韩国则是谨慎地对待资本跨境流动与货币国际化，将二者置于金融开放的中后期阶段，以金融机构、市场、业务、监管维度的国际化来带动资本运动和韩元的国际化。

表 11-1　美、韩两国金融制度型开放特征对比

特征 \ 国别	美国	韩国
制度型开放总体特征	螺旋式演进	赶超式开放
开放的目的与动力差异	主动性开放：以积极获取开放收益为目的，主动推进金融开放	被动性开放：缩小与西方发达国家差距，应对外部风险
开放起点与受益时序	高端开放：金融业高端起步，早期即受益	低端开放：金融业低端开放，后期通过竞争力提升受益
国家形态与开放策略	审慎型开放	跟随型开放
开放维度与次序安排	多维并进：资本自由流动与货币国际化先行，带动全面开放	逐步推进：货币政策、机构、市场等多维度开放先行，后推进资本账户开放与货币国际化

二、美、韩两国经验的共性与差异性启示

（一）共性启示

1. 稳基开放，首调宏观

稳定的宏观经济环境与良好的实体经济基础是一国推行金融开放战略不可或缺的首要条件。这一理念深刻地揭示了金融开放与实体经济之间的相互依存关系。一方面，稳定的宏观经济环境是金融制度型开放的基石；另一方面，良好的

实体经济基础亦是金融制度型开放的重要保障。稳健的宏观经济环境与厚实的实体经济基础，能吸收、消化伴随金融制度型开放而生的潜在风险，确保国家金融体系的健康稳定运行。因此，在动态推行金融制度型开放战略的进程中，应首要关注宏观经济状态与实体经济发展情况。这客观上要求政府优化宏观调控：一是要保持宏观经济政策的稳定性与连续性，为金融制度型开放提供可预期的政策环境；二是要加速经济结构转型升级，提升产业新质生产力，为金融制度型开放提供强有力的经济支撑。

2. 自由并控，开放并行

奉行"自由主义"，并不意味着政府丧失了调控、干预的作用和功能，相反地，政府应主动、适时地调整金融开放的推进进度。这一点，不管对于主动开放的国家还是被动开放的国家都一样。这客观上要求我们，把握好金融开放的推进节奏，应在政府可控的框架下、金融体系风险可承受的范围之内，以试错或渐进的方式稳步推行金融开放战略。一旦在金融开放进程中，遭遇内、外部冲击，出现与预期相悖的负面效应，则政府应果断地及时采取调控手段，暂缓相关的金融自由化政策，待宏观经济状况企稳、金融体系稳定之后，再尝试恢复相应的自由化措施。

3. 创新有度，监管并重

虽然金融发展离不开金融创新，但金融创新必须把握一定的度。若创新超过了监管的边界，必将带来风险的集聚。例如，次贷危机中被创造出来的各式各样的衍生金融产品超越了金融监管当局现有监管水平，从而直接对危机发挥了推波助澜的作用。又如，20世纪80年代以来，随着外资金融机构的进入，韩国衍生产品市场发展很快，金融创新也比较活跃，尽管韩国建立了金融监管委员会，并引入了新的监管方法和标准，但是金融监管的能力和水平远未能跟上金融创新的速度（曲凤杰，2006）。这种监管及时性的不足为20世纪90年代韩国危机的爆发提前埋下了伏笔。

4. 动态监管，匹配开放

美韩两国在推进金融自由化改革与制度型开放战略的进程中，其金融业都展现出了放松金融管制与强化金融监管并举的鲜明特点。这一并举策略的核心理念在于：不断修正、改进、更新监管方式方法，动态地优化金融监管体系，使其能精准匹配金融自由化与开放节奏与金融改革步伐，以实现既放松金融管制，激发市场活力，又强化金融监管，维护金融稳定。

（二）差异性启示

如前所述，美国、韩国具有不同的金融开放目的、策略和结果，其在推进制度型金融开放进程中产生的金融危机的成因、传导路径、救治措施等方面也均存在巨大的差异，因此美、韩两国给予我们的除了共性启示外，还有基于自身情况的特色启示如表 11-2 所示。

表 11-2　美、韩两国金融制度型开放的共性与差异性政策启示

政策启示 \ 国别		美国	韩国
宏观经济与开放条件	稳定的宏观经济环境与良好的实体经济基础是金融开放的首要条件	√	√
政府角色与调控干预	自由主义不排斥政府调控，金融开放需与政府适时调控并行	√	√
金融创新与监管边界	金融创新有度，避免超越监管边界，防止风险集聚，放松管制与强化监管并举	√	√
动态优化与风险应对	不断修正、升级监管方式方法，动态优化金融监管体系以匹配金融自由化改革与制度型开放的进程	√	√
危机管理与经验教训		螺旋式开放、循环管理与危机应对：美国经验告诉我们金融开放伴随金融危机，需高度关注金融制度建设，把控监管与金融创新平衡，有效管理虚拟经济	合理次序安排：应注重金融开放的次序和节奏政府主导改革：国家金融改革应以政府主导，具备计划性和渐进性危机应对策略：面对危机，可采取政府干预和激进、彻底性改革方案

1. 美国经验启示：金融开放与监管螺旋循环+虚拟经济有效管理

美国经验告诉我们，金融开放进程是一种螺旋式循环，金融开放往往伴随金融危机的产生，这要求我们关注金融制度建设、金融监管、金融创新的合理边界，并能有效地对虚拟经济予以管理，保持社会信用总量与经济总量的适当比例。能否对虚拟经济实施有效的管理，是影响政府宏观调控和危机救助效果的重要因素。而如何对金融自由化政策下导致的虚拟经济进行有效的管理，是亟待我们进行深入研究的重大课题。

2. 韩国经验启示：政府主导有序开放、渐进改革+力挽危机狂澜

作为与美国不同的赶超型国家，韩国经验启示我们：一国必须注重金融开放进程的合理次序安排；金融自由化改革应以政府主导为主，具备计划性、渐进性的特点；一旦危机爆发，采用政府干预、激进型、彻底性的金融改革方案，能更快地走出危机困境。

第十二章

新发展格局下金融业制度型
开放政策研究

第一节　新发展格局下金融业制度型
开放的挑战与风险

一、金融业制度型开放中的挑战

（一）与国际高标准规则存在差距

尽管中国近年来在金融制度型开放方面迈出了坚实的步伐，包括放宽外资市场准入、优化外资金融机构营商环境、推动人民币国际化等，但在对标国际高标准规则方面，我们仍面临不小的挑战。首先，部分金融领域的监管规则和标准尚未与国际接轨，存在"内外有别"的现象，这既不利于外资金融机构的公平竞争，也限制了我国金融业参与国际竞争的能力。其次，对于新兴金融业态和金融科技的发展，在 RCEP、CPTPP 等国际高标准规则中均有重要条款规定，而我国在相关领域仍处于试点推进过程，这与 RCEP 和 CPTPP 的要求尚存距离。最后，金融市场的开放程度、透明度以及跨境资本流动的管理等方面，与国际高标准相比仍有提升空间。此外，在国际金融体系中，发达国家往往占据主导地位，而发展中国家则处于相对边缘的位置。这种"中心—外围"格局使得发展中国家在推进金融制度型开放时，需要面对来自发达国家的压力和影响，可能导致在规则制定和执行上的不对称等。

（二）金融双向开放存在不对称

1. 金融市场开放与资本账户开放

中国的金融市场如股票市场、债券市场等，对外国投资者的开放程度相对较高。例如，我国已取消境外投资者 QFII 和 RQFII 的投资额度限制，并打通了银行间债券市场的直接入市渠道，使得外国机构投资者可以较为便利地投资于中国的金融市场。相比之下，中国对内地投资者投资于海外市场的开放程度则较为有限。虽然近年来有所放松，但仍保留了对境内投资者 QDII 和 RQDII 的额度限制，这在一定程度上限制了内地投资者在国际市场上的投资活动。在面临短期资本外流压力和人民币贬值预期时，中国央行加强了对资本账户的管制，以防止资本大规模外流对国内经济造成冲击。

2. 国内金融市场与国际金融市场的不对称

虽然近年来中国金融市场取得了显著发展，但与国际金融市场相比仍存在一定的差距。在市场规模、产品种类、交易机制等方面，国内金融市场仍有待进一步完善。国际金融市场历史悠久、体系完善、监管严格，吸引了全球范围内的投资者和金融机构参与。其市场成熟度和国际化程度均高于国内金融市场。国际金融市场在信息披露、监管执法等方面具有较高的透明度，有助于降低信息不对称风险，提高市场效率。而国内金融市场在信息透明度方面仍有待提升，以更好地保护投资者权益并促进市场健康发展。

3. "引进来"与"走出去"的不对称

中国在"引进来"方面取得了显著成效，吸引了大量外资金融机构进入中国市场。这些外资机构带来了先进的管理经验、技术和服务模式，促进了中国金融市场的竞争和发展。相比之下，"走出去"则面临更多挑战。中资金融机构在国际市场上的竞争力相对较弱，缺乏足够的国际业务经验和风险管理能力。同时，国际市场的复杂性和不确定性也增加了中资机构出海的风险和难度。

（三）金融开放与经济安全之间的平衡

金融开放使得资本跨境流动更加频繁和便利，同时也增加了资本流动的不确定性和风险。国际资本的大规模流入或流出都可能对国内经济造成冲击，影响金融稳定和经济安全。随着金融市场的开放，国内外金融市场的联系日益紧密。国际金融市场的波动和风险很容易通过金融渠道传递到国内市场，对国内经济造成不利影响。金融开放对金融监管提出了更高的要求。外资金融机构的进入和国内金融市场的复杂化使得金融监管的难度加大。如果监管不到位或监管政策滞后，就可能引发金融风险甚至金融危机。当前我国金融开放将安全放在首位，在推进过程中采取审慎原则，大多以试点形式辐射全国，监管方面也趋严，监管窗口较多。

（四）金融业制度型开放中的监管挑战

1. 监管范围与复杂性的增加

随着金融业制度型开放步伐的加快，外资金融机构纷纷涌入中国市场，这不仅极大地丰富了金融产品和服务的种类，如金融租赁、金融投资、商业代理及金融衍生工具等新兴业务的涌现，同时也对监管体系构成了新的挑战。这些新业务不仅提升了监管工作的复杂性与难度，还促使监管机构不断提升自身专业能力，以应对日益多样化的金融市场环境。

同时，金融市场的双向开放渠道日益多元化，互联互通机制不断扩容，诸如"沪港通""深港通"及"沪伦通"等创新机制的推出，极大地促进了跨境金融业务的增长。但跨境业务涉及多个国家和地区的法律法规体系及监管标准，这种跨域特性显著增加了监管的复杂性和不确定性，要求监管机构在保障市场稳定与促进金融创新之间寻求更加精细化的平衡。因此，加强国际合作、提升跨境监管协调能力，成为当前及未来金融监管领域的重要课题。

2. 监管法规与标准的衔接

制度型开放要求我国在制度、规则层面与国际协同一致。然而，不同国家和地区的金融法规、监管标准存在差异，如何有效对接国际规则，同时确保国内金融市场的稳定和安全，是监管面临的重要挑战。金融市场的快速发展和新兴业务的不断涌现，要求监管法规能够及时更新和完善。

3. 监管技术与手段的提升

随着金融科技的快速发展，数字化监管成为趋势。然而，数字化监管需要先进的技术支持和专业人才，如何构建高效、智能的监管系统，提升监管效率和准确性，是监管机构需要解决的问题。跨境业务增多要求监管机构加强国际合作与交流，但不同国家和地区的监管体制、监管标准存在差异，跨境监管合作需要克服诸多障碍，如信息共享、监管协调等。

4. 金融风险防控

金融业的开放使得国内外金融市场之间的联系更加紧密，一旦某个市场或机构出现问题，可能迅速传导至其他市场或机构，引发系统性风险。因此，监管机构需要加强对系统性风险的监测和防控。跨境业务增多使得跨境风险传染的可能性增加。监管机构需要加强对跨境资本流动的监测和管理，防范跨境风险传染对国内金融市场的冲击。要切实防范风险，特别是将金融系统的风险作为重中之重，建立和完善针对国内国际金融市场风险的宏观审慎监管框架。对国内的风险进行监测识别，包括金融机构、房地产和地方债风险进行压力测试和风险识别，帮助金融监管部门及时采取具有前瞻性、针对性的政策措施。对国际金融风险进行监测预警，分析其影响国内市场的途径，结合国内外经济形势进行综合判断，采取前瞻性、针对性的政策措施。

二、金融业制度型开放中的风险

（一）资本流动风险

1. 金融对外开放会加剧跨境风险传染

跨境风险的传播路径复杂多样，主要可归结为三大渠道，包括实体渠道、金融渠道以及源于信息不对称所导致的投资者行为变化。国际贸易中，一国货币的贬值会削弱其贸易伙伴的竞争力，促使双方为恢复国际收支平衡而可能采取竞争性贬值策略，形成风险沿贸易链的传递。在全球金融市场高度联结的背景下，一国遭遇冲击时，对高杠杆企业来说，其资产价值大大缩水需快速抛售资产来筹集资金，从而将风险"输出"至其他国家。此外，还存在一种超越实体与金融联系的纯粹风险传染机制。这种传染往往与基本面无直接关联，短期内也不受国内政策干预影响，更多是基于市场心理与行为的非理性表现。随着金融一体化的深化，投资者全球资产配置的需求增加，信息与交易成本降低，跨境投资渠道拓宽，但同时也加剧了风险传染的潜在可能。当一国经济出现不利信号时，国际投资者基于"传染"预期，快速调整其跨国资产组合，导致区域内国家金融市场相继承压。值得注意的是，动量交易与羊群效应在国际金融市场尤为显著，这种效应容易放大，为发展中国家金融稳定带来挑战。因此，在推进金融开放的过程中，加强监管合作、提升政策透明度、建立有效的风险防控机制显得尤为重要。

2. 跨境资本流动对国内经济的冲击

当跨境资金大规模流入国内，增加了国内经济对外部冲击的风险。受到信息不对称的影响，境外投资者对国内宏观经济环境的不确定性更加敏感，并且处于信息劣势，很容易被公共信息引导，这使得投资类资本流动对国内相关新闻的敏感度更高，而国内投资者能够获得充分的信息，所以反应相对平淡。当国内金融风险不断累积，金融体系脆弱性提高，在受到外部性冲击（如美联储加息）时，境外投资者在风险情绪下撤出在国内的资本，形成跨境资本流动外逃，冲击了国内汇率和利率市场的稳定性，加大了宏观调控的难度。

（二）汇率风险

当前，我国汇率制度虽在逐步完善，但仍面临弹性不足的挑战，在一定程度上削弱了应对短期跨境资本大规模流动冲击的能力。当短期跨境资本频繁且大规模地进出市场时，若汇率制度缺乏足够的灵活性，可能无法有效吸收和调节由此带来的市场波动，进而增加金融体系的脆弱性。

从宏观层面来看，人民币汇率的大幅波动会对国内经济稳定性造成显著冲击。一方面，人民币贬值可能会引发通货膨胀风险，因为进口商品价格上涨会传导到国内消费价格上，进而推动整体物价水平上升。同时，贬值还会压低国内利率水平，可能导致资产价格过快上涨，形成资产价格泡沫，增加金融系统的脆弱性。另一方面，人民币升值则可能对出口贸易部门造成负面冲击，降低了我国商品的价格优势，从而降低出口竞争力，影响出口企业的盈利能力和就业状况。

从微观层面来看，汇率波动会对企业造成显著的交易风险和资产负债表风险。对于汇率敏感的行业，如航空业，其外币计价的收入和债务占比较高，因此汇率波动会直接影响其汇兑损益和财务成本。在人民币贬值的情况下，航空公司的利润可能会因为外币债务的汇兑损失而减少。此外，对于那些依赖境外发债融资但缺乏有效对冲工具的非出口型企业，如房地产行业，其货币错配风险敞口较大，更容易受到外汇变动带来的负向冲击。

（三）市场风险

在金融业双向开放的背景下，国内外金融机构之间的界限逐渐模糊，竞争环境变得前所未有的激烈。这种竞争加剧主要体现在市场份额争夺、利润空间压缩、风险承担增加等几个方面。随着外资金融机构的进入和国内金融机构的国际化步伐加快，市场上的金融机构数量显著增加。为了争夺有限的市场份额，各机构不得不加大营销力度，提升服务质量，甚至可能采取一些激进的竞争策略。这种竞争态势可能导致市场份额的快速转移和重新分配。市场竞争加剧的直接后果之一是利润空间的压缩。为了吸引客户，金融机构可能会降低服务费用、提高存款利率或降低贷款利率等，这些措施都会直接压缩其利润空间。此外，为了应对竞争，金融机构还需要投入大量资金用于技术研发、人才培养和市场营销等方面，进一步增加了运营成本。在市场竞争中，为进一步扩大市场份额，部分金融机构可能以承担风险的代价获取利润。这种风险承担的增加不仅可能损害金融机构自身的稳健性，还可能对整个金融体系的稳定构成威胁。

（四）金融业开放加深会削弱我国货币政策的有效性

在全球化日益加深的开放经济背景下，货币政策的有效性不再仅仅局限于国界之内，而是深受国际政策协调与互动的深刻影响。随着全球经济一体化进程的加速，各国经济之间的相互依赖关系日益紧密，这种紧密关联使得任何一国的货币政策调整都可能产生跨国的溢出效应，波及其他国家的经济状况和政策制定。我国作为世界第二大经济体，随着金融市场的不断开放，其与国际金融市场的联系愈发密不可分，这直接触及了三元悖论的核心问题。对于我国而言，在追求资本账户开放和汇率相对稳定的同时，货币政策的独立性和自主性则面临挑战。

当国际资本因各种因素（如市场预期、利率差异、政策导向等）大规模流入或流出我国时，为维护汇率的基本稳定，中国人民银行可能需要频繁进行外汇市场干预，通过买入或卖出外汇来影响汇率走势。这种干预行为不可避免地会改变基础货币的投放与回笼规模，进而对货币政策的执行效果和宏观经济调控的自主性产生直接影响。此外，国际利率水平的变化也是影响我国货币政策有效性的重要因素之一。随着金融市场的开放，国内外金融市场之间的联系日益紧密，国际利率的变动能够迅速传导至国内市场，影响国内资本流动、资产价格以及市场预期。

（五）境外炒作境内金融资产的风险

随着我国境内股票、债券、外汇、货币市场及商品市场的持续对外开放，外资的参与度显著提升，不仅丰富了市场的资金结构，也深刻影响了我国跨境资本流动的动态格局与人民币汇率的走势，成为一股不可忽视的外部力量。然而，这种日益加深的金融开放进程，虽带来了市场的活跃与国际化水平的提升，同时也隐含着复杂的风险与挑战。

首先，境内外资本市场与资产价格的联动效应显著增强，意味着国际市场的风吹草动都可能迅速传导至我国市场，加剧市场波动。这不仅考验着我国金融体系的韧性与稳定性，也对监管机构的应急响应能力和跨境风险管理能力提出了更高要求。其次，部分海外资金凭借其雄厚的资金实力、丰富的市场经验、广泛的信息网络以及先进的技术手段，有能力构建复杂多变的交易策略。这些策略可能旨在短期内迅速推高或压低国内金融资产价格，以获取超额利润。

三、新发展格局前后金融业开放中的风险对比

(一) 风险类型的深度与广度

在金融开放初期，金融机构面临的风险类型相对较为单一，主要集中在传统金融业务领域，如信用风险、市场风险、流动性风险等。这些风险主要源于国内经济环境的波动、政策调整以及金融机构自身的经营管理问题。跨境风险虽然存在，但由于开放程度有限，其影响范围和深度相对较小。在新发展格局的引领下，金融业的全面开放与国际化步伐显著加快也带来了风险格局的深刻变革。风险类型不再局限于传统的金融风险范畴，而是向更加多样化和复杂化的方向演进。跨境风险作为新兴风险的重要组成部分，随着资本跨境流动的加剧和金融市场国际化的深入，其影响范围和强度日益增强。同时，金融科技风险也迅速崛起，成为不可忽视的风险因素。金融科技的创新发展，如区块链、人工智能、大数据等技术的应用，虽然极大地提升了金融服务的效率和便捷性，但也带来了新的风险点，如数据安全、隐私保护、技术故障等，这些风险具有隐蔽性、传染性和快速扩散的特点。因此，在推动金融科技发展的同时，必须建立健全相应的风险防控机制，确保金融科技的安全稳健运行。

(二) 风险规模的扩大与全球化

在新发展格局前，由于外资金融机构参与度有限，国内金融市场相对封闭，因此风险规模相对较小，主要局限于国内市场。即使发生风险事件，其影响范围也相对有限，不会迅速扩散到国际市场。金融业的进一步开放以及全球化进程的深入，国内外金融市场之间的联系日益紧密，风险规模也随之扩大。跨境资本流动的增加使得国内外金融市场之间的联动性增强，国际金融市场的波动很容易通过金融渠道传递到国内市场。同时，金融科技的广泛应用使得风险传播速度加快，一旦发生风险事件，很容易在短时间内迅速扩散到全球市场。

(三) 风险管理能力的提升与创新

金融开放前期，金融机构的风险管理能力相对较弱，特别是在跨境风险管理方面缺乏经验和专业人才。风险管理手段也相对单一，主要依赖于传统的信贷审核、资本充足率管理等措施。随着风险环境愈加复杂多变，金融机构不得不加强风险管理能力的提升和创新。一方面，金融机构加强了内部风险管理体系建设，完善了风险识别、评估、监测和应对机制；另一方面，积极引入金融科技手段，利用大数据、人工智能、区块链等先进技术提高风险管理的效率和准确性。同

时，金融机构还加强了与国内外监管机构的合作与沟通，积极参与国际金融规则制定和监管合作，提升跨境风险防控水平。

（四）风险应对策略的多元化与前瞻性

新发展格局前，金融机构在应对风险时主要采取传统的风险管理措施，如加强信贷审核、提高资本充足率等。这些措施虽然在一定程度上能够降低风险水平，但缺乏前瞻性和灵活性。如今，金融机构在风险应对策略上更加注重多元化和前瞻性。除了传统的风险管理措施外，还积极探索新的风险缓释工具和市场化风险转移机制。加强对宏观经济形势、政策变化、市场趋势等外部因素的监测和分析，提高风险预警和应对能力。同时，金融机构还应加强了与金融科技企业的合作与创新，共同探索新的风险管理模式和产品服务。

第二节　新发展格局下完善金融业制度型开放的体制机制

在金融、经济全球化的背景下，中国金融业制度型开放政策对于推动实体经济的高质量发展有着举足轻重的作用。此外，扩大金融业制度型开放更是中国迈向"金融强国"的必由之路。为进一步优化这一政策，提升中国金融市场开放的广度与深度，确保金融业在新时代、新格局下实现健康、稳步、持续的发展，以下从四方面提出政策建议：

一、"引进来"与"走出去"双措并举，深化中国金融市场双向开放

借力"引进来+走出去"双向路径，强化中国与国际金融市场的互联互通与深度融合：

（一）"引进来"

其一，通过"主体资格门槛开放"和"管道式开放"双结合的方式，优化外资准入管理机制，逐步放宽合格境外投资者的市场准入门槛，渐进提升外资投资持股比例，扩大外资金融机构境内市场业务范围；通过改进审批制度、简化审批流程、提升审批效率、提供审批政策指导、强化政策制度的一致性与连续性，多路径提升国际金融机构进入中国金融市场的便利化程度，增加对外资金融机构

与合格境外投资者的吸引力，提升其参与境内金融市场的竞合程度。其二，通过引入国际前沿金融风险管理与金融服务创新理念，提升国内金融管理国际化水平与金融市场开放水平。其三，通过定期举办国际金融论坛，增强金融制度、金融业态、金融科技等多维领域创新与监管的国际交流与合作。

（二）"走出去"

其一，通过积极构建与发达经济体、新兴市场经济体之间的双向或多向国际金融合作机制，提升与他国共同应对全球金融风险乃至金融危机挑战的能力。其二，通过主动走出去学习国际会计准则、国际信用评级制度、国际金融法律制度，借鉴国际经验，多维完善国内金融法治环境和金融基础设施建设，提升中国对国际金融市场的融入度，进而提升在世界金融经济体系中的影响力与竞争力。其三，通过国家金融双向开放等全球化政策导向的制度设计，鼓励中资金融企业通过跨境并购、设立海外分支机构等多元方式"走出去"，拓展境外市场，布局全球。其四，通过向外输出金融从业人员海外进修，积极学习他国制度型金融创新，主动拥抱国际惯例与准则，培养良好的国际沟通与学术交流能力，塑造兼具金融专业理论、全球通用技能、多元文化背景与国际视野的人才队伍，为金融业双向开放提供强有力的国际人才保障。

二、"流动便利化与监管升级化"双措并举，优化跨境资金流动机制

跨境资金流动既是一国金融市场双向开放的重要体现，也是国际资本流出入的重要渠道。因此，通过"便利资金流动+升级跨境监管"双拳出击的方式，优化跨境资金流动机制，其意义显著。一方面，能借力行政审批手续的简化，提升国内金融市场开放的效率性，促进国际资本双向流动；另一方面，能借力跨境资金流动事前的动态监测预警与事后的危机管理，防范资本跨境流动频次过高、规模过大对国内外金融市场带来的过度波动，提升中国金融开放的安全性。

（一）促进资金跨境流动便利化

其一，通过简化跨境投融资等形式的资金跨境双向流动的审批手续与流程，降低行政干预度，提升跨境资金流动便利度。其二，通过动态升级跨境支付结算的软硬件系统，提升结算体系的安全性与高效性，从而不断提高跨境资金收支的时间效率，尽可能降低跨境资金双向流动的交易成本。其三，通过有计划、有步骤地稳步推进资本账户可自由兑换，渐进放宽对跨境资本流动的限制，逐步提高资金出入境的自由度。

（二）推动资本流动监管升级化

1. 健全"宏微观双线并举的合力监管体系"，提升交互协同力

（1）"整合+补充+细分+优化"四维完善"跨境资本流动监测与预警宏微观综合指标体系"。其一，指标整合。在深入研究宏观、微观指标之间内在关联与勾稽关系的基础上，系统整合各部门、各条线的现有指标，对现行的监测与预警指标体系进行全面的升级改造，重点强化宏、微观指标的关联性监测。其二，指标补充。依据跨境资本流动的新态势、新情况，有针对性地补充宏观、微观领域的重点指标。例如，依据跨境资金流动的顺周期性，补充反映全球金融周期、国际金融市场流动性、人民币/美元汇率预期升贬值率等宏观外部环境监测指标，来预判跨境资金的流动趋势；对离岸转手、内保外贷、虚假 FDI 结汇、境内贷款对外转让等违规高风险领域补充对应的微观监测指标。其三，指标细分。将宏微观指标进行监测型和预警型指标的类别细分，提升两类指标的区分度。对监测型指标，探索提高监测频度之法，实现高频乃至实时监测；借助大数据技术，对预警型指标设定不同预警等级的触发阈值。其四，指标优化。基于日常对宏观、微观指标多元化组合场景的模拟，适时根据国内国际经济金融形势的变化，动态优化指标搭配，灵活调整重点监测指标与监管次序。

（2）双向疏通跨境资本流动宏微观风险传导与响应路径。一方面，建立健全跨境资金流动风险自下而上的"直达传递宏观响应机制"，三步疏通微观向宏观的风险传导与响应路径。第一步，微观风险预判。通过跟踪辖内监管的微观主体业务操作行为并实时监测其杠杆率、流动性、大额跨境交易等重点微观指标数据，对其可能涉及的风险，结合银行业务、涉外主体、金融创新等各类风险报告，予以诱因分析，对风险源头进行预判。第二步，风险反馈预警。基于构建的信息反馈直通渠道，微观层面归集的潜在风险源，第一时间上报至国家层面进行预警。第三步，宏观管理响应。由国家相关部门结合宏观经济金融形势，剖析微观风险源的性质、程度与规模，为后续是否采取以及如何采取宏观审慎管理措施进行逆周期调节提供微观决策依据。另一方面，建立健全跨境资金流动风险自上而下的"追根溯源微观响应机制"，三步疏通宏观向微观的风险传导与响应路径。第一步，宏观形势分析。通过高频监测国内外宏观经济金融指标，密切关注国内外经济事件的连锁效应，借助 BP 人工神经网络预测模型提升对经济金融发展态势的研判能力。第二步，微观主体定位。基于大数据分析技术，开发系统分析模块，研究宏观指标变动对微观指标的影响路径与影响程度，将宏观风险疏散

范围靶向定位至微观行为主体。第三步，微观监管响应。在甄别出宏观风险的微观因素与行为主体的基础上，适时运用针对性的微观监管工具对风险源进行防控，提升微观监管响应的及时性，以期实现"以微观风险的及时处置化解宏观风险"的目标。

（3）三线合力构建"宏微观双头协同的综合管理框架"。其一，通过"整合+修缮+优化+补充"现行管理规定，形成政策合力。有机整合宏观审慎和微观监管两个端口的法律法规；系统修缮管理政策不一的文件规定；从严优化存在政策交叉的管理办法；着力补充政策真空部分的文件缺陷。其二，通过多部门合理分工，明确权责关系。明确人行作为"宏观审慎+微观监管"两位一体管理框架牵头者的责任主体地位；明确作为跨境资金流动一线管理部门的外管局和打击跨行业、跨市场、跨领域资金违规犯罪所涉及的其他有关部门（如银行、海关、税务、工商、公安等）在防范跨境资金异常流动中各自的权责关系；由人民银行牵头加强各部门的信息沟通与联合监管，以及在宏微观综合管理框架下的总体协调。其三，通过宏微观监管重点的确立，实现各司其职。一方面，宏观端口审慎管理的重点应以"防控跨境资金异常流动"为主，侧重于"事前的监测预警+事中的风险响应+事后的危机处置"，防范不好事件对跨境资本流动可能造成的系列连锁反应，守住系统性金融风险底线；另一方面，微观端口主体监管的重点应以"维护外汇市场运行秩序"为主，侧重于"事前的合规审查+事中的行为监测+事后的主体抽查"，通过事前对银行、企业、居民等微观市场主体的跨境交易的合规性进行审查，事中对其行为和业务操作的真实性进行监测，事后对行为主体实时"随机筛选+重点抽调"相结合的方式，严厉打击跨境逃税、跨境赌博、跨境违规担保等外汇违规活动和虚假交易，进而"以案倒查"，维持外汇市场的正常运行和外汇交易的公平公正。

2. 以科技赋能监管，四步夯实"全口径本外币跨境资本流动全流程实时动态监测预警系统"的技术基础，应对跨境资金流动等领域的新趋势、新挑战

第一步：基于大数据技术，整合多部门基础数据，建立跨境资本流动风险数据库。运用大数据画像，捕捉资本流动波动特征，刻画跨境资本流动周期性规律，对高频预警指标的选择提供数据支持。

第二步：基于建立的风险数据库，运用机器学习技术，对预警指标从关联性、重要性、敏感性、先导性等多个方面进行效度筛选。同时，归集整合目前分散在多部门、多模块、多业务中的监测指标，构建起包括外资直（间）接投资、

对外借贷、外汇交易、流动逆转、汇率预期、外部环境等多维宏微观指标在内的，全方位、多层级、立体化的跨境资本流动实时监测与预警指标体系。

第三步：基于构建的预警指标体系，借助大数据金融风控领域中较先进的"集成分类器模型"，设计适宜进行全口径本外币跨境资本流动动态监测的风险防控模型，使跨境人民币和外币业务风险防范关口前移。

第四步：基于设计的风控模型，借助云计算、人工智能、区块链等科技技术，进一步完善实时监测系统，切实提升现有监测频度，持续全流程监测跨境资本流动的趋势、方向、波动、类型、属性、风险、规模、期限与结构等全方位特征，精准判断资本流动异常状态，有效甄别外部冲击风险源头和资本流动风险拐点。

3. 梳理监管重复与漏洞，夯实国内跨部门"信息共享+联合监管"平台建设基础

"构建跨境资本流动多部门联合监管信息共享平台"并非一个新的提法，多年之前即有之。然而，就目前而言，人民银行、外汇局和其他相关政府部门之间的跨境资金流动数据信息系统尚未实现完全对接，相对完整统一的信息共享平台仍未建立。基于此，建议从系统梳理监管重复与监管漏洞出发，夯实包含人民银行、外汇局、银保监会、证监会、国家安全部、海关、税务、工商、公安等国内多部门在内的跨境资金流动"信息共享+协同监管"平台的建设基础。

其一，抽调各相关部门的法律骨干成立"法务小组"，从法律法规的角度出发，逐年梳理人民银行、外管局等有关部门在跨境资本流动管理政策方面存在的监管重叠与监管真空部分，进而为完善跨境资金流动、数据安全、应急管理等有关法律法规，提出自己的专业意见。其二，抽调各相关部门的业务骨干成立"业务小组"，从外汇管理业务一线工作人员的角度出发，让其从自己多年的工作实践中，系统梳理出哪些业务、哪些环节最容易出现监管套利现象，并进一步深度剖析业务政策漏洞源头。其三，委托相关研究机构和智库的研究骨干成立"学术小组"，从学术研究的角度出发，研究跨境资本流动监管真空和监管交叉潜在的风险以及事前、事中、事后的阶段性风险应对策略。

三、"夯实基础与提升活力"双措并举，完善外汇管理制度

外汇管理制度是金融业制度型开放政策的重要组成部分之一。因此，完善外汇管理制度对于提高中国外汇市场的开放度、创新度与安全性，增强外汇市场的

监督、管理与风控水平有着重要意义。

（一）深化外汇制度改革，夯实中国外汇市场开放基础

通过加强中国外汇市场市场化、科技化、法治化、灵活化与透明化的优良特性，多维并举，为进一步提升外汇市场开放度夯实基础：

1. 强化市场化

深化外汇管理市场化改革，简化外汇审批环节，弱化外汇行政干预，提高境内外机构和个人投资者购汇、用汇、结汇的便利度，同时逐步放宽个人与企业外汇持有额与使用额。

2. 推动科技化

充分运用区块链、大数据、人工智能等前沿科技，以科技赋能外汇交易系统的基础设施建设与动态维护，不仅提升中国外汇市场货币以及衍生品交易与结算的效率，提高资金流转速率，降低交易成本，更提升外汇交易系统的稳定性与安全性，确保外汇市场运行平稳。

3. 深化法治化

建立健全外汇投融资、跨境交易等有关外汇条例与法规制度，推动外汇管理的法治化进程，外币汇兑与外汇交易做到有法可依、有据可循，增强外汇市场管理透明度。

4. 增强灵活化

适时取消现行汇率定价公式中的逆周期因子，提高人民币汇率定价弹性，并逐步增加汇率日波幅，提升汇率形成机制的灵活性。同时，适时依据国内与国际金融经济环境的改变，动态调整外汇管理政策，确保外汇制度的灵活有效性与时代适应性。

5. 提升透明化

建立健全信息披露制度，提高市场透明度，减少信息不对称，促进市场公平竞争。

（二）多维创新，提升中国外汇市场活力

1. 增加外汇市场参与主体类型与规模

其一，明确准入标准与降低准入门槛并重。一方面，通过设定清晰的外汇市场准入准则（例如，入场境内外金融机构的注册资本、风控能力等方面的要求；个人与企业参与者的风险承担能力、资金门槛、交易经验等准入要求），促进各类市场参与者准入条件的明细化与明确化，确保市场参与者的合规性。另一方

面，通过有规划、有步骤地降低外汇市场的准入门槛，渐进降低新进入者的合规成本，鼓励更多有符合资质条件的境内外各种类型的金融机构、企业与个人参与外汇的原生与衍生交易，以期通过市场参与主体的多元化，提升外汇市场活跃度。其二，设立"特别准入通道"。对环保型、创新型、科技型等符合国家宏观与产业政策导向的企业，通过降低入市门槛、简化审批流程等方式，开辟"绿色准入通道"，提高其入市交易的意愿；同时，对跨国公司和外贸企业，可根据企业用汇需求，为其设立便捷、高效的"外贸准入直通车"，提供全方位的结售汇与外汇风险管理的多维服务。

2. 深化外汇市场交易产品的种类创新

从拓展现有外汇交易产品和开发新外汇交易品种类型两条路径出发，逐步丰富场内外外汇交易品种。其一，在现已开展即期和远期交易的外币基础上进行其他币种和期限的拓展。其二，全方位探究外汇期货、外汇期权等外汇衍生品交易的可行性，通过人民币衍生品的丰富来满足各类型汇市参与者套汇、投资、投机或风险对冲等多样化的交易需求，加大中国外汇市场的国际吸引力，以吸引更多国际投资者参与。例如，结合中国国情与国际惯例，根据外汇市场的动态发展需求，充分做好人民币外汇期货交易制度的顶层设计，适时在中国外汇交易中心或上海金融期货交易所等核心金融平台进行外汇期货交易试点。其三，在加强外汇场内交易规范化与法制化建设的基础上，推动外汇场外交易市场的发展，尝试探索结构性外汇产品、人民币交易所交易基金等的设计与推出。

3. 加大外汇交易模式创新

外汇交易中心应积极探索区块链、人工智能等新科技在外汇交易中的应用，全面推广电子交易平台，鼓励汇市参与者更多采用线上交易、自动化交易等数字化交易模式，促进外汇交易高效化、可追溯化、市场活力化"三重目标"的实现。

四、"鼓励创新与强化防控"双措并举，建立健全中国金融开放监管体系

在全面推进中国金融制度型开放的时代，金融监管体系作为制度型开放的重要防线，其重塑显得尤为重要。中国金融监管当局应依据时代变迁和国内外金融经济大环境的动态变化，明确金融制度型开放新时代的监管目标，重塑监管框架，做到创新与风险之间的有效平衡，既要支持金融创新，又要防范金融风险，确保国家金融安全底线。

（一）构建鼓励创新的金融制度型开放监管体系：分级监管+政策引导+匹配创新

1. 采取"总体放松管制+分级风险监管"有机结合的监管原则

对金融制度、交易、产品、服务等各领域的创新，秉持放松管制的总体原则，并同时对不同类型和程度的金融创新区分风险等级，实施差异化的分区监管。例如，对于低（高）风险区的金融创新采取高（低）包容度。

2. 采取鼓励金融企业金融创新的政策引导

借力国家政策导向，鼓励金融机构加大在科技金融、绿色金融、普惠金融、养老金融、数字金融五大领域的制度设计与产品研发等方面的投入，推动金融创新成果的有效转化与实际应用。同时，监管部门应优化金融创新审批流程，提升创新审批效率，切实降低金融企业创新成本。

3. 建立适应新时代金融创新的监管体系

其一，金融监管当局应借鉴国际先进的监管经验，引入国际流行的"沙盒监管"等方法，切实提升对金融创新的监管效果。其二，应加强跨国金融监管合作与协调，深化与金融稳定理事会、巴塞尔委员会等国际金融监管机构的合作，共同制定与新时代金融创新匹配的国际统一监管标准，以减少跨国监管套利，维护国际金融市场的合规与稳定。其三，应密切关注金融科技前沿发展趋势，确保金融科技赋能金融创新的同时，也能赋能金融监管（例如，借助人工智能、区块链等科技手段，提升金融监管体系的智能化与数字化水平，提高监管当局监测、识别、评估与防范风险的能力；借力大数据技术，建立监管数据共享平台，推动监管信息的开放与共享，加强海量监管数据的深度挖掘分析），建立与新时代金融创新动态匹配的监管体系，将金融创新的潜在风险控制在金融监管体系可防控的范围之内。

（二）"对外+对内"双路径强化金融风险防控

1. 对外探索牵头国际金融监管合作

以深化上海国际金融中心建设，提升上海高质量、高水平制度型开放为契机，构建区域性（乃至全球性）的"本外币全口径跨境资本流动协同监管深度合作区"，分批次与相关城市、地区、国家和国际金融机构签署区域合作监管"多边备忘录"。例如，首批可先与长三角城市群以及国内三个重要的金融中心城市（北京、广州、深圳）；第二批再与香港地区、澳门地区；第三批与共建"一带一路"国家；第四批与中国经贸伙伴国、金融合作国和地区；第五批与国际金融机构。通过分阶段、分步骤、分区域将更多的国家、地区和组织纳入到由中国上海牵头的跨境资本流动协同监管合作区之中，切实加强与其他经济体和国际机构的深度合作与持续交流，增进共识、建立互信、避免误解。与此同时，立足于国际法的基本理论，以尊重他国和地区法律法规和执法权限为基础，夯实跨境监管协作的法律基础，缓解监管执法合作中或有的管辖权冲突问题；基于定期的双边与多边沟通，尽最大努力协助境外监管机构达成监管目标，共构风险应对与危机处置的深度交流合作机制。

2. 对内多维推动风险防控走深走实

其一，借力金融科技创新，动态改进金融创新型风险的监控、预警与应对模型，提升模型风险监控的准确性、风险预警的时效性与风险应对的及时性。其二，监管当局定期对特定金融市场和系统重要型金融机构进行压力测试，评估其在风险爆发情况下的市场表现，以保障国家金融体系的整体稳健性。其三，建立常态化的金融开放与创新风险评级机制，不断完善与金融开放水平相匹配、与金融创新水平相适应的事中风险监管与事后危机救助系统。其四，监管当局还应联合金融企业，合力做好提高金融从业人员的合规与风险意识教育，同时落实金融消费者对创新型金融产品与服务的风险认知教育，从金融业务参与者的角度夯实监管基础。

参考文献

［1］Aalbers, M. B., Loon, J. V. and Fernandez, R. The Financialization of A Social Housing Provider ［J］. International Journal of Urban and Regional Research, 2017, 41: 572-587.

［2］Adrian, T., Mancini-Griffoli, T. The Rise of Digital Money ［J］. Annual Review of Financial Economics, 2021, 13: 57-77.

［3］Allen, F., Gu, X., Jagtiani, J. A Survey of Fintech Research and Policy Discussion. ERN: Econometric Studies of Private Equity, 2020.

［4］Alstadsæter, A, Johannesen, N., & Zucman, G. Tax Evasion and Inequality ［J］. American Economic Review, 2019, 109 (6): 2073-2103.

［5］Alstadsæter, A., Johannesen, N., & Zucman, G. Who Owns the Wealth in Tax Havens? Macro Evidence and Implications for Global Inequality ［J］. Journal of Public Economics, 2018, 162: 89-100.

［6］Andrade, S. C, Bernile G., Hood, F. M. SOX, Corporate Transparency, and the Cost of Debt ［J］. Journal of Banking & Finance, 2014 (38): 145-165.

［7］Andreasen, E., Valenzuela, P. Financial Openness, Domestic Financial Development and Credit Ratings ［J］. Finance Research Letters, 2016 (16): 11-18.

［8］Andries, A. M., Capraru B. Impact of Financial Liberalization on Banking Sectors Performance from Central and Eastern European Countries ［J］. PLOS One, 2013, 8 (3): e59686.

［9］Arner, D. W., Buckley, R. P., Zetzsche, D. A., Veidt, R. Sustain-ability, FinTech and Financial Inclusion ［J］. European Business Organization Law Review, 2020, 21 (4): 7-35.

［10］Baltagi, B. H., Demetriades, P. O., Law, S. H. Financial Development and Openness: Evidence from Panel Data ［J］. Journal of Development Economics, 2009, 89 (2): 285-296.

［11］Baoko, G., Acheampong, I. A., Ibrahim, M. Determinants of Bank Credit in Ghana: A Bounds-testing Cointegration Approach ［J］. African Review of Economics and Finance, 2017, 9: 33-61.

［12］Beer, S., Coelho, M., Leduc, S. Hidden treasures: The Impact of Automatic Exchange of Information on Cross-border Tax Evasion ［R］. IMF Working Paper No. 19/286, 2019.

［13］Binder, A. The Politics of the Invisible: Offshore Finance and State Power: Country-Level Comparison ［M］. Cambridge: University of Cambridge, 2019: 20-30.

［14］Bley, J., Saad, M. The Effect of Financial Liberalization on Stock-return Volatility in GCC Markets ［J］. Journal of International Financial Markets, Institutions and Money, 2011, 21 (5): 662-685.

［15］Bruno, Valentina and Hyun Song Shin. Cross-Border Banking and Global Liquidity ［J］. International Political Economy: Investment & Finance Journal, 2014 (1).

［16］Bruno, V., Hauswald, R. The Real Effect of Foreign Banks ［J］. Review of Finance, 2014, 18 (5): 1683-1716.

［17］Burdekin, K. C. R., Tao, R. Bank Lending Margins in China and the Effects of the June 2012 Liberalization ［J］. Journal of International Commerce, Economics and Policy, 2014, 5 (2).

［18］Cajueiro, D. O., Gogas, P., Tabak, B. M. Does Financial Market Liberalization Increase the Degree of Market Efficiency? The Case of the Athens Stock Exchange ［J］. International Review of Financial Analysis, 2009, 18 (1/2): 50-57.

［19］Chari, A., Henry, P. B. Risk Sharing and Asset Prices: Evidence from a Natural Experiment ［J］. The Journal of Finance, 2004, 59 (3): 1295-1324.

［20］Chen, Z., He, Z., & Liu, C. The Financing of Local Government in

China: Stimulus Loan Wanes and Shadow Banking Waxes [J]. Journal of Financial Economics, 2020, 137 (1): 42-71.

[21] Chinn, M. D. & Ito, H. What Matters for Financial Development? Capital Controls, Institutions, and Interactions [J]. Journal of Development Economics, 2006, 81 (1): 163-192.

[22] Christopher, P. Buttigieg, Christos Efthymiopoulos The Regulation of Crypto Assets in Malta [J]. The Virtual Financial Assets Act and Beyond, 2018, 13 (1): 1-11.

[23] Claessens, S., Demirgüç-Kunt, A., Huizinga, H. How does Foreign Entry Affect Domestic Banking Markets? [J]. Journal of Banking & Finance, 2001, 25 (5): 891-911.

[24] Cobham, A., & Jansky, P. Global Distribution of Revenue Loss from Corporate Tax Avoidance: Re-estimation and Country Results [J]. Journal of International Development, 2018, 30 (2): 206-232.

[25] Daly, S., Frikha, M. Islamic Finance: Basic Principles and Contributions in Financing Economic [J]. Journal of the Knowledge Economy, 2016 (7): 496-512.

[26] Damgaard, J., Elkjaer, T., & Johannesen, N. What is Real and What is Not in the Global FDI Network? [R]. IMF Working Paper No. 19/274, 2019.

[27] Dariusz Wójcik, Eric Knight, Vladimír Pažitka. What Turns Cities Into International Financial Centres? Analysis of Cross-border Investment Banking 2000-2014 [J]. Journal of Economic Geography, 2018, (18) 1: 1-33.

[28] Dick, A. A., Lehnert, A. Personal Bankruptcy and Credit Market Competition [J]. The Journal of Finance, 2010, 65 (2): 655-686.

[29] Dong He, Xiangrong Yu. Network Effects in Currency Internationalisation: Insights from BIS Triennial Surveys and Implications for the Renminbi [J]. Journal of International Money and Finance, 2016 (68): 203-229.

[30] Fenghua Pan, Ziyun He, Thomas Sigler, Kirsten Martinus, Ben Derudder. How Chinese Financial Centers Integrate into Global Financial Center Networks: An Empirical Study Based on Overseas Expansion of Chinese Financial Service Firms [J]. Volume, 2018, 28: 217-230.

[31] Fichtner, J. The Anatomy of the Cayman Islands Offshore Financial Center: Anglo-America, Japan, and the Role of Hedge Funds [J]. Review of International Political Economy, 2016, 23 (6): 1-30.

[32] Garcia Bernardo, J., Fichtner, J., Takes, F. W., Heemskerk, E. M. Uncovering Offshore Financial Centers: Conduits and Sinks in the Global Corporate Ownership Network [J]. Scientific Reports, 2017, 7 (1): 1-10.

[33] Garcia Bernardo, J., Janský, P., & Tørsløv, T. Multinational Corporations and Tax Havens: Evidence from Country-by-country Reporting [J]. International Tax and Public Finance, 2021, 28 (6): 1519-1561.

[34] Goetz, M. R. Competition and Bank Stability [J]. Journal of Financial Intermediation, 2018 (35): 57-69.

[35] Haberly, D., & Wójcik, D. Regional Blocks and Imperial Legacies: Mapping the Global Offshore FDI Network [J]. Economic Geography, 2015, 91 (3): 251-280.

[36] Hausman, J. K., Unayama, T., Wieland, J. F. Abenomics, Monetary Policy,and Consumption [M]//Hoshi T, Lipscy P Y, eds. The Political Economy of the Abe Government and Abenomics Reforms. Cambridge UK: Cambridge University Press, 2021: 139-169.

[37] Henry, P. B. Capital Account Liberalization: Theory, Evidence, and Speculation [J]. Journal of Economic Literature, 2007, 45 (4): 887-935.

[38] Hindriks, F., Guala F. Institutions, Rules, and Equilibria: A Unified Theory [J]. Journal of Institutional Economics, 2015, 11 (3): 459-480.

[39] Johannesen, Niels, and Gabriel Zucman. "The End of Bank Secrecy? An Evaluation of the G20 Tax Haven Crackdown" [J]. American Economic Journal: Economic Policy, 2014, 6 (1): 65-91.

[40] K Huang & G Yeung. Economic Geographies of Asian International Financial Centers: A Sympathetic Critique [J]. Erdkunde, 2022, 76 (4).

[41] Katz, Michael L., and Carl Shapiro. "Systems Competition and Network Effects" [J]. Journal of Economic Perspectives, 1994, 8 (2): 93-115.

[42] Kawakatsu, H., & Morey, M. R. Financial Liberalization and Stock Market Efficiency: An Empirical Examination of Nine Emerging Market Countries [J]. Journal

of Multinational Financial Management, 1999 (3/4): 353-371.

［43］Kim, S., Kim, W. T. Recent Development in Monetary Policy Operating Procedures: The Korea Case ［J］. BIS Policy Papers NO. 5-Monetary Policy Operating Procedures in Emerging Market Economics, 1999 (6): 118-168.

［44］Laeven, L., Levine R. Is there a Diversification Discount in Financial Conglomerates? ［J］. Journal of Financial Economics, 2007, 85 (2): 331-367.

［45］Lai, T., Qian, Z., Wang L. WTO Accession, Foreign Bank Entry, and the Productivity of Chinese Manufac Turing Firms ［J］. Journal of Comparative Economics, 2016, 44 (2): 326-342.

［46］Langenmayr, D., Zyska, L. Escaping the Exchange of Information: Tax Evasion Via Citizenship – by – investment ［J］. Journal of Public Economics, 2021, 204: 104521.

［47］Laopodis, N. T. Financial Market Liberalization and Stock Market Efficiency: Evidence from the Athens Stock Exchange ［J］. Global Finance Journal, 2004, 15 (2): 103-123.

［48］Larrain, M., Stumpner S. Capital Account Liberalization and Aggregate Productivity: The Role of Firm Capital Allocation ［J］. Journal of Finance, 2017, 72 (4): 1825-1858.

［49］Lee, C. H., Chou, P. I. Financial Openness and Market Liquidity in Emerging Markets ［J］. Finance Research Letters, 2018 (25): 124-130.

［50］Levine, R., Lin, C., Ma, C. and Xu Y. The Legal Origins of Financial Development: Evidence from the Shanghai Concessions ［J］. Finance, 2023 (78): 3423-3464.

［51］Levine, R. International Financial Liberalization and Economic Growth ［J］. Review of International Economics, 2001, 9 (4): 688-702.

［52］Luo, Y., Tanna, S., De Vita, G. Financial Openness, Risk and Bank Efficiency: Cross-Country Evidence ［J］. Journal of Financial Stability, 2016 (24): 132-148.

［53］Ma Y, and Yao C. Openness, Financial Structure, and Bank Risk: International Evidence ［J］. International Review of Financial Analysis, 2022 (81).

［54］Margarita Rubio, José A. Carrasco-Gallego. The New Financial Regulation in Basel III and Monetary Policy：A Macroprudential Approach ［J］. Journal of Financial Stability，2016，26：294-305.

［55］Markus，S.，Mendelski M. Institutional Complementarity，Economic Performance and Governance in the Post－Communist World ［J］. Comp Eur Polit，2015（13）：376-404.

［56］Menkhoff，L.，Miethe，J. Tax Evasion in New Disguise? Examining Tax Havens' International Bank Deposits ［J］. Journal of Public Economics，2019，176：53-78.

［57］Minto，A.，Prinz，S.，Wulff，M. A Risk Characterization of Regulatory Arbitrage in Financial Markets ［J］. European Business Organization Law Review，2021（22）：719-752.

［58］Montani，G. Money and Finance as Global Public Goods：Contribution to a Supranational Macroeconomic Theory ［J］. Sage Open，2011，1（3）．

［59］Neil McGregor Neil，M. Coe. Hybrid Governance and Extraterritoriality：Understanding Singapore's State Capitalism in the Context of Oil Global Production Networks ［J］. Environment and Planning A：Economy and Space，2021，55（3）．

［60］Nishimura，Y.，Tsutsui，Y.，Hirayama K. Do International Investors Cause Stock Market Spillovers? Comparing Responses of Cross-Listed Stocks Between Accessible and Inaccessible Markets ［J］. Economic Modelling，2018（69）：237-248.

［61］Ogle，V."Funk Money"：The End of Empires，The Expansion of Tax Havens，and Decolonization as an Economic and Financial Event ［J］. Past & Present，2020，249（1），213-249.

［62］Rejeb，A. B.，Boughrara，A. Financial Liberalization and Stock Markets Efficiency：New Evidence from Emerging Economies ［J］. Emerging Markets Review，2013（17）：186-208.

［63］Rubio，M.，Carrasco-Gallego J A. The New Financial Regulation in Basel III and Monetary Policy：A Macroprudential Approach ［J］. Journal of Financial Stability，2016（26）：294-305.

［64］Sağlam，Y.，Yalta，A. Y. The Role of Network Effects in the Growth of Offshore Financial Centers ［J］. The North American Journal of Economics and Finance，2016，37：374-392.

［65］Schaeck，K.，Cihák M. Competition，Efficiency，and Soundness in Bank-ing：An Industrial Organization Perspective ［R］. European Banking Center Discussion Paper No. 2010-20S，2010.

［66］Schmuckler S. Benefits and Risks of Globalization：Challenges for Develo-ping Countries ［J］. Initiative for Policy Dialogue，2004.

［67］Seddon J. The Fate of International Monetary Systems：How and Why They Fall Apart ［J］. Perspectives on Politics，2021，19 （3）：754-772.

［68］Stiglitz，J. E. Capital Market Liberalization，Economic Growth，and Insta-bility ［J］. World Development，2000，28 （6）：1075-1086.

［69］Stulz，R. M. The Limits of Financial Globalization ［J］. The Journal of Fi-nance，2005，60 （4）：1595-1638.

［70］Tørsløv，T. R.，Wier，L. S.，& Zucman，G. The Missing Profits of Na-tions ［R］. National Bureau of Economic Research Working Paper No. 24701，2018.

［71］Vlcek，W. Offshore Finance and Global Governance：Disciplining the Tax Nomad ［J］. International Political Economy Series，2017 （1）.

［72］Voeten，E. Does Participation in International Organizations Increase Coop-eration？［J］. The Review of International Organizations，2014 （9）：285-308.

［73］Wójcik，D.，& Ioannou，S. COVID-19 and Finance：Market Develop-ments So Far and Potential Impacts on the Financial Sector and Centres ［J］. Tijdschrift Voor Economische en Sociale Geografie，2021，111 （3）：387-400.

［74］Yao，S.，He，H.，Chen，S.，Ou，J. Financial Liberalization and Cross-border Market Integration：Evidence from China's Stock Market ［J］. International Re-view of Economics & Finance，2018 （58）：220-245.

［75］Zarutskie R. Competition，Financial Innovation and Specialization in Credit Markets ［R］. SSRN Electronic Journal，2011.

［76］Zucman，G. The hidden Wealth of Nations：The Scourge of Tax Havens ［M］. University of Chicago Press，2015.

［77］本刊编辑部. 全面深化金融改革开放 ［J］. 中国金融，2013 （23）：33-35.

［78］毕明强，罗浩. 制胜外汇风险管理策略 ［J］. 中国外汇，2016 （12）：52-54.

［79］曹胜亮．金融开放、金融安全与涉外金融监管［J］．中南财经政法大学学报，2014（3）：79-84.

［80］常娱，钱学锋．制度型开放的内涵、现状与路径［J］．世界经济研究，2022（5）：92-101+137.

［81］陈忱，高然．人民币汇率、信贷约束与金融加速器机制——基于开放经济 DSGE 模型分析［J］．四川大学学报（哲学社会科学版），2020（3）：148-157.

［82］陈嘉乐，杨栋旭．人民币国际化的机遇、挑战与对策——基于金融市场开放视角［J］．北方经贸，2024（1）：101-105+131.

［83］陈若晴．跨境资本流动对银行风险影响研究［J］．商业全球化，2023（11）：10-11.

［84］陈旺，黄家炜，汪澜．金融开放与银行风险承担的异质性研究——基于 98 个国家的实证分析［J］．国际金融研究，2020（1）：33-43.

［85］陈雨露，罗煜．金融开放与经济增长：一个述评［J］．管理世界，2007（4）：138-147.

［86］陈雨露，马勇，阮卓阳．金融周期和金融波动如何影响经济增长与金融稳定？［J］．金融研究，2016（2）：1-22.

［87］陈志刚．制度、开放与中部地区金融发展：1996-2010［J］．中南民族大学学报（人文社会科学版），2013，33（4）：116-123.

［88］程小庆，葛璐澜，金洪飞．金融业开放对中国商业银行利润及风险的影响［J］．当代财经，2020（5）：62-75.

［89］崔红宇，戴金平．资本账户开放与金融体系改革——基于新凯恩斯模型的分析［J］．财经科学，2017（5）：27-40.

［90］戴淑庚，林滨钊，余博．金融开放、银行关联度与我国银行系统性风险［J］．吉林大学社会科学学报，2022，62（5）.

［91］戴翔，张雨．制度型开放：引领中国攀升全球价值链新引擎［J］．江苏行政学院学报，2019（5）：45-52.

［92］邓敏．论宏观经济政策对金融开放效应的影响［J］．现代经济探讨，2013（2）：47-51.

［93］邓敏．制度质量对金融开放效应影响的最新进展［J］．经济体制改革，2013（2）：135-139.

[94] 邓敏，蓝发钦. 金融开放条件的成熟度评估：基于综合效益的门槛模型分析 [J]. 经济研究，2013，48（12）：120-133.

[95] 邓宁. 金融开放与经济增长的关系研究——基于金融发展视角的经验证据 [J]. 科学经济社会，2018，36（4）：59-71.

[96] 丁剑平，赵晓菊. 自贸区金融开放与改革的理论构思——基于要素流动速度不对称视角 [J]. 学术月刊，2014，46（1）：29-37.

[97] 丁一，苏剑，杜佳玉. 新发展格局下金融对经济高质量发展各维度支持效应研究 [J]. 财经理论与实践，2024，45（1）：11-18.

[98] 东艳. 制度摩擦、协调与制度型开放 [J]. 华南师范大学学报（社会科学版），2019（2）：79-86+192.

[99] 董青马，卢满生. 金融开放度与发展程度差异对银行危机生成机制影响的实证分析 [J]. 国际金融研究，2010（6）：79-85.

[100] 董志勇，李成明，吴景峰. 我国金融对外开放历程及其战略取向 [J]. 改革，2018（9）：15-26.

[101] 杜恂诚. 扩大开放中的股市震荡与金融稳定 [J]. 上海社会科学院学术季刊，2002（4）：25-33.

[102] 范从来，刘晓辉. 金融开放与收入不平等研究进展 [J]. 政治经济学评论，2023，14（6）：160-176.

[103] 高洁超，李磊磊. 以更高水平的对外开放推动全国统一大市场建设 [J]. 海外投资与出口信贷，2022（5）：17-20.

[104] 高新才，王云峰. 金融危机与中国对外开放——基于区域分异的分析 [J]. 中国流通经济，2009，23（10）：65-68.

[105] 宫占奎，冯兴艳. 韩国金融账户自由化的经济效应研究 [J]. 东北亚论坛，2006（3）：78-81.

[106] 巩勋洲. 货币国际化与非国际化选择——韩国、新加坡实践比较 [J]. 山西财经大学学报，2008（8）：84-90.

[107] 顾海峰，卞雨晨. 跨境资本流动、贷款集中与银行系统性风险：如何理解宏观审慎政策和国际金融环境的作用？[J]. 世界经济研究，2021（10）：39-54+86+135.

[108] 顾雪松，安晓冉，侯语珂. 融资约束还是转型激励？——绿色信贷对我国重污染企业TFP的影响研究 [J]. 财经理论与实践，2023，44（4）：26-33.

[109] 关秀丽．制度型开放的内涵与实践抓手 [J]．开放导报，2022（2）：28-36.

[110] 郭贝贝，董小君．新发展格局下制度型开放的逻辑，内涵和路径选择 [J]．行政管理改革，2022（4）.

[111] 郭澄澄．制度型开放引领高质量发展——基于规则、规制、标准和管理开放的视角 [J]．理论探索，2024（1）：121-128.

[112] 郭娜，郝项超．改革开放三十年来我国房地产金融的发展与变革 [J]．中国金融，2008（22）：60-61.

[113] 郭威，司孟慧．新中国 70 年金融开放的逻辑机理与经验启示：兼论中美贸易摩擦下的开放取向 [J]．世界经济研究，2019（10）：15-26+88+134.

[114] 韩钰，苏庆义，白洁．上海自贸区金融改革与开放的规则研究——阶段性评估与政策建议 [J]．国际金融研究，2020（8）：46-55.

[115] 韩越，方俊智，郭秋平．沿边金融开放的区位影响分析——以中国云南省与东盟为例 [J]．新金融，2018（8）：15-21.

[116] 郝洁．推进金融服务业有序开放的若干思考 [J]．国际贸易，2015（3）：60-62.

[117] 何国华，常鑫鑫．金融开放会增加中国宏观经济不稳定吗 [J]．当代经济科学，2013，35（1）：28-37.

[118] 何加豪，崔媛．数字化背景下中国省域金融科技发展水平评价研究 [J]．金融理论与教学，2024，42（2）.

[119] 何剑，张梦婷，郑智勇．金融开放如何提振实体经济？——基于内部要素传导与外部环境约束的动态匹配视角 [J]．西南民族大学学报（人文社科版），2019，40（10）：97-108.

[120] 何俊勇，万粲，张顺明．东道国金融开放度、制度质量与中国对外直接投资："一带一路"沿线国家的证据 [J]．国际金融研究，2021（10）：36-45.

[121] 何薇薇．我国金融开放进程中的汇率选择 [J]．财经科学，2003（1）：53-56.

[122] 何喜有．论韩国金融自由化和国际化 [J]．东北亚论坛，1996（2）：36-41.

[123] 何雨霖，陈宪，蒋一乐．金融开放、资本流动与中美市场联动 [J]．上海金融，2021（4）：61-70.

[124] 贺小勇. 中国（上海）自由贸易试验区金融开放创新的法制保障 [J]. 法学, 2013 (12): 114-121.

[125] 贺晓波, 郝颖. 中国金融开放进程中货币替代的影响因素研究 [J]. 中央财经大学学报, 2015 (4): 43-51.

[126] 洪宁. 发展中国家金融自由化评析 [J]. 经济科学, 2002 (6).

[127] 胡海峰, 陈世金. 金融结构与金融开放对宏观杠杆率的影响研究 [J]. 亚太经济, 2023 (4): 24-34.

[128] 胡晓炼. 新发展格局下如何做好金融高质量对外开放 [J]. 清华金融评论, 2024 (2): 14-16.

[129] 胡援成. 对外开放中的金融稳定与金融安全: 一个文献综述 [J]. 广东金融学院学报, 2008 (2): 112-121.

[130] 滑冬玲. 双向开放条件下的金融脆弱性及防范制度研究 [J]. 天津师范大学学报（社会科学版）, 2016 (3): 76-80.

[131] 黄启才, 陈明. 发展中国家金融开放的外汇市场风险测算及资本流入影响 [J]. 亚太经济, 2023 (2): 23-33.

[132] 黄贤环, 姚荣荣. 资本市场开放与非金融企业影子银行化 [J]. 国际金融研究, 2021 (11): 87-96.

[133] 黄新飞, 李嘉杰. 在高水平开放中锻造软硬实力兼备的金融市场——提升金融市场国际竞争力和规则影响力新思路 [J]. 开放导报, 2024 (2).

[134] 黄益平. 新发展格局下的金融开放与稳定 [J]. 金融市场研究, 2022 (1): 1-9.

[135] 黄智淋, 董志勇. 我国金融发展与经济增长的非线性关系研究——来自动态面板数据门限模型的经验证据 [J]. 金融研究, 2013 (7): 74-86.

[136] 霍铁. 对外金融开放中的政策安排和监管 [J]. 南开经济研究, 2002 (6): 77-78.

[137] 纪彰波, 臧日宏. 资本市场开放能够提高股票价格稳定性吗?: 基于沪港通的经验证据 [J]. 世界经济研究, 2019 (5): 14-26+52+134.

[138] 贾宪军. 金融业开放、数字普惠金融与家庭金融资产结构 [J]. 统计与决策, 2023, 39 (21): 113-117.

[139] 江春, 雷振锋, 李小林. 金融市场开放能降低企业营运风险吗? [J]. 现代财经（天津财经大学学报）, 2023, 43 (7): 57-71.

［140］江其务．金融开放新阶段面临的形势和金融发展［J］．华东师范大学学报（哲学社会科学版），2003（1）：1-5+120.

［141］蒋一乐，施青，何雨霖．我国金融市场制度型开放路径选择研究［J］．西南金融，2023（9）：3-14.

［142］金则杨，丁浩员，靳玉英．金融业开放与企业经济绩效［J］．金融评论，2022，14（4）：61-78+125.

［143］兰德尔·夸尔斯，夏颖．金融稳定理事会十年回顾与展望［J］．中国金融，2019（23）：17-18.

［144］李宝伟．美国的金融开放与经济虚拟化［J］．开放导报，2010（1）：44-48.

［145］李波，宋尚恒．渐进金融开放、"倒逼机制"与中国财政改革［J］．经济体制改革，2014（4）：20-23.

［146］李成，刘社芳．金融开放的经济学分析与我国金融监管思考［J］．经济科学，2003（3）：83-90.

［147］李成明，王月含，董志勇．货币政策不确定性、银行贷款期限结构与金融服务实体经济——来自银行业的证据［J］．经济科学，2023（4）：5-27.

［148］李国璋，刘津汝．产权制度、金融发展和对外开放对全要素生产率增长贡献的经验研究［J］．经济问题，2011（2）：4-9.

［149］李宏．论开放经济下中国的金融管制［J］．经济评论，2003（4）：113-117.

［150］李宏亮，谢建国，杨继军．金融业开放与中国企业的出口国内增加值率［J］．国际贸易问题，2021（7）：54-73.

［151］李金甜，毛新述．资本市场制度型开放与流动性共性效应——兼论气候风险的影响［J］．金融研究，2023（5）：170-188.

［152］李力，王博，黄青．制度质量、金融开放与国际资产组合投资［J］．金融经济学研究，2017，32（5）：28-39.

［153］李平，高椰．制度型开放与全球经济治理体系改革的中国对策［J］．国际经济合作，2024（1）：13-21+85.

［154］李沁洋，许年行．资本市场对外开放与股价崩盘风险——来自沪港通的证据［J］．管理科学学报，2019，22（8）：108-126.

［155］李青原，章尹赛楠．金融开放与资源配置效率——来自外资银行进入

中国的证据 [J]. 中国工业经济, 2021 (5): 95-113.

[156] 李思敏. 金融服务规则比较与自贸试验区金融开放借鉴 [J]. 南方金融, 2022 (1): 3-11.

[157] 李伟. 中国国际资本流动影响因素的实证分析 [J]. 经济问题, 2012 (6): 92-95.

[158] 李晓安. 开放与安全: 金融安全审查机制创新路径选择 [J]. 法学杂志, 2020, 41 (3): 7-17.

[159] 李振, 宋科, 徐蕾. 高水平对外开放下的外资持股与银行流动性创造 [J]. 经济理论与经济管理, 2023, 43 (9): 85-98.

[160] 连立帅, 朱松, 陈关亭. 资本市场开放、非财务信息定价与企业投资——基于沪深港通交易制度的经验证据 [J]. 管理世界, 2019, 35 (8): 136-154.

[161] 廖凡. 跨境金融监管合作: 现状、问题和法制出路 [J]. 政治与法律, 2018 (12): 2-11.

[162] 刘方, 曹文婷. 中国—东盟国家对外开放对金融发展的影响研究 [J]. 西部论坛, 2017, 27 (1): 67-75.

[163] 刘福寿. 持续扩大银行业、保险业制度型开放 [J]. 债券, 2023 (11): 7-8.

[164] 刘功润. "双循环" 是中国经济发展的理性选择 [J]. 中国中小企业, 2020 (12): 52-53.

[165] 刘光溪, 王大伟. "入世后过渡期" 金融服务业安全开放的 "制度调整" 战略 [J]. 国际商务研究, 2006 (3): 12-19.

[166] 刘海飞, 柏巍, 李冬昕, 等. 沪港通交易制度能提升中国股票市场稳定性吗? ——基于复杂网络的视角 [J]. 管理科学学报, 2018, 21 (1): 97-110.

[167] 刘莉亚, 李涛. 金融开放深化提升了银行绩效吗? ——来自中国金融开放冲击的证据 [J]. 财经研究, 2023, 49 (8).

[168] 刘凌, 黄建忠, 汪建新. 扩大金融领域制度型开放的运行机理、现实风险和实施路径 [J]. 国际贸易, 2024 (1): 77-86.

[169] 刘威, 杜雪利, 李炳. 金融发展对中国出口复杂度的影响渠道研究 [J]. 国际金融研究, 2018 (2): 87-96.

[170] 刘锡良，齐稚平. 金融危机后美国的金融自由化策略选择 [J]. 当代经济研究，2009（11）：55-59.

[171] 刘妍，孙永志，宫长亮，曾刚. LPR机制改革对商业银行盈利能力和风险承担的影响研究 [J]. 国际金融研究，2022，426（10）：72-84.

[172] 刘源丹，刘洪钟，赵鲁南. 金融服务"走出去"对我国参与全球价值链重构的影响研究 [J]. 经济问题探索，2023（2）：160-175.

[173] 路妍，李爽. 国际货币政策变动、金融开放与中国系统性金融风险研究 [J]. 投资研究，2021，40（3）：33-46.

[174] 罗素梅，赵晓菊. 自贸区金融开放下的资金流动风险及防范 [J]. 现代经济探讨，2014（7）：60-63.

[175] 罗月领. 中国（上海）自贸区政策创新的路径依赖和路径选择 [J]. 上海金融学院学报，2013（5）：31-33+39.

[176] 马理，何云. 证券业对外开放对金融风险的影响效应研究 [J]. 现代经济探讨，2021（1）：51-65.

[177] 马理，何云，童晶. 资本账户开放对金融稳定的影响效应研究：基于制度环境建设的视角 [J]. 世界经济研究，2023（3）：74-89+135.

[178] 马相东，杨丽花. 统筹对外资开放和国家经济安全：国际经验与中国路径 [J]. 中国流通经济，2021，35（9）.

[179] 马小涵，郭文伟，罗冰莹. 金融双向开放是否加剧了证券公司波动溢出风险？[J]. 投资研究，2023，42（10）：79-99.

[180] 马颖，陈波. 改革开放以来中国经济体制改革、金融发展与经济增长 [J]. 经济评论，2009（1）：12-18+25.

[181] 马勇，姚驰. 双支柱下的货币政策与宏观审慎政策效应——基于银行风险承担的视角 [J]. 管理世界，2021，37（6）.

[182] 麦肯锡. 中国金融开放新机遇 [R]. 2020.

[183] 毛红燕，高晓元. 开放经济中的金融稳定与政策选择 [J]. 河北大学学报（哲学社会科学版），2005（2）：28-31.

[184] 倪红福，张志达. 以制度型开放促进金融业高水平对外开放 [J]. 金融市场研究，2023（4）：1-10.

[185] 倪克勤，郑平. 贸易开放与金融开放 [J]. 财经科学，2004（3）：79-83.

［186］聂新伟. 制度型开放：历史逻辑、理论逻辑与实践逻辑 ［J］. 财经智库，2022，7（2）：93-124+146-148.

［187］聂正彦，秦文宇，陈凯达. 制度型开放对城市经济效率的影响研究——基于自由贸易试验区设立的经验 ［J］. 经济纵横，2023（10）：75-88.

［188］宁特林，谢朝阳. 中国证券市场开放与金融稳定 ［J］. 经济问题，2017（10）：33-38.

［189］牛建军，等. 韩国银行业监管框架及对中资银行合规经营的思考 ［J］. 中国城市金融，2019（3）：61-64.

［190］欧阳青东. 全球化视域下新中国 70 年金融制度变迁与金融开放发展 ［J］. 湖南师范大学社会科学学报，2019，48（5）：27-34.

［191］潘功胜. 人民币国际化十年回顾与展望 ［J］. 中国金融，2019（14）：9-11.

［192］潘义勇. 开放土地金融搞活土地资本经营 ［J］. 广东社会科学，2006（1）：50-54.

［193］潘悦. 试论韩国金融自由化 ［J］. 世界经济，1997（11）：27-29.

［194］庞家任，张鹤，张梦洁. 资本市场开放与股权资本成本——基于沪港通、深港通的实证研究 ［J］. 金融研究，2020（12）：169-188.

［195］裴桂芬. 美、日金融开放与金融监管 ［J］. 外国经济与管理，1998（1）：17-20.

［196］皮天雷. 中国改革开放三十年来金融制度变迁探析——基于制度变迁的路径依赖视角 ［J］. 中国经济问题，2011（3）：45-51+69.

［197］钱克明. 更加注重制度型开放 ［J］. 对外经贸实务，2019（12）：4-6.

［198］钱晓霞，王维安. 金融开放进程下中国汇率波动、短期资本和股价的联动效应研究 ［J］. 国际经贸探索，2016，32（12）：95-108.

［199］羌建新. 资本项目开放与新兴和发展中经济体的金融稳定 ［J］. 宏观经济研究，2015（9）：14-22.

［200］羌薇，王雄飞. 金融开放下中国税收情报交换发展的历史演进、基本经验与现实困境 ［J］. 经济体制改革，2020（3）：130-136.

［201］曲凤杰. 韩国金融开放的经验和教训 ［J］. 新金融，2006（8）：24-27.

［202］全毅．中国对外开放：理论创新与制度变迁［J］．经济体制改革，2023（2）：41-49.

［203］阙澄宇，李金凯．资本账户开放与经济发展方式转变——基于金融发展和金融稳定的中介效应分析［J］．经济学家，2019（4）：80-88.

［204］任保平．数字经济赋能高质量发展的现代化治理体系研究［J］．学术界，2022（12）：24-30.

［205］沙文兵，王昳菁．金融双向开放是否促进了商业银行盈利能力？——基于85家商业银行的盈利分析［J］．河南科技大学学报（社会科学版），2024，42（1）：65-75.

［206］尚博文．从"开放银行"到"开放金融"：金融数据要素流通的治理应对［J］．金融监管研究，2023（11）：58-76.

［207］申唯正．改革开放四十年金融观念的经济哲学反思［J］．天津社会科学，2018（4）：32-41.

［208］沈国兵，沈彬朝．高标准贸易协定与全球供应链韧性：制度环境视角［J］．经济研究，2024，59（5）：151-169.

［209］盛斌，王浩．金融开放、自主创新与企业出口产品质量——来自外资银行进入中国的经验分析［J］．财贸研究，2021，32（11）：1-15.

［210］宋科，侯津柠，夏乐，等．"一带一路"倡议与人民币国际化——来自人民币真实交易数据的经验证据［J］．管理世界，2022，38（9）：49-67.

［211］宋伟．构建新发展格局的理论逻辑、内涵特征与战略重点［J］．学习论坛，2021（3）：115-120.

［212］孙博．金融自由化进程中的金融脆弱性问题研究［D］．吉林大学，2008.

［213］孙会国，李泽广．外资银行对国内银行业"组合绩效"的影响机制［J］．财经研究，2008（6）：74-85.

［214］孙军．制度型开放畅通双循环新发展格局的基本思路与推进策略［J］．学术论坛，2024，47（3）：89-99.

［215］孙鲁军．从资本项目可兑换看中国金融改革开放［J］．中国金融，2012（9）：35-37.

［216］孙浦阳，武力超，付村．银行不同所有制结构与经营绩效关系？——基于中国47家不同所有制银行的面板数据分析［J］．数量经济技术经济研究，

2010，（12）：54-66.

[217] 孙玮璘，宋玉臣，吴双练. 中国现阶段商业银行盈利水平的阶段性特征 [J]. 企业研究，2013（15）：76-77.

[218] 孙泽宇，孙凡. 资本市场开放与企业金融化——基于沪（深）港通交易制度的准自然实验 [J]. 管理科学，2021，34（6）：15-28.

[219] 谭小芬，梁雅慧. 中国金融开放新阶段的潜在风险及其防范 [J]. 新视野，2019（1）：63-69.

[220] 谭小芬，邵涵. 资本市场对外开放与企业股权融资——来自"沪港通"的经验证据 [J]. 中央财经大学学报，2021（11）：49-61.

[221] 谭小芬，张怡宁. 中国金融开放的路径选择和风险防范 [J]. 保险研究，2023（2）：3-19.

[222] 汤志贤，牛建军，袁小滨，等. 韩国商业银行经营情况研究及在韩外资银行发展思考 [J]. 中国城市金融，2018（12）：40-42.

[223] 唐逸舟，王婧文，王姝晶. 资本市场开放与企业债券融资成本——来自沪深港通的经验证据 [J]. 证券市场导报，2020（7）：52-60.

[224] 王晨. 贯彻实施外商投资法推动新一轮高水平对外开放 [J]. 中国人大，2020（1）：13-15.

[225] 王春枝，张鸿帅，张思源. "一带一路"沿线国家金融开放度：差异性及驱动因素 [J]. 统计学报，2021，2（3）：32-45.

[226] 王聪，张铁强. 经济开放进程中金融危机冲击比较研究 [J]. 金融研究，2011（3）：97-110.

[227] 王冠楠，项卫星. 金融摩擦与宏观经济的外部脆弱性——基于美联储加息政策的分析视角 [J]. 国际金融研究，2017（7）：13-23.

[228] 王冠楠，项卫星. 中美金融国际竞争力差距与双边金融市场开放 [J]. 亚太经济，2017（5）：38-46+174.

[229] 王国松，曹燕飞. 我国资本账户与金融开放测度研究：1982～2010 [J]. 国际经贸探索，2012，28（11）：68-76.

[230] 王江雨. 资本账户开放和金融自由化的法律思考——来自金融危机的启示和东亚的经验 [J]. 上海财经大学学报，2006（6）：34-41.

[231] 王军，付莎. 金融一体化与城市群经济协调发展 [J]. 财经科学，2020（10）：80-92.

［232］王立军．韩国金融体系改革的措施与成效［J］．国际金融研究，2000（10）：24．

［233］王璐．双循环新发展格局下金融开放和改革的协同推进［N］．金融时报，2021-02-01（12）．

［234］王强，常一帆，匡增杰．制度型开放背景下上海自贸区离岸贸易发展的国际经验［J］．海关与经贸研究，2024（7）：1-12．

［235］王曙光，王彬．制度型开放与全球金融秩序重构：中国的实践与方法论［J］．社会科学战线，2023（7）：26-33+281．

［236］王婷，宁丹虹．制度型开放与资本市场实践［J］．中国金融，2023（14）：25-26．

［237］王秀敏．金融科技对实体经济企业财务风险的影响及其应对策略［J］．中小企业管理与科技，2023（16）：139-141．

［238］王一鸣．百年大变局、高质量发展与构建新发展格局［J］．管理世界，2020，36（12）：1-13．

［239］王莹，韩明．中国金融双向开放的理论阐释与实践观照［J］．世界经济研究，2023（12）：312+132．

［240］王兆星．国际银行监管规则改革趋势和几点思考［C］//中国人民大学国际货币研究所．《国际货币评论》2016年合辑．《国际货币评论》编辑部（Department of International Monetary Review），2016：9．

［241］魏浩，卢紫薇，刘缘．中国制度型开放的历程、特点与战略选择［J］．国际贸易，2022（7）：13-22．

［242］温涛，王煜宇．改革开放40周年中国农村金融制度的演进逻辑与未来展望［J］．农业技术经济，2018（1）：24-31．

［243］温兴春，龚六堂．金融业开放、政府隐性担保与系统性金融风险防范［J］．国际金融研究，2023（10）：38-49．

［244］温兴春，闫歆玙．金融业开放的经济效应：收益、风险及政策应对［J］．国际贸易问题，2023（8）：106-124．

［245］吴唱唱，张辉．以高水平对外开放推动构建新发展格局——中国进口贸易发展视角［J］．中共中央党校（国家行政学院）学报，2023，27（2）：101-112．

［246］吴婷婷，高静．自由化改革、金融开放与金融危机——来自阿根廷的

教训及启示 [J]. 拉丁美洲研究, 2015, 37 (5): 55-63.

[247] 武晓明, 罗剑朝. 农村金融市场开放度测度与演化——基于新型农村金融机构省际数据的实证分析 [J]. 华东经济管理, 2015, 29 (4): 94-101.

[248] 夏蜀. 金融科技中的开放银行实现服务创新研究——基于服务生态系统的整合分析 [J]. 金融论坛, 2021, 26 (12): 19-28.

[249] 鲜雨石, 符大海. 金融开放影响劳动收入份额机制探究——基于跨国面板数据的实证检验 [J]. 中央财经大学学报, 2023 (12): 131-147.

[250] 向东, 薛宏立. 汇率利率联动与中国金融市场开放 [J]. 中共中央党校学报, 2004 (1): 75-79.

[251] 肖钢. 中国资本市场变革 [M]. 北京: 中信出版社, 2020.

[252] 肖涵, 刘芳. 资本账户开放政策对公司融资行为的影响——基于沪港通政策的实证研究 [J]. 经济经纬, 2019, 36 (3): 58-65.

[253] 谢心荻. 制度型开放拓展境内外金融市场互联互通研究 [J]. 开放导报, 2024 (2): 72-79.

[254] 邢会, 杨子嘉, 张金慧. 上海自贸区金融开放对高端装备制造业创新投入的影响研究——基于融资约束视角的准自然实验 [J]. 工业技术经济, 2022, 41 (6): 71-77.

[255] 熊彬, 刘泽宇. 制度质量视角下"一带一路"沿线国家金融开放度空间差异和收敛性研究 [J]. 世界经济研究, 2019 (5): 3-13+134.

[256] 徐贝贝. 中国金融业开放的大门将越开越大 [N]. 金融时报, 2024-01-30 (02).

[257] 徐明棋. 上海自由贸易试验区金融改革开放与人民币国际化 [J]. 世界经济研究, 2016 (5): 3-10+134.

[258] 许立成. 新中国成立七十年来银行监管制度的演进逻辑与未来展望 [J]. 金融监管研究, 2019 (8).

[259] 许伟, 曾屹, 陈兴海. 金融市场开放背景下信用卡业务发展态势研究 [J]. 金融论坛, 2008 (6): 41-46.

[260] 亚洲金融合作协会"一带一路"合作委员会. "一带一路"金融合作的宏观政策环境（下）[N]. 中国银行保险报. 2021 (9).

[261] 阎维博. 金融对外开放中信用评级监管挑战与制度因应 [J]. 中国流通经济, 2019, 33 (12): 115-123.

［262］杨海珍，李苏骁，史芳芳．中国资本账户开放进程中跨境证券投资对国内金融市场的影响［J］．经济理论与经济管理，2017，（10）：17-31.

［263］杨剑，张威，张丹．制度型开放注意力配置研究——基于自贸试验区方案文本［J］．国际经济合作，2021（3）：50-58.

［264］杨明．韩国银行业积极开拓海外市场［N］．经济日报，2024-6-11.

［265］姚辰．离岸金融的范式转换与体系构建——从"避税天堂"到"法律新区"［J］．新金融，2024（1）：39-44.

［266］易纲．建设现代中央银行制度更好服务中国式现代化［J］．清华金融评论，2023（5）.

［267］殷孟波，曹廷贵．货币金融学［M］．成都：西南财经大学出版社，2000.

［268］尹继志．开放视角下我国金融稳定问题研究［J］．河南金融管理干部学院学报，2008（3）：30-35.

［269］游佳慧．中国银行业开放的问题与建议［J］．中国外资，2023（11）：80-84.

［270］于春海，张斌．金融开放、货币政策调控效力与经济稳定［J］．国际金融研究，2020（11）：24-34.

［271］于士超．金融全面开放对我国银行业的影响［J］．财经界，2020（1）：48.

［272］于中琴．金融开放与中国证券市场的安全——谈"两Q"对我国证券市场的影响及对策［J］．生产力研究，2008（24）：38-40.

［273］余波．金融全面开放对中国银行业的影响与对策［J］．云南社会科学，2007（1）：58-60.

［274］俞姗．福建自贸试验区金融开放进展与问题透视［J］．福建师范大学学报（哲学社会科学版），2016（6）：11-19+168.

［275］岳华，王海燕，陈欣媛．金融科技与商业银行盈利能力：冲击抑或助推？——基于银行财报文本挖掘的实证检验［J］．东南大学学报（哲学社会科学版），2022，24（4）：70-81+147.

［276］岳文．积极应对国际经贸规则重构加快推进中国制度型开放［EB/OL］．中国社会科学网，2022.

［277］曾祥金，位晓琳．金融制度型开放有利于实体经济就业吗［J］．山西

财经大学学报，2024，46（4）：41-53.

　　[278] 曾晓昀. 金融中心城市促进法：上海国际金融中心开放发展机制研究 [J]. 上海金融，2017（2）：81-87.

　　[279] 张彬，胡晓珊. 改革开放以来中国对外区域金融合作的回顾与展望 [J]. 亚太经济，2018（5）：115-122.

　　[280] 张昌林. 银行跨境投资与全球资产配置 [J]. 清华金融评论，2020（1）.

　　[281] 张方波. RCEP 金融服务规则文本探析与中国金融开放 [J]. 亚太经济，2021（5）：118-126.

　　[282] 张方波. 金融开放助力海南自由贸易港建设：当前进展、面临挑战与纵深推进 [J]. 海南大学学报（人文社会科学版），2022，40（4）：56-64.

　　[283] 张方波. 推进金融制度型开放：进展、挑战与策略 [J]. 经济学家，2023（7）：58-67.

　　[284] 张国栋，方万政. 金融开放水平对商业银行风险管控的影响研究 [J]. 现代商业，2023（14）：154-157.

　　[285] 张海军，张志明. 金融开放、产业结构升级与经济一体化发展——基于长三角城市群的实证研究 [J]. 经济问题探索，2020（5）：122-133.

　　[286] 张礼卿，蔡思颖. 稳步开放资本市场防范跨境资本流动风险 [J]. 中国外汇，2019（11）：18-20.

　　[287] 张明珅. 金融开放进程中的金融安全分析 [J]. 上海金融，2014（3）：73-76+118.

　　[288] 张庆君，刘川. 东道国制度环境、金融开放水平与中国 OFDI——基于"一带一路"沿线 59 个国家的数据 [J]. 西南民族大学学报（人文社科版），2020，41（5）：135-144.

　　[289] 张小波. 金融开放与宏观经济波动——基于修正的"三元悖论"框架的分析 [J]. 西南政法大学学报，2017，19（4）：103-112.

　　[290] 张秀青. 中国资本市场对外开放与风险防范 [J]. 中国外资，2020（5）：52-54.

　　[291] 张璇，代玉红. 开放条件下中国金融监管制度的创新与完善——基于全球金融危机的重新审视 [J]. 河北经贸大学学报，2014，35（6）：95-98+123.

　　[292] 张幼文. 加入 WTO 与中国开放型市场经济 [J]. 社会科学，2000

（9）：14-18.

［293］张渝敏．美、日金融开放进程比较及其启示［J］．当代经济，2006（5）：76-79.

［294］张瑜，李书华．金融开放度与宏观经济波动——基于发达国家与发展中国家和地区的实证研究［J］．财经论丛，2011（5）：52-57.

［295］张召龙．外资银行进入与我国商业银行效率的关系研究——基于DEA与面板数据综合分析［J］．经济经纬，2013（4）：156-160.

［296］张宗新．金融开放条件下利率改革和汇率改革的协同效应分析［J］．国际金融研究，2006（9）：9-14.

［297］赵蓓文．新发展格局下制度型开放的目标、路径与构想［J］．思想理论战线，2023，2（6）：65-71+141.

［298］赵蓓文．中国制度型开放的逻辑演进［J］．开放导报，2022（4）：38-44.

［299］赵静，许海萍．宏观审慎监管口头沟通与系统性风险［J］．财经研究，2021，47（7）.

［300］赵曜，黄小迪．设立自由贸易试验区与构建双循环新发展格局［J］．长沙理工大学学报（社会科学版），2023，38（3）：89-101.

［301］赵瑛．亚洲金融危机前后的韩国金融改革［J］．生产力研究，2010（3）：34-37.

［302］赵长明．"开放与恪守"——中国现代农村金融法律制度论［J］．生产力研究，2011（11）：46-47.

［303］赵振翔，张晓燕．金融市场制度型开放服务双循环［J］．中国金融，2023（14）：20-22.

［304］钟凯，孙昌玲，王永妍，等．资本市场对外开放与股价异质性波动——来自"沪港通"的经验证据［J］．金融研究，2018（7）：174-192.

［305］钟覃琳，陆正飞．资本市场开放能提高股价信息含量吗？——基于"沪港通"效应的实证检验［J］．管理世界，2018，34（1）：169-179.

［306］周东洲．金融自由化与金融监管——来自美国金融危机的启示［J］．市场经济与价格，2010（3）：21-25.

［307］周建松．生态学视阈下的高职院校开放合作办学模式构建——以浙江金融职业学院为例［J］．高等教育研究，2009，30（12）：63-68.

［308］周新辉. 转型、开放经济条件下我国金融信用脆弱性分析［J］. 探索与争鸣，2009（11）：63-65.

［309］朱凯. 方星海：推动资本市场制度型开放向纵深发展［N］. 证券时报，2021-10-26（A01）.

［310］朱康，唐勇. 资本市场开放对企业投融资期限错配的影响研究——基于"沪深港通"样本的多期双重差分分析［J］. 金融理论与实践，2023（2）：87-96.

［311］朱琳，伊志宏. 资本市场对外开放能够促进企业创新吗？——基于"沪港通"交易制度的经验证据［J］. 经济管理，2020，42（2）：40-57.

［312］庄毓敏，储青青，马勇. 金融发展、企业创新与经济增长［J］. 金融研究，2020（4）：11-30.